Java 程序设计基础

主　编　刘晓辉

北京理工大学出版社
BEIJING INSTITUTE OF TECHNOLOGY PRESS

内 容 简 介

本书主要分为三篇，分别介绍了 Java 技术基础、Java 面向对象技术和 Java 进阶技术。每个部分分别由任务驱动，案例贯穿，将软件开发的理论知识与实践技能的培养结合起来，便于进行教、学、做一体化的教学实施。在内容编排方面，注重可读性和实用性，采用循序渐进、由浅入深、理论和实例相结合的编写方式，对内容的安排、例程的选择、习题的编写都进行了严格的控制，将程序从现实生活中提取，确保难度适中，注重实用，增强编程的趣味性。

本书适合作为高职院校信息技术类相关专业程序设计的教材，也可以作为从事程序设计与应用开发的工程技术人员的参考书。

图书在版编目（CIP）数据

Java 程序设计基础 / 刘晓辉主编. -- 北京 ：北京
理工大学出版社，2024.2
ISBN 978-7-5763-3592-7

Ⅰ. ①J… 　Ⅱ. ①刘… 　Ⅲ. ①JAVA 语言-程序设计
Ⅳ. ①TP312. 8

中国国家版本馆 CIP 数据核字（2024）第 045962 号

责任编辑：王玲玲　　　文案编辑：王玲玲
责任校对：刘亚男　　　责任印制：施胜娟

出版发行 / 北京理工大学出版社有限责任公司
社　　址 / 北京市丰台区四合庄路 6 号
邮　　编 / 100070
电　　话 / （010）68914026（教材售后服务热线）
　　　　　　（010）63726648（课件资源服务热线）
网　　址 / http://www.bitpress.com.cn

版 印 次 / 2024 年 2 月第 1 版第 1 次印刷
印　　刷 / 涿州市京南印刷厂
开　　本 / 787 mm×1092 mm　1/16
印　　张 / 17. 25
字　　数 / 384 千字
定　　价 / 85. 00 元

前 言

Java 程序语言是当今世界流行的计算机编程语言之一，广泛应用在世界各地。作为世界常用的计算机语言之一，Java 不但被使用在物联网、大数据、云计算、通信等电子信息领域，还应用在石油化工、医疗健康、建筑工程、工业制造等非计算机领域，它影响着各行各业的信息化、数字化发展，对各行各业的高速发展做出巨大贡献。

本书旨在引导计算机编程类初学者迅速入门学习 Java 程序设计方法和相关概念，以适应相关信息类岗位职业能力培养为本位，以经典程序设计任务为基础，采用多个任务组合成一个项目的形式进行项目式开发，以动手操作为主导进行知识教学。教师和学生可以根据需求选择和组合不同的单元，进行个性化学习。本书具有更新灵活、互动参与的特点，便于携带和学习。

本书分为 9 个项目，分别为 Java 开发环境搭建、Java 语言基础、面向对象编程基础、面向对象编程进阶、Java 图形用户界面开发、Java 多线程与异常处理、输入/输出流、数据库编程和 Java 网络大数据编程。本书与市场上的 Java 教材偏重于理论的阐述不同，而是以任务引领，着重于问题的解决及技能的传授。全书遵循理论知识必须够用的原则，在栏目设计上主要采用任务驱动的方式呈现，将软件开发的理论知识与实践技能的培养结合起来，便于进行教、学、做一体化的教学实施。在内容编排方面，注重可读性和实用性，采用循序渐进、由浅入深、理论和实例相结合的编写方式，对内容的安排、例程的选择、习题的编写都进行了严格的控制，将程序从现实生活中提取，确保难度适中，注重实用性，增强编程的趣味性。

在本书的编写过程中，参考了有关资料和文献，在此向相关的作者表示衷心的感谢。由于计算机技术发展迅速，书中不妥之处在所难免，恳请广大读者批评指正。

编　者

目 录

项目 1　**Java 开发环境搭建** ································· 1

任务 1　Java 概述 ···································· 1

1.1　Java 简介 ································· 1

1.2　Java 语言的特点 ························· 1

1.3　Java 语言的应用 ························· 2

1.4　Java 发展前景 ··························· 3

任务 2　搭建开发环境 ································ 4

2.1　Java 开发环境 ·························· 4

2.2　JDK 版本介绍 ··························· 5

2.3　JDK 的下载、安装、配置和测试 ········· 6

2.4　集成开发环境 ··························· 13

任务 3　第一个 Java 程序 ························· 20

3.1　Java 程序的分类 ······················· 20

3.2　Java Application 实现 ················· 21

3.3　Java Applet 实现 ····················· 22

3.4　Java 程序运行原理 ····················· 22

任务 4　设置字体显示大小 ························· 31

【习题】 ·· 35

项目 2　**Java 语言基础** ····························· 36

任务 1　求圆的面积和周长 ························· 36

2.1　数据类型、常量、变量和运算符 ········· 36

任务 2　判断字母大小写 ··························· 45

2.2　数据类型转换和结构选择 ··············· 45

任务 3　数字排序 ································· 51

2.3　数组与循环语句 ······················· 51

【习题】 ··· 64

项目 3　面向对象编程基础 ··· 66

任务 1　Student 学生类 ··· 66

　　3.1　面向对象和类 ··· 66

任务 2　计算长方形的面积 ··· 74

　　3.2　属性和方法 ··· 74

任务 3　Teacher 教师类 ·· 80

　　3.3　对象和关键字 ··· 80

【习题】 ··· 93

项目 4　面向对象编程进阶 ··· 94

任务 1　动物类的继承 ··· 94

　　4.1　类的继承 ··· 94

任务 2　形状类和矩形、圆形类 ······································· 106

　　4.2　抽象类和接口 ·· 106

任务 3　四则计算 ··· 119

　　4.3　包 ··· 119

【习题】 ·· 127

项目 5　Java 图形用户界面开发 ··································· 129

任务 1　Hello World 窗体和对话框 ································· 129

　　5.1　Swing 与 AWT 包 ··· 129

任务 2　用户注册界面设计 ··· 141

　　5.2　Swing 程序设计 ·· 141

任务 3　实现字号大小控制 ··· 151

　　5.3　事件处理 ·· 151

【习题】 ·· 162

项目 6　Java 多线程与异常处理 ··································· 164

任务 1　移动文字动画案例 ··· 164

　　6.1　线程基础 ·· 164

任务 2　银行取款案例 ··· 172

　　6.2　线程同步 ·· 172

任务 3　数组越界和除数为零异常案例 ····························· 181

　　6.3　异常处理 ·· 181

【习题】 ·· 188

项目 7　输入/输出流 ·· 190

任务 1　文件管理操作 ··· 190

　　7.1　文件管理基础 ··· 190

任务 2　文件编辑器 ·· 198

　　　　7.2　字节流 ·· 198

　　任务 3　文件复制 ·· 206

　　　　7.3　字符流 ·· 206

　【习题】 ·· 217

项目 8　数据库编程 ·· 219

　　任务 1　创建商品信息数据表 ·· 219

　　　　8.1　MySQL 数据库 ·· 219

　　任务 2　在 Eclipse 中使用 MySQL 的 JDBC 驱动程序包 ·· 227

　　　　8.2　数据库连接 ·· 227

　　任务 3　商品表的信息管理 ·· 232

　　　　8.3　数据库操作 ·· 232

　【习题】 ·· 259

项目 9　Java 网络大数据编程 ·· 261

　　任务 1　通过 URL 类爬取图片 ·· 261

　　　　9.1　Java 的网络编程基础 ·· 261

　　任务 2　编程实现爬虫数据处理和存储的功能 ·· 264

　　　　9.2　Java 的网络爬虫 ·· 264

　【习题】 ·· 267

项目 1

Java 开发环境搭建

任务 1 Java 概述

1.1 Java 简介

Java 是一种高级编程语言和计算平台，于 1995 年推出。它最初被设计用于嵌入式系统的开发，但随后迅速应用于互联网应用程序的开发。Java 具有跨平台性，可以在不同操作系统上运行，这使它成为一种非常流行的编程语言。

- Java 的类库

Java 的类库非常丰富，包含了大量的 API 和类，涵盖了各种主题。开发人员常用的 Java 的类库如下。

（1）核心类库（Core Libraries）：包括 Java 语言基础、集合框架、I/O、并发编程等。

（2）AWT 和 Swing 类库：提供了构建用户界面的工具箱，包括按钮、文本框、菜单、标签等控件。

（3）JDBC（Java 数据库连接）：提供了与关系型数据库交互的 API。

（4）Java Networking：提供了网络编程相关的 API，包括 Socket、ServerSocket、URL、URLConnection 等。

（5）Java Security：提供了安全相关的 API，包括数字签名、加密、认证等。

（6）Java XML 解析器和处理器：提供了解析和处理 XML 文档的 API。

（7）Java Web Services：提供了开发和部署 Web 服务的 API。

此外，还有许多其他的类库，如 JUnit（Java 单元测试框架）、Log4j（Java 日志框架）等，这些类库都是由第三方开发者创建并贡献给 Java 社区的。

1.2 Java 语言的特点

Java 语言的主要特点包括面向对象、跨平台性、健壮性、安全性、简单性和高性能。它被广泛应用于企业级应用开发、移动应用开发、大型系统开发等领域。Java 通常被用于开发 Web 应用、移动应用、桌面应用、游戏、嵌入式系统等各种类型的软件。

- 面向对象

Java 是一种面向对象编程语言，具有支持封装、继承和多态等面向对象编程的特性。

面向对象编程是一种软件开发范式，它将现实世界中的对象和其相互作用作为程序的基本单元，并通过封装、继承、多态等机制来描述和处理问题。

面向对象编程有许多的优点深受开发人员喜欢。

（1）代码重用性。通过继承和多态，可以减少代码的重复，提高代码的可复用性。

（2）可维护性。面向对象编程使代码更容易理解和维护。

（3）灵活性和可扩展性。通过抽象和接口，可以很容易地修改代码，以应对需求变化。

（4）安全性。面向对象编程通过封装和访问控制，可以保护数据安全。

- Java 的跨平台

Java 具有跨平台性是指 Java 语言所编写的程序可以在不同的操作系统和硬件平台上运行而不需要任何修改。这是因为 Java 程序在编译时不是直接编译成可执行代码，而是编译成一种称为字节码的中间码（即 .class 文件），再由 Java 虚拟机（JVM）将字节码转换成机器可执行的代码，并在不同的操作系统平台上运行，从而实现了跨平台运行的特点。

Java 的核心部分是 Java 虚拟机（JVM），它允许 Java 程序在不同的平台上运行，而无须重新编译。此外，Java 还拥有丰富的类库和开发工具，使开发人员可以更加高效地进行编码和调试。

- 多线程支持

多线程程序是指在同一时间内运行多个线程（thread）的程序。线程是指一个程序内部的顺序控制流，也就是一条执行路径。在单线程程序中，代码按照预定的顺序执行，只能处理一个任务；而在多线程程序中，可以同时执行多个任务，每个任务运行在一个独立的线程中。

多线程程序具有提高应用程序的响应速度、提高效率、增强程序的交互性等特点。

1.3 Java 语言的应用

- 企业级应用开发

由于 Java 具有良好的跨平台性和健壮性，它被广泛应用于企业级应用开发。

Java 用于开发强大的电子商务平台，实现进行在线交易、订单管理、支付处理等功能。如淘宝、京东等电子商务平台。

Java 用于开发人力资源管理系统，用于管理企业的员工信息、岗位关系、工作安排、薪资、福利等事务。

Java 可用于开发医院管理系统，用于管理医院的患者信息、护士站工作平台、医生排班、住院管理、药品管理等。

Java 用于开发教育管理系统，如学校 OA 系统、学生信息管理、课程管理、考试成绩管理等。

- Web 应用程序开发

Java 语言也被广泛用于 Web 应用程序开发，可以用于开发各种规模的 Web 应用程序，包括电子商务网络平台、社交网络、内容管理系统等。常用的 Java Web 开发框架包括 Spring MVC、Servlet、JSP 等。

Spring MVC 是一个基于 Java 语言的 Web 开发框架，它是 Spring Framework 的一部分。Spring MVC 提供了一种 MVC 架构，可以帮助开发者更好地组织和管理 Web 应用程序。

MVC 是一种软件设计模式，将应用程序分为模型（Model）、视图（View）和控制器（Controller）三个核心部分。各部分可以分离实现功能，为团队协同开发工作提供了很好的机制。

M 指的是模型（Model）：模型表示应用程序的数据和业务逻辑。它负责处理数据的读取、存储、修改和验证，并提供对数据的访问接口。模型通常不直接与用户交互，而是由控制器进行操作。

V 指的是视图（View）：视图负责展示模型的数据给用户，并将用户的输入转发给控制器。视图通常是用户界面的一部分，如 Web 页面或移动应用的界面。视图的目标是向用户呈现信息，而不涉及数据处理或业务逻辑。

C 指的是控制器（Controller）：控制器接收用户的输入并根据输入调度适当的模型和视图，协调整个应用程序的流程。它处理用户请求、更新模型的状态，然后相应地选择和更新视图。控制器是协调模型和视图之间的交互。

- 其他应用

Java 语言还在移动应用程序开发、大数据应用程序开发、嵌入式系统开发、游戏开发等方面有着广泛的应用。

1.4 Java 发展前景

Java 作为一门广泛应用于企业级应用开发的编程语言，在行业中具有广泛而深远的影响。随着云计算、大数据、人工智能等技术的快速发展，Java 在行业中的应用前景十分广阔。

- Java 在云计算方面的应用体现

云原生应用程序是专为云环境设计的应用程序，可以借助容器和微服务架构来实现高度可伸缩性和弹性。Java 作为一种流行的编程语言，具有丰富的开发框架和工具，如 Spring Boot、Eclipse MicroProfile 等，可以支持开发云原生应用程序。

Java 应用程序可以利用云提供的自动伸缩功能。通过配置云平台的自动扩展策略，Java 应用程序可以根据负载情况自动增加或减少实例数量，以满足需求和优化资源利用率。

Java 拥有广泛的数据库连接工具和框架，可以轻松地连接各种云存储系统和数据库，Java 应用程序可以通过一些工具实现与云存储和数据库的数据读写操作。

- Java 在大数据领域方面的应用体现

Hadoop 是目前最流行的大数据处理框架之一，而且它的核心部分就是由 Java 语言编写的。Hadoop 主要用于分布式存储和处理大规模数据，而 Java 作为 Hadoop 的底层语言，为其提供了良好的可移植性和跨平台性。

Apache Storm 和 Apache Flink 等流式数据处理框架也是使用 Java 语言编写的。这些框架可以实现实时数据处理和分析，对于大规模实时数据流的处理具有重要意义。

Java 拥有丰富的第三方库和工具，可以用于大数据的计算和分析。例如，Apache Spark 是一个高性能的大数据计算引擎，它提供了 Java API，使开发人员可以利用 Java 语言来编写分布式的大数据计算程序。

Java 拥有丰富的数据库连接工具和框架，可以轻松地连接各种大数据存储系统，进行数据读写操作。此外，许多大数据平台也提供了 Java 的 SDK，使 Java 开发人员可以方便地与这些平台进行集成。

- Java 在人工智能领域方面的应用体现

Java 拥有丰富的机器学习和深度学习库，如 Weka、DL4J（DeepLearning4J）等。这些库提供了各种算法和工具，可以用于数据预处理、特征提取、模型训练和推理等方面的任务。

Java 在自然语言处理（NLP）领域也有相应的库和工具。例如，Stanford NLP 库提供了一套强大的 NLP 工具，包括分词、词性标注、命名实体识别、句法分析等功能，为文本处理和分析的实现提供了强大的功能。

Java 提供了多个图像处理库，如 OpenCV、JavaCV 等。这些库可以用于图像处理、特征提取、目标检测、图像分类等任务。此外，Java 还可以结合深度学习库进行使用，如 DL4J。DL4J 是一个基于 Java 编程语言的开源深度学习库，旨在支持企业级的深度学习应用。DL4J 提供了丰富的功能和工具，使开发人员能够利用 Java 的强大特性来构建和部署深度学习模型，进行计算机视觉任务的训练和推理。

Java 可以用于构建智能助手和聊天机器人。开发人员可以利用 Java 的语言处理和机器学习库，结合自然语言处理和对话管理技术，实现智能助手的对话交互和问题解答功能。

Java 可以用于构建数据分析和预测模型。通过使用 Java 的机器学习库和统计分析工具，开发人员可以进行数据挖掘、模式识别、预测分析等操作，帮助企业做出数据驱动的决策。

Java 在人工智能领域有着广泛的应用。它提供了丰富的机器学习、深度学习、自然语言处理、图像处理等库和工具，可以帮助开发人员构建各种智能应用和解决复杂的 AI 问题。

Java 作为一种跨平台的编程语言，具有良好的可移植性和扩展性，在企业级应用开发中也有很大的优势。

任务 2　搭建开发环境

2.1　Java 开发环境

Java 开发环境主要包括 JDK、IDE、构建工具、版本控制系统、应用服务器等组成部分。

JDK（Java Development Kit）是 Java 开发的核心组件，它包含了 Java 编译器（javac）、Java 运行时环境（JRE）和一系列的开发工具。开发人员需要安装合适版本的 JDK 来进行 Java 程序的编写、编译和运行。

IDE（集成开发环境）是用于开发 Java 应用程序的集成工具包。它提供了代码编辑器、调试器、编译器等功能，可以帮助开发人员更高效地开发和调试 Java 程序。常见的 Java IDE

包括 Eclipse、IntelliJ IDEA 和 NetBeans 等。其中，Eclipse 是一个强大的 Java 开发工具，它具备丰富的功能和工具，深受开发人员喜欢，开发人员可以轻松地创建、编辑、编译和调试 Java 项目。Eclipse 提供了强大的调试功能，可以帮助开发人员进行代码调试和错误排查。

构建工具用于自动化构建和管理 Java 项目。最流行的 Java 构建工具是 Apache Maven 和 Gradle。它们可以管理项目依赖、编译代码、运行测试、打包发布等。

版本控制系统用于管理代码的版本和协同开发。常用的版本控制系统包括 Git 和 Subversion。这些工具可以帮助团队成员协同开发，追踪代码变更，并解决代码冲突。

应用服务器用于部署和运行 Java Web 应用程序。常见的 Java 应用服务器包括 Apache Tomcat、JBoss 和 WebSphere 等。它们提供了 Java Servlet 容器和 Java EE 支持，使开发人员可以将 Web 应用程序部署到服务器上运行。

除了以上所述组成部分外，还有一些其他工具和框架可以辅助 Java 开发，例如日志框架（如 Log4j、Slf4j）、单元测试工具（如 JUnit、TestNG）以及各种第三方库和框架，用于加速开发过程和提升应用程序的功能。

Java 开发环境由 JDK、IDE、构建工具、版本控制系统和应用服务器等组成，开发人员可以根据自己的需求选择适合的工具和框架来进行 Java 应用程序的开发。

2.2　JDK 版本介绍

JDK 是用于开发 Java 应用程序的软件开发工具包，它包含了需要的工具和库来编译、运行和调试 Java 程序。

JDK 的发展历程持续已久，有几个值得了解的版本。

JDK 8 是一个里程碑式的版本，引入了许多重要的特性，包括 Lambda 表达式、Stream API、新的日期时间 API（java. time 包）、对注解的改进以及新的编译器 API 等。Lambda 表达式简化了代码的编写，使开发人员可以更轻松地处理集合、事件处理等场景，提高了代码的可读性和简洁性。引入 Lambda 表达式和函数式接口，使 Java 语言能够更好地支持函数式编程风格。

JDK 11 是自 JDK 8 之后的第一个长期支持版本。它引入了模块化系统、HTTP 客户端的标准化。此外，JDK 11 淘汰了一些过时的 API，并提供了更好的性能和安全性。

JDK 14、JDK 15、JDK 16 等版本引入了许多新的特性，如 Switch 表达式、文本块等。这些版本通常会带来语言层面和库层面的改进，以及对现有特性的优化。

JDK 17 是一个长期支持版本，它包含了许多重要的改进，提供了许多工具和库的改进，包括性能分析工具、调试工具、网络库等。这些改进可以帮助开发人员更好地诊断和解决问题，提高开发和调试的效率。

此外，Oracle 和其他厂商还发布了许多其他的 JDK 版本，每个版本都带来了一些新的功能和改进。在选择 JDK 版本时，开发人员需要考虑该版本的新特性、性能、稳定性以及长期支持情况，以满足自己项目的需求。同时，也可以关注社区对不同版本的反馈和评价，根据最新的反馈信息选择和应用 JDK。

2.3 JDK 的下载、安装、配置和测试

2.3.1 JDK 的下载

一般从 Oracle 官方网站下载 JDK，Oracle 是 Java 的主要维护者和开发者。在下载 JDK 之前，需要了解当前操作系统是否符合 JDK 的系统要求。

除了从 Oracle 官网下载 JDK，也可以从其他渠道下载 JDK，但从未知来源下载 JDK 存在一定的潜在安全风险，建议尽可能从可信渠道下载 JDK。

【实现过程】

（1）搜索"JDK 的下载"，可以很容易地找到 JDK 官网，找到下载途径，如图 1-1 所示。

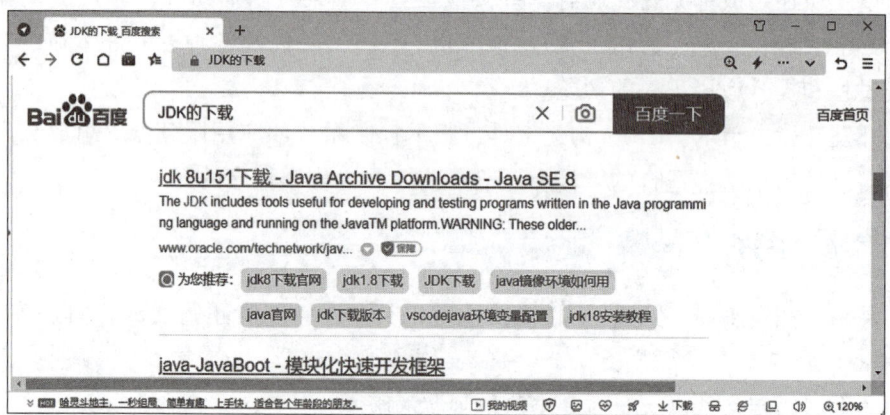

图 1-1　搜索"JDK 的下载"

（2）选择 JDK 17，根据自己的操作环境进行软件工具的下载，这里选择 .exe 文件下载，下载后可以直接运行进行安装，如图 1-2 所示。

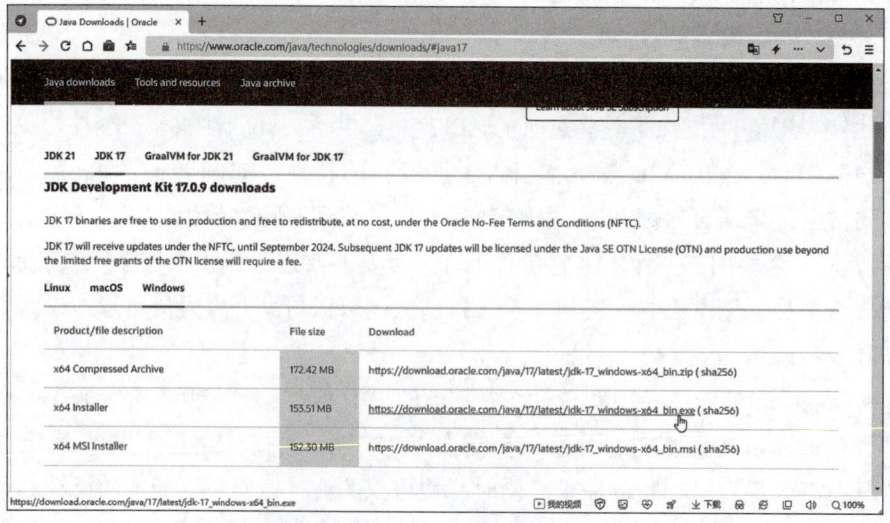

图 1-2　选择 .exe 文件下载

（3）完成 JDK 17 下载后，得到 JDK 的安装执行文件，如图 1-3 所示。

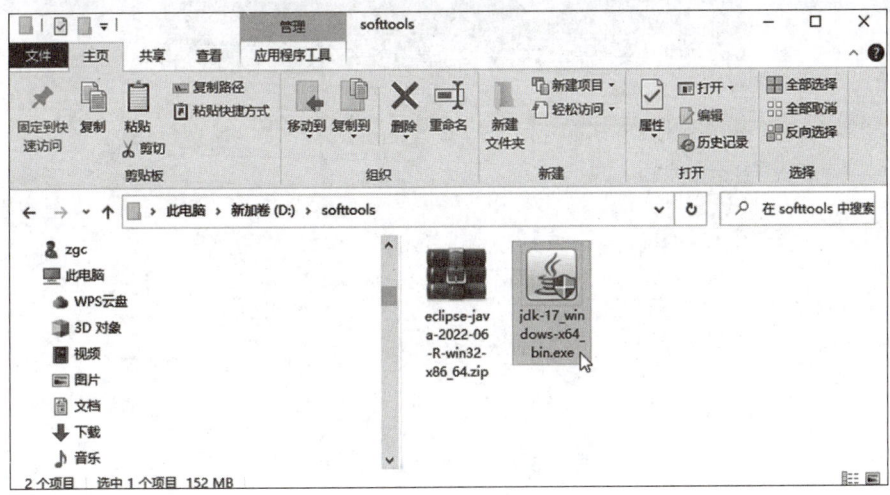

图 1-3　JDK 的安装执行文件

2.3.2　JDK 的安装

JDK 安装的主要步骤包括解压 JDK 安装包、配置环境变量、验证 JDK 是否正确安装等。

【实现过程】

（1）解压 JDK 安装包后，执行 JDK 安装包，进入安装向导，如图 1-4 所示。

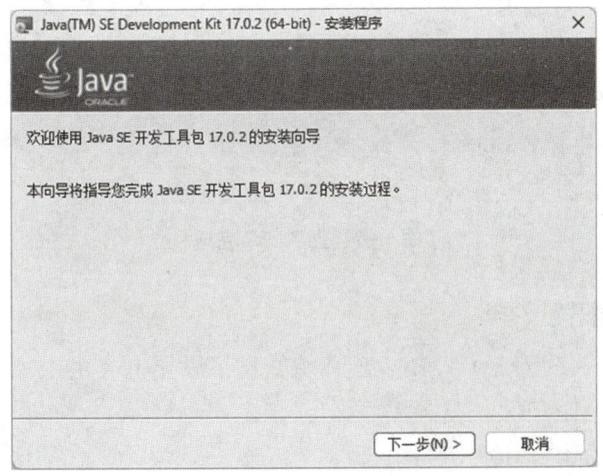

图 1-4　进入安装向导

（2）选择安装目录 D：\jdk17，如图 1-5 所示。

注意：选择安装目录 D：\jdk17 后，配置变量的操作中，必须正确应用安装目录 D：\jdk17。

（3）在安装向导的引导下进行操作，直到安装完成，如图 1-6 所示。

提示：看到安装向导提示已成功安装后，JDK 还不能正常应用，还需要进行配置。

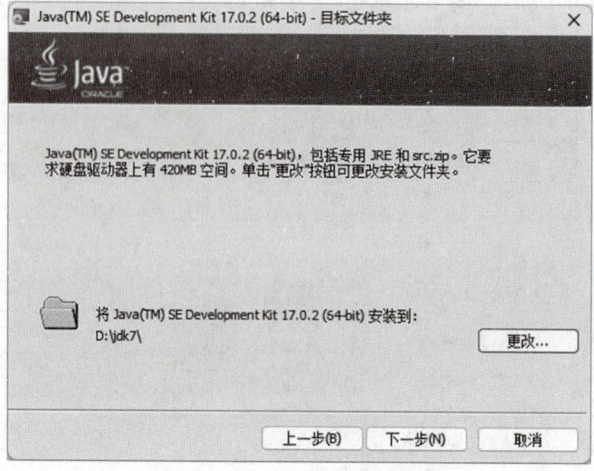

图 1-5 安装目录 D：\jdk17

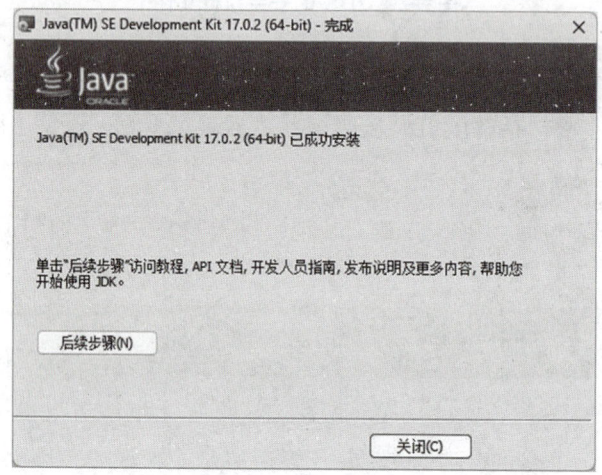

图 1-6 直到安装完成

2.3.3 JDK 的配置

配置 JDK 一般涉及设置 JAVA_HOME 环境变量、添加 JDK 的 bin 目录到 PATH 环境变量、验证 JDK 配置、配置开发工具等操作。

• 设置 JAVA_HOME 环境变量

JAVA_HOME 是指向 JDK 安装目录的环境变量。将 JAVA_HOME 设置为 JDK 的安装路径，例如 D：\jdk-17。这个环境变量在许多开发工具和框架中使用，以便它们能够找到正确的 JDK。

• 添加 JDK 的 bin 目录到 PATH 环境变量

将 JDK 的 bin 目录添加到 PATH 环境变量中可以在命令行中直接运行 Java 和 Javac 命令，而不需要提供完整的路径。例如，在 Windows 中添加路径 "C：\Program Files\Java\jdk-17\bin" 到 PATH 环境变量。

- 验证 JDK 配置

打开命令行终端（或命令提示符）并输入"java-version"和"javac-version"命令，确保系统能够正确识别和执行 java、javac 命令，并显示 JDK 的版本信息。

- 配置开发工具

如果使用集成开发环境（IDE）进行 Java 开发，例如 Eclipse、IntelliJ IDEA 等，需要在 IDE 中配置 JDK。通常，IDE 会提供一个界面来指定 JDK 的安装路径或 JAVA_HOME 环境变量。

- 其他配置

在实际的开发工作中，有时需要根据开发项目的需求，还要进行其他配置，如设置 JVM 参数、配置 Java 安全策略、配置外部库路径等。

【实现过程】

（1）右击"此电脑"，执行"更多"→"属性"，如图 1-7 所示。

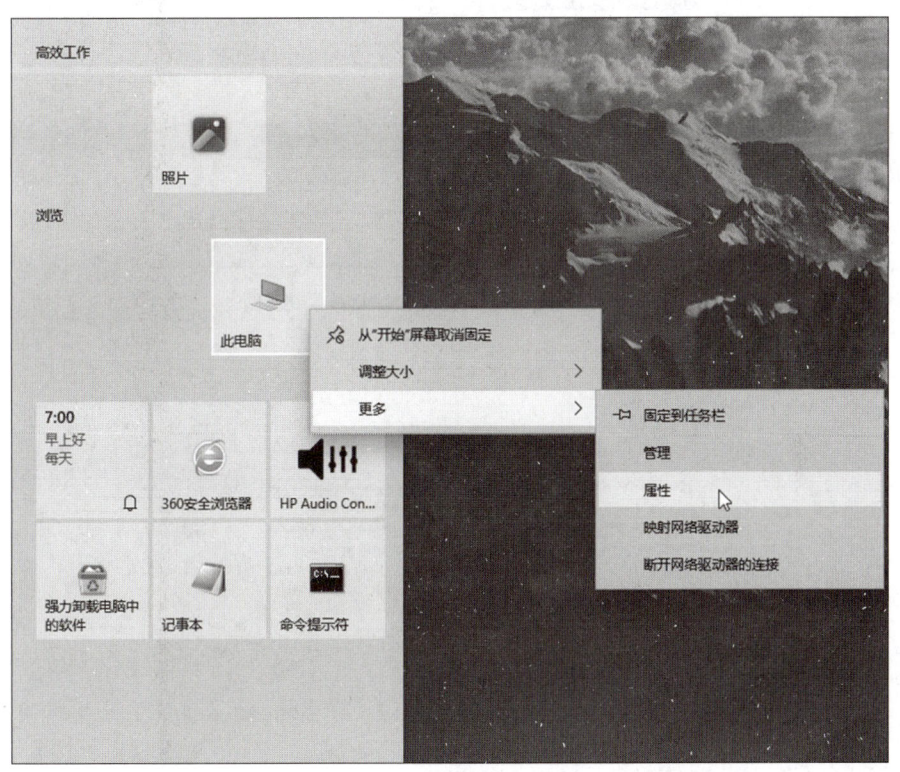

图 1-7　执行"更多"→"属性"

（2）在"高级"选项卡下，单击"环境变量（N）…"按钮，如图 1-8 所示。

（3）系统变量 JAVA_HOME 值设为 D:\jdk17，如图 1-9 所示。

（4）双击系统变量"Path"，或选中系统变量"Path"，单击"编辑（I）…"按钮，如图 1-10 所示。

（5）新建两行变量%JAVA_HOME%\bin;和%JAVA_HOME%\jre\bin;，如图 1-11 所示。

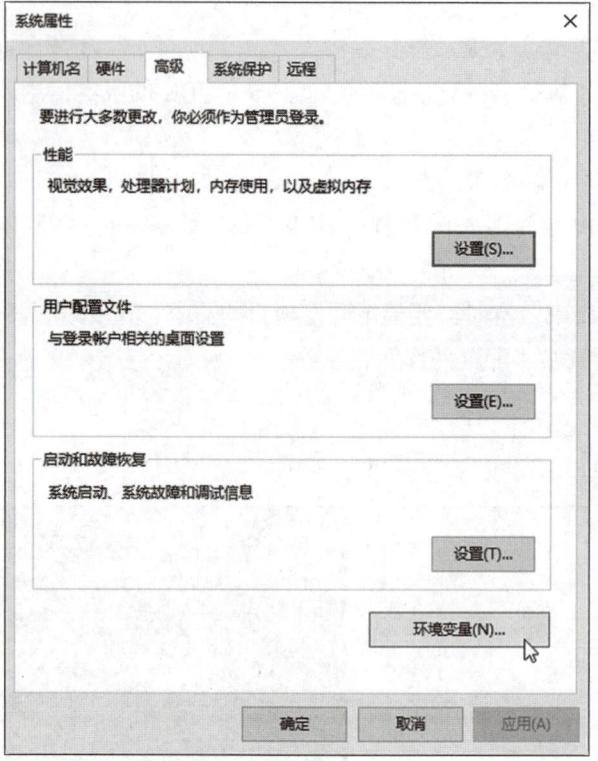

图 1-8　单击"环境变量（N)…"按钮

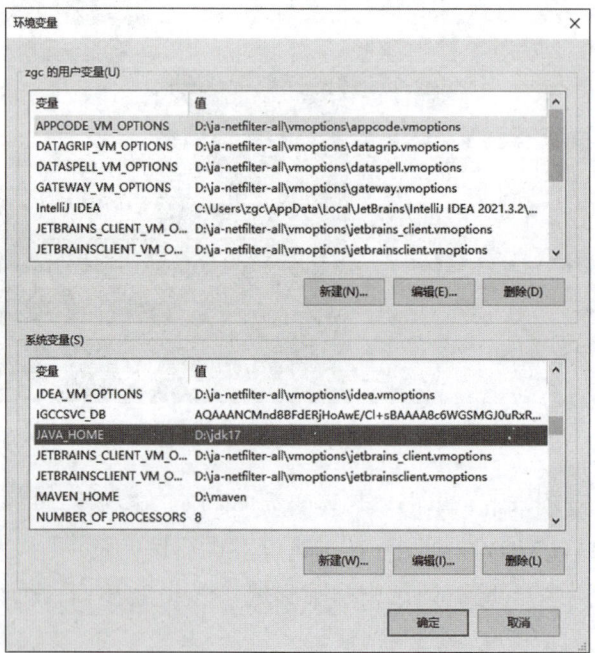

图 1-9　设为 D：\jdk17

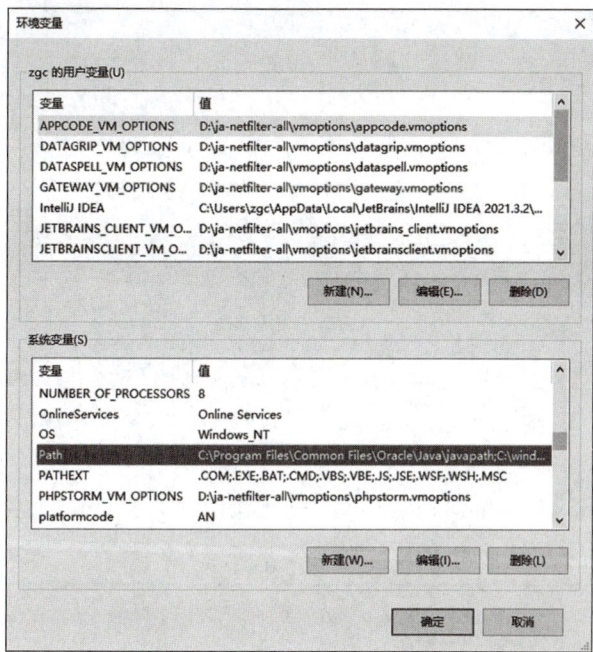

图 1-10　单击"编辑（I）…"按钮

新建的两行变量：

%JAVA_HOME% \bin;

%JAVA_HOME% \jre\bin;

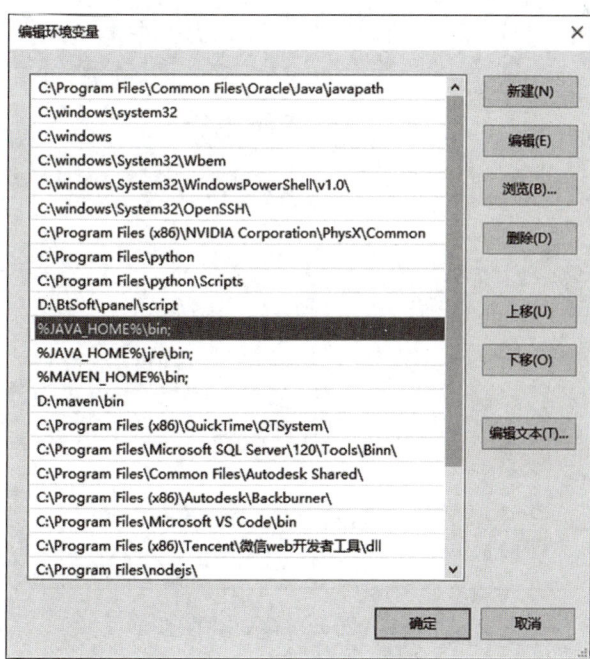

图 1-11　新建两行变量

知 识链接

变量%JAVA_HOME%\bin 表示使用环境变量 JAVA_HOME 的值，并在其后面拼接"/bin"。在 Windows 系统中，环境变量用%变量名%的形式表示。

%JAVA_HOME%是一个代表 JDK 安装目录的环境变量，其中包含了 Java Development Kit(JDK) 的路径。通过使用%JAVA_HOME%，可以在命令行或脚本中引用该路径，而不需要直接指定完整的路径。

/bin 是 JDK 安装目录下的一个子文件夹，其中存放了一些重要的可执行文件，如java、javac 等。这些文件是 Java 开发和运行的关键工具。使用%JAVA_HOME%\bin 可以表示该子文件夹的完整路径。

因此,%JAVA_HOME%\bin 可以被解释为"JDK 安装目录路径/bin"，它可以帮助用户在命令行或脚本中方便地使用 JDK 的工具和执行文件。

2.3.4　测试

（1）打开"命令提示符"，如图 1-12 所示。

图 1-12　打开"命令提示符"

（2）执行 java -version，查看 JDK 的版本信息，如图 1-13 所示。

提示：能成功查看到 JDK 的版本信息，说明安装 JDK 成功。

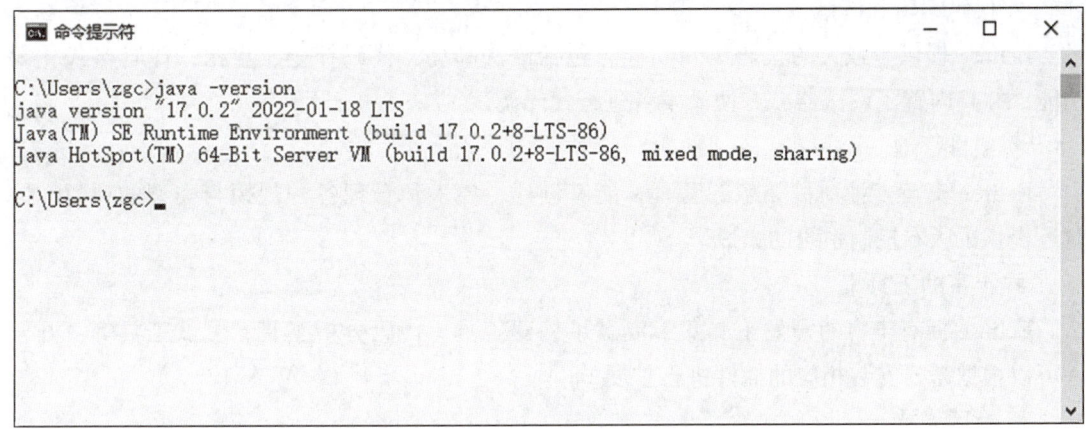

图 1-13　查看 JDK 的版本信息

（3）执行 java 命令，能查看到 JDK 用法的命令信息，如图 1-14 所示。

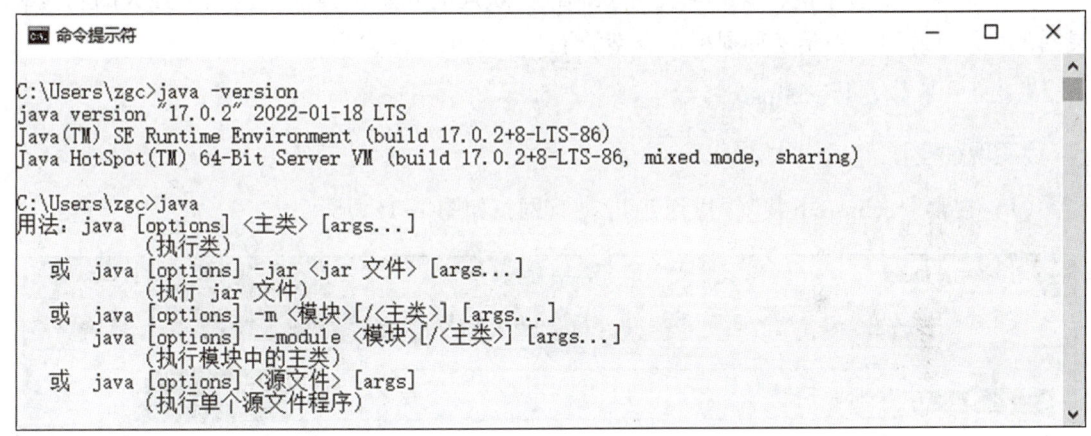

图 1-14　查看到 JDK 用法的命令信息

2.4　集成开发环境

Eclipse 是一个著名的开源集成开发环境（IDE），主要用于 Java 开发，但也支持其他编程语言的开发。Eclipse 本身是一个基于插件架构的平台，通过安装不同的插件可以支持多种编程语言和应用开发。

Eclipse 集成开发环境包括跨平台性、插件生态系统、代码编辑和调试、项目管理、丰富的工具集、社区支持等特点。

- 跨平台性

Eclipse 可以在多个操作系统平台上运行，包括 Windows、Linux 和 macOS X。

- 插件生态系统

Eclipse 通过插件扩展机制，支持众多编程语言和技术，如 Java、C/C++、Python、PHP

等，同时也支持 Web 开发、移动应用开发、企业应用开发等各种类型的项目。

- 代码编辑和调试

Eclipse 提供了强大的代码编辑功能，包括语法高亮、代码补全、重构、代码格式化等功能，并且内置了调试器，方便开发者进行代码调试。

- 项目管理

Eclipse 支持多种项目类型的管理，能够创建、导入和管理各种规模与类型的项目，同时还提供了版本控制系统的集成。

- 丰富的工具集

Eclipse 拥有丰富的开发工具集，涵盖了构建工具、代码分析工具、测试工具等，开发者可以根据需要安装相应的插件进行扩展。

- 社区支持

由于其开源的本质，Eclipse 拥有活跃的社区，用户可以从社区中获取插件、主题、解决方案等资源，并参与讨论和交流。

对于 Java 开发者来说，Eclipse 是一款非常受欢迎的开发工具，它提供了强大的功能和灵活的扩展性，可以满足各种规模和类型的 Java 项目的开发需求。

2.4.1 下载安装 Eclipse

【实现过程】

（1）搜索"eclipse 下载"，找到 Eclipse 官网，如图 1-15 所示。

图 1-15　搜索"eclipse 下载"

（2）查看到下载（Download）页面，单击"Download x86_64"按钮，如图 1-16 所示。

（3）单击"Download"按钮，如图 1-17 所示。

（4）下载后的文件是压缩文件，解压后可以展开，如图 1-18 所示。

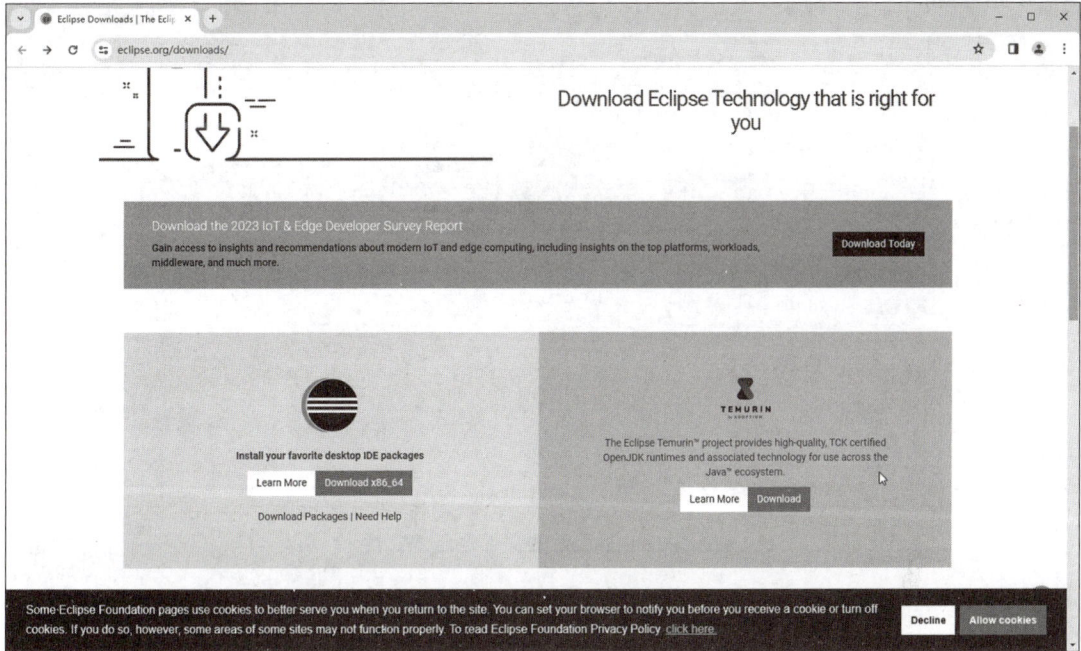

图 1-16　单击"Download x86_64"按钮

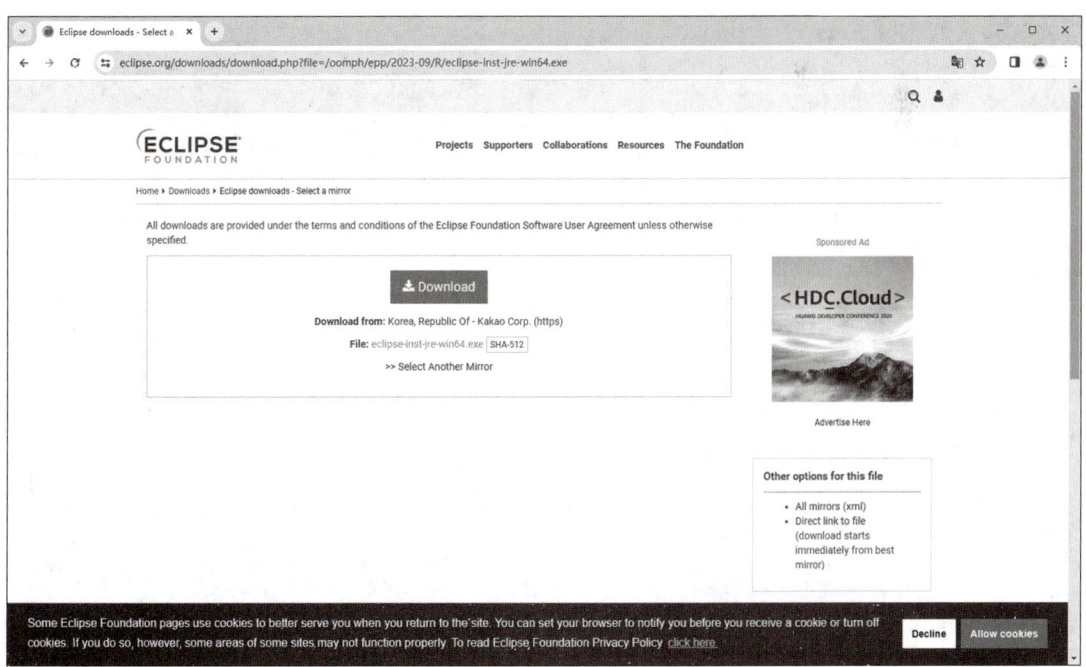

图 1-17　单击"Download"按钮

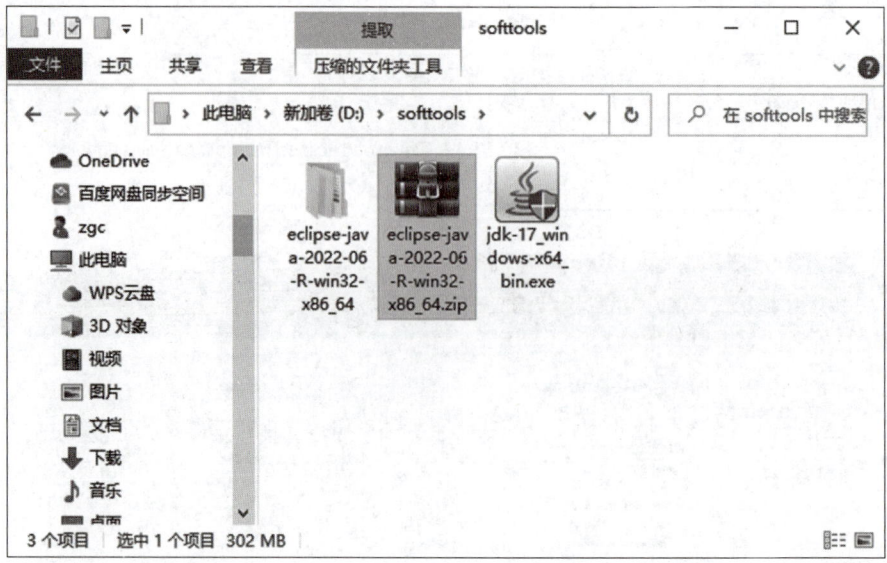

图 1-18 下载后的文件是压缩文件

2.4.2 安装与应用 Eclipse

【实现过程】

（1）运行 eclipse.exe，如图 1-19 所示。

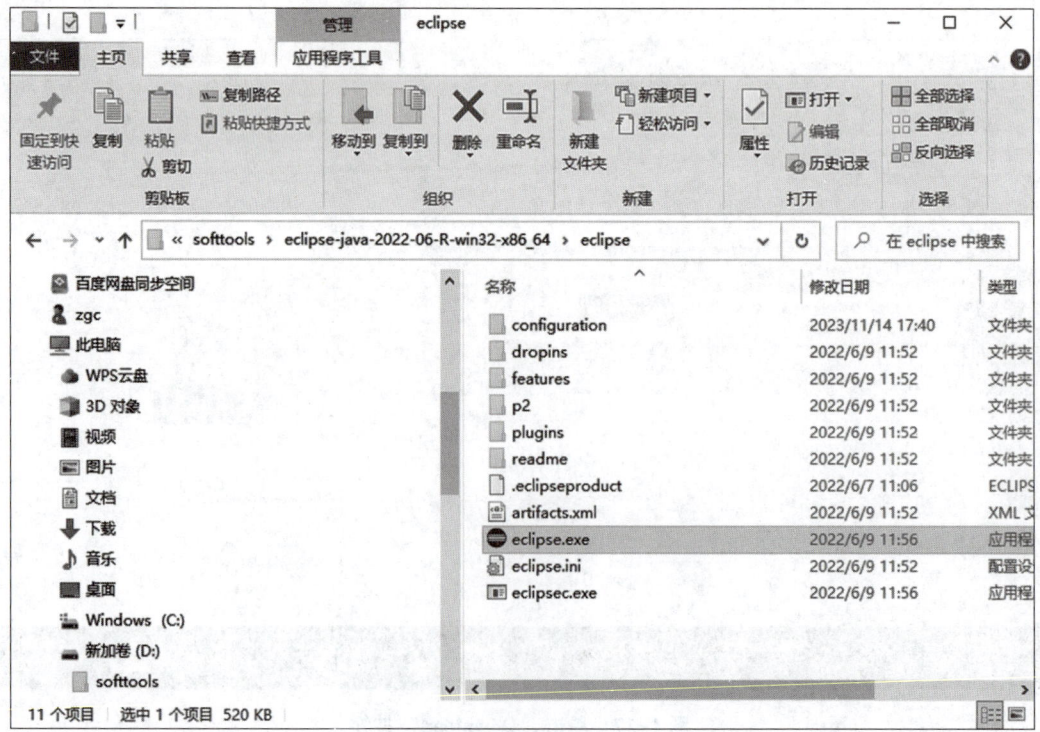

图 1-19 运行 eclipse.exe

（2）设置工作目录为 D：\eclipse-workspace，如图 1-20 所示。

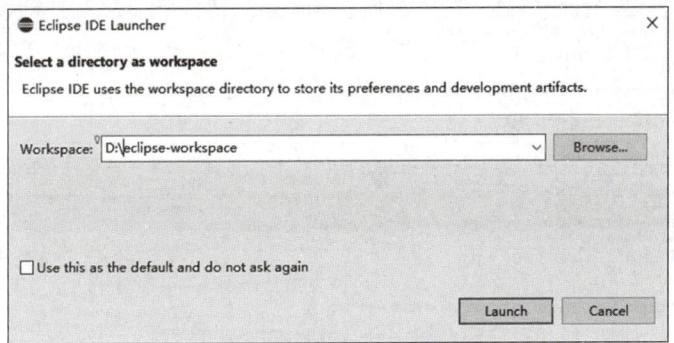

图 1-20　设置工作目录为 D：\eclipse-workspace

（3）完成 Eclipse 安装，进入 Eclipse IDE 主界面，如图 1-21 所示。

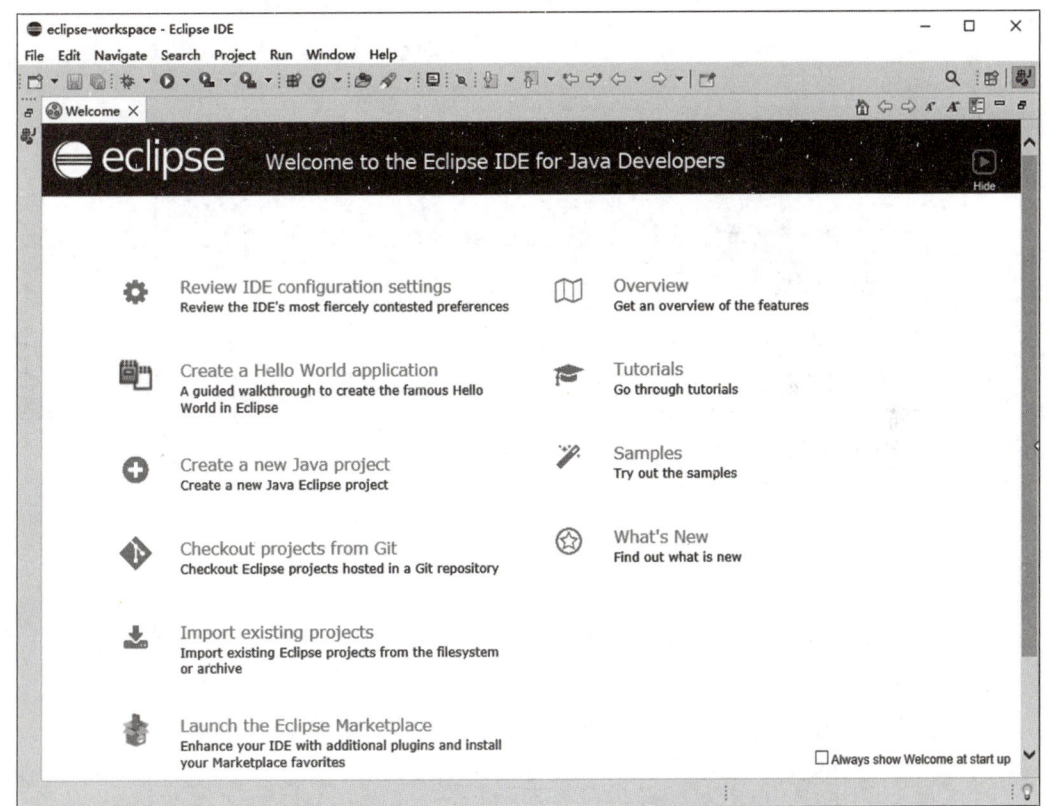

图 1-21　进入 Eclipse IDE 主界面

2.4.3　Eclipse IDE 结构

一个完整的 Eclipse IDE 结构包括 Eclipse 平台所在的安装文件夹、项目文件所在的文件夹工作空间（Workspace）、提供给用户操作的用户界面 Eclipse 工作台（Workbench），除此之外，还有一些不可见的内容，包括 Equinox 插件和模块管理等。

- 工作台 Workbench

工作台即是提供给用户操作的界面，Eclipse 工作台窗口结构主要包括菜单栏（Menubar）、工具栏（Toolbar）、包资源管理器视图（Java 项目的视图）、代码编辑器、正在编辑的 Java 源码的结构视图、命令行输出视图等，如图 1-22 所示。

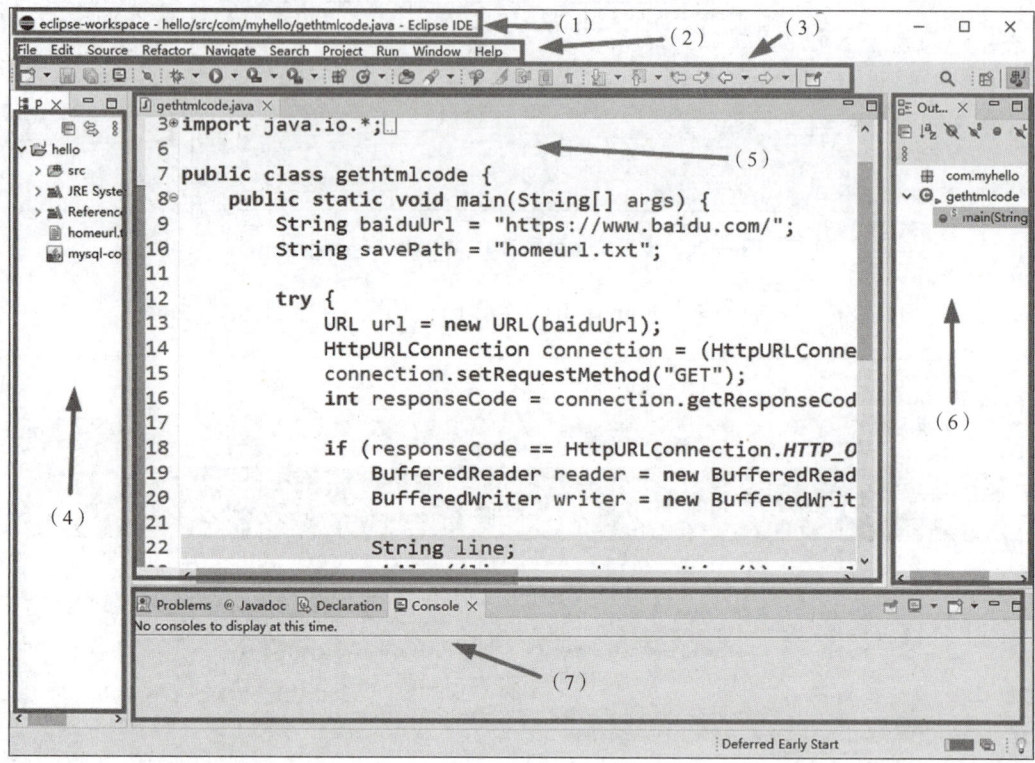

图 1-22　工作台

（1）工作台窗口。

（2）菜单栏。

（3）工具栏。

（4）包资源管理器视图（Java 项目的视图）。

（5）代码编辑器。

（6）Outline（大纲）窗口，即是正在编辑的 Java 源码的结构视图。

（7）命令行输出视图。

- 菜单栏

Eclipse 的菜单栏位于主窗口顶部，用于展示各种功能和操作的菜单。菜单栏提供了一组主要菜单，每个主菜单下面又包含一组子菜单或命令。

常见主要菜单：

File（文件）：包含文件相关的操作，如新建、打开、保存、导出等。

Edit（编辑）：包含编辑器相关的操作，如剪切、复制、粘贴、查找替换等。

Source（源码）：包含与源代码相关的操作，如格式化、重构、注释、生成代码等。

Navigate（导航）：包含用于在项目、类、方法之间进行导航的操作，如跳转到定义、查找引用、上一个/下一个编辑位置等。

Run（运行）：包含与程序运行相关的操作，如运行、调试、配置启动参数等。

Window（窗口）：包含与窗口布局和显示相关的操作，如打开视图、切换透视图、重新排列窗口等。

Help（帮助）：包含与帮助文档和支持相关的操作，如查看帮助内容、检查更新、访问在线资源等。

除了上述主要菜单之外，Eclipse 的菜单栏还可以包含一些其他的扩展菜单，这些扩展菜单通常是由安装的插件提供的，用于扩展 Eclipse 的功能和支持特定的开发环境或技术。

通过菜单栏，开发者可以方便地进行各种操作和功能的访问与调用，提高开发效率并方便地管理和控制项目。

- 工具栏

Eclipse 工具栏的一些常见工具按钮包括 New（新建）、Open（打开）、Save（保存）、Run（运行）、Debug（调试）等。

Eclipse 的工具栏还可以包含一些插件提供的扩展按钮，用于支持特定的开发环境或技术。

通过工具栏，开发者可以快速访问常用的功能和操作，提高开发效率并方便地进行项目管理和控制。同时，工具栏上的按钮通常还具有下拉菜单、快捷键和工具提示等功能，进一步增强了操作的便捷性和灵活性。工具栏上的内容是由当前活动的编辑器决定的，由于工具栏上的动作按钮一般都和特殊的视图相关，所以它的可用与否会被当前编辑器/视图影响，工具栏上的按钮一般都能在菜单栏中找到，但是工具栏上的按钮往往是最常用的那部分菜单项。

- 包资源管理器视图（Java 项目的视图）

包资源管理器视图（Package Explorer View）是一种用于浏览和管理项目文件与资源的重要视图。它提供了一个层次化的树形结构，显示了项目的文件夹、包和文件，并允许开发者在其中执行各种操作。

通过包资源管理器视图，可以方便执行创建和删除文件/文件夹、导入和导出资源、重命名和移动资源、搜索和过滤资源、版本控制、运行和调试等操作，常通过包资源管理器视图中的文件上的右键菜单，选择相应的操作来运行或调试特定的文件。

- 代码编辑器

Eclipse 的代码编辑器是一个强大的工具，用于编写和编辑各种编程语言（如 Java、C++、Python 等）的代码。在 Eclipse 中，代码编辑器提供了许多功能和特性，以帮助开发者更高效地编写和管理代码。一般常用的功能包括语法高亮、自动补全、代码折叠、错误检查、快速导航、重构工具、多标签页编辑、代码格式化等，代码编辑器可以根据预设的格式规则对代码进行自动格式化，以保持代码风格的一致性。

- Outline（大纲）窗口

在 Eclipse 中，Outline（大纲）窗口显示当前正在编辑的 Java 文件的结构视图。该窗口列出了文件中所有类、方法、变量和其他组成部分，并允许快速导航到它们。

- 命令行输出视图

Eclipse 中的命令行输出视图是指在 Eclipse 控制台窗口中显示的程序运行时的标准输出和错误信息。控制台窗口可以用于查看程序的运行状态、调试信息、异常信息等。

控制台窗口将在 Eclipse 底部打开。可以通过单击该窗口中的"Clear"（清除）按钮来清除输出，或通过拖动该窗口的底部边缘来调整其大小。

当程序运行时，在控制台窗口中会显示程序的标准输出和错误信息。如果程序出现异常，则异常信息也会显示在控制台窗口中。

请注意，有些程序可能需要特定的配置才能正确地在 Eclipse 中运行。如果遇到问题，则尝试调整运行配置并查看控制台输出，以获取更多信息。

任务 3 第一个 Java 程序

3.1 Java 程序的分类

Java 程序可以根据其用途和执行方式进行不同的分类。

- 独立应用程序

这类程序常在用户的计算机上直接执行，通常具有图形用户界面（GUI）或命令行界面。独立应用程序通常会打包成可执行的 JAR 文件，并可以在不需要浏览器或其他容器的情况下运行。

- Applet

Applet 是一种小型的、嵌入网页中的 Java 程序，它们在用户的浏览器中以小窗口的形式运行。然而，随着现代浏览器对 Java Applet 的支持逐渐减弱，Applet 的使用逐渐减少。

- Servlet

Servlet 是在服务器端运行的 Java 程序，通常用于动态生成网页内容、处理用户请求等。Servlet 通常被部署在支持 Java 的 Web 服务器（如 Tomcat）中。

- JavaBean

JavaBean 是一种可重用的 Java 组件，它通常用于构建图形用户界面（GUI）应用程序。JavaBean 具有特定的命名模式，并且可以通过简单的属性编辑器进行交互式配置。

- Enterprise JavaBeans（EJB）

EJB 是一种在企业级应用程序中使用的服务器端组件模型，用于构建分布式、事务性的应用程序。EJB 提供了一种标准的方法来开发可重用的业务逻辑组件。

- Web 服务（Web Services）

Java 程序可以作为 Web 服务提供者或消费者，与其他平台无缝交互。通常基于 SOAP 或 RESTful 风格的 Web 服务实现。

- Android 应用程序

Java 也是 Android 平台上的主要开发语言，开发者可以使用 Java 编写 Android 应用程序。

这些应用程序可以在各种 Android 设备上运行。

● 嵌入式系统应用程序

Java 也可以用于嵌入式系统开发。嵌入式系统是指嵌入其他设备或系统中的计算机系统，通常具有有限的资源和特定的功能需求。嵌入式系统中的应用场景广泛，例如智能卡、手机、家用电器、物联网（IoT）设备、工业自动化、网络路由器和交换机、车载系统、医疗设备等。

以上是一些常见的 Java 程序分类，每种类型的 Java 程序都有其特定的用途和特点。在实际开发中，开发人员可以根据需求选择合适的 Java 程序类型来实现他们的应用。

3.2　Java Application 实现

编写 Java 应用程序通常涉及以下几个步骤：

1. 编写 Java 类

创建一个 Java 源文件：使用文本编辑器（如记事本、Sublime Text、Eclipse 等）创建一个新的文件，确保文件扩展名为 .java。

2. 定义类

在 Java 源文件中，以 class 关键字开始定义类，然后给类起一个合适的名称，并用一对大括号（{}）包围类的内容。例如：

```
public class MyClass {
    //类的内容…

}
```

3. 定义 main( )方法

在类中，定义一个公共的静态方法 main( )，作为程序的入口点。方法名必须为 main，参数列表必须是一个字符串数组（String[ ]），并且返回类型必须为 void，表示该方法不返回任何值。

例如：

```
public static void main(String[] args) {
    //main()方法的内容…

}
```

以上代码定义了一个公共的静态方法 main( )，该方法接受一个字符串数组参数 args，并且不返回任何值。

4. 编写 main( )方法的代码

在 main( )方法中编写实现程序所需功能的代码。
例如：

```
public static void main(String[] args) {
    System. out. println("123");

}
```

以上代码在调用 main( ) 方法时，将输出 "123"。

5. 编译 Java 源代码

使用 Java 编译器将编写的 Java 源代码编译成字节码文件（. class 文件）。

6. 打包应用程序

将编译后的 . class 文件打包成可执行的 JAR 文件，同时包含应用程序所需的其他资源文件。

7. 测试应用程序

编写单元测试和集成测试来验证应用程序的正确性和稳定性。

8. 部署和运行

将打包好的应用程序部署到目标环境中，并启动应用程序来验证其功能。

使用 Java 标准库和第三方库，可以使用 Java 编写出功能强大实用的程序，例如文件操作、网络通信、图形界面等方面的应用程序。

3.3 Java Applet 实现

Java Applet 曾经是一种在网页中嵌入的小型 Java 程序，用于在用户的浏览器中运行。然而，随着现代浏览器对 Java 插件的支持逐渐减弱，Applet 的使用已经大幅减少，并且自从 Java 9 版本开始，Oracle 宣布将在未来的 Java 版本中移除 Applet 技术。

3.4 Java 程序运行原理

Java 程序的运行原理可以简单概括为：编写 Java 源代码；编译成字节码；JVM 加载并执行字节码。通过 JVM 的解释和即时编译等技术，Java 程序能够在不同平台上高效地运行。

Java 程序的运行原理涉及 Java 编译、虚拟机执行等多个环节。

* 编写 Java 源代码

开发人员使用文本编辑器或集成开发环境（IDE）编写 Java 程序的源代码，通常保存在以 . java 为后缀的文件中。

* 编译 Java 源代码

使用 Java 编译器（javac）将 Java 源代码编译成字节码文件（. class 文件），这些字节码文件包含了与特定平台无关的 Java 字节码指令。

* 类加载

Java 虚拟机（JVM）负责加载编译后的字节码文件，并将其转换成机器码。类加载过程包括加载、链接和初始化三个阶段。

* 执行程序

JVM 执行转换后的机器码，实际运行 Java 程序。

* 垃圾回收

JVM 负责管理内存分配和垃圾回收，以确保程序运行时的内存使用效率和安全性。

● 异常处理

JVM 提供了异常处理机制，能够捕获并处理程序中的异常情况。

● 跨平台性

由于 Java 程序编译成的是字节码而不是特定平台的机器码，因此 Java 程序具有跨平台性，可以在任何安装了 Java 虚拟机的平台上运行。

【任务要求】

（1）创建一个新的 Java 项目，编写程序，实现输出 "123"。

（2）运行程序，输出 "123"。

【任务实施】

（1）启动 Eclipse，执行 "File"→"New"→"Java Project"，如图 1-23 所示。

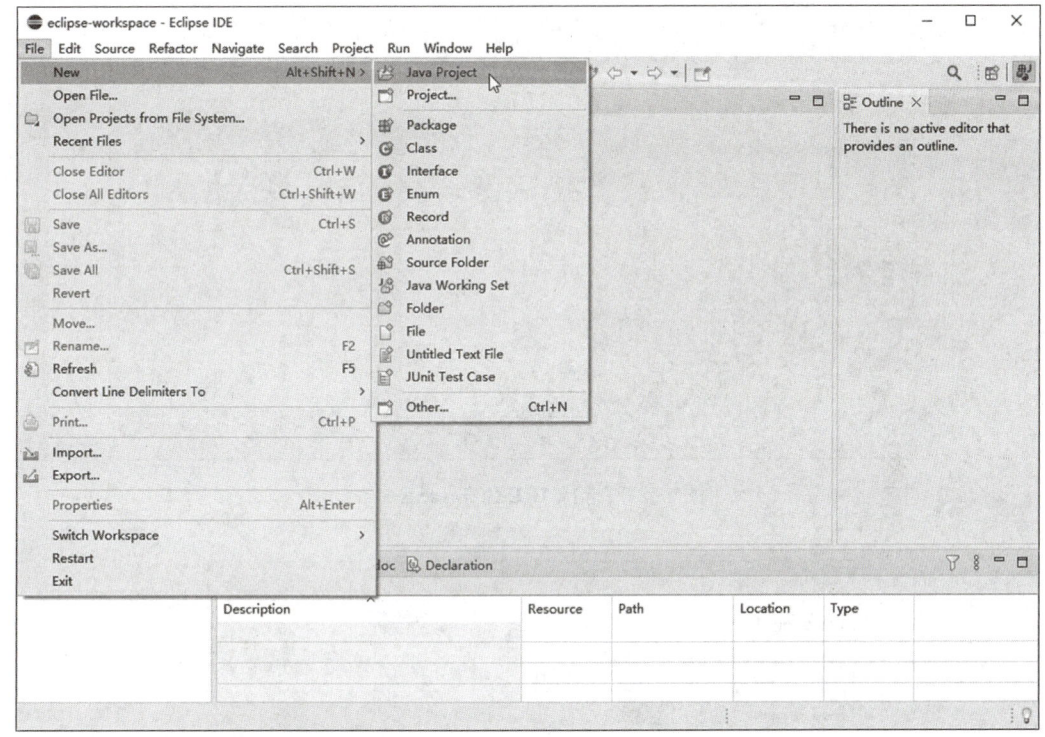

图 1-23　执行 "File"→"New"→"Java Project"

（2）输入 Project name（项目名称）为 hello，选择 JRE 为 JavaSE-17，如图 1-24 所示。

（3）创建 Module name 为 hello，如图 1-25 所示。

（4）新建项目后，右击 "src"，执行 "New"→"Package"，如图 1-26 所示。

（5）输入包的名称为 com. myhello，如图 1-27 所示。

（6）右击 "com. myhello"，执行 "New"→"Class"，如图 1-28 所示。

（7）输入 Java 文件名为 hello，如图 1-29 所示。

（8）打开 hello. java 文件，如图 1-30 所示。

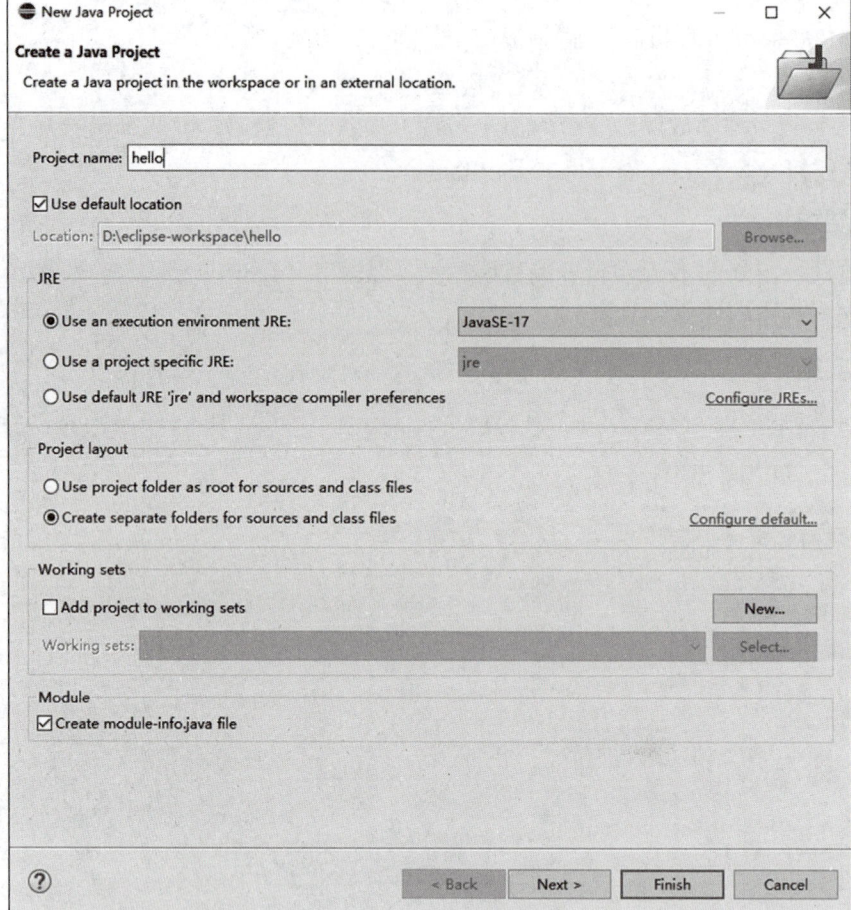

图 1-24　选择 JRE 为 JavaSE-17

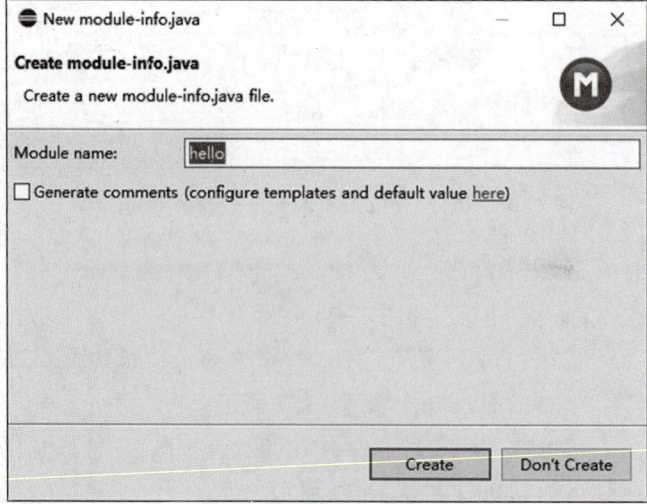

图 1-25　创建 Module name 为 hello

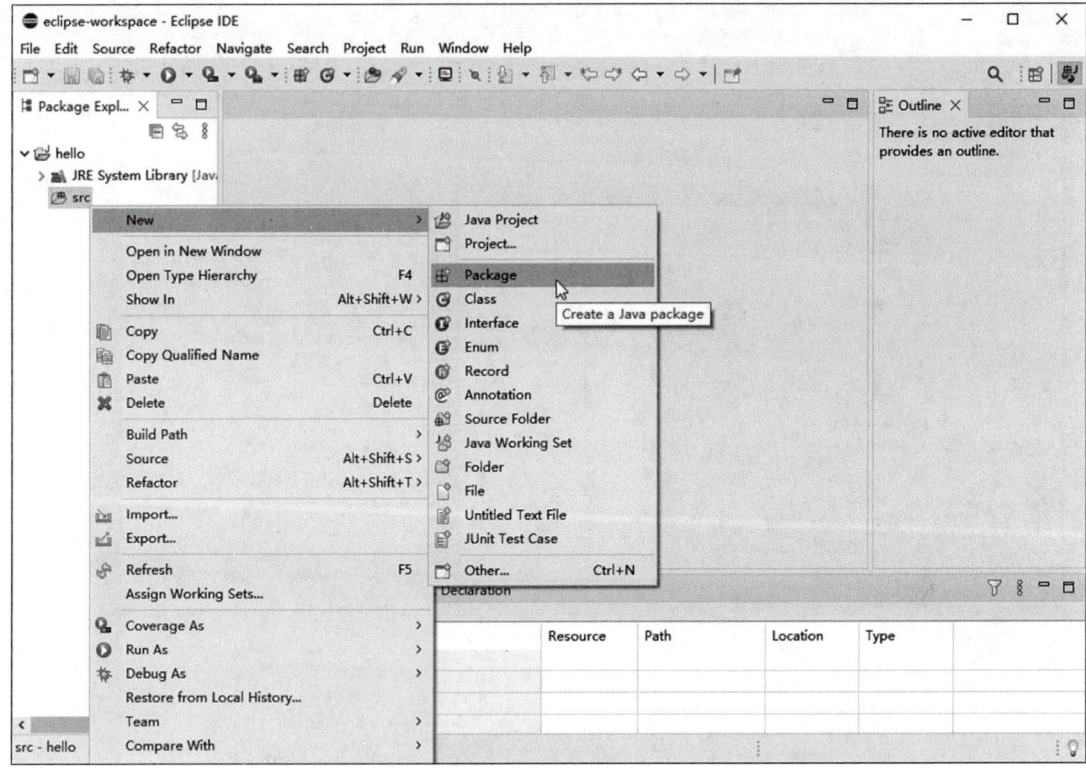

图 1-26　执行"New"→"Package"

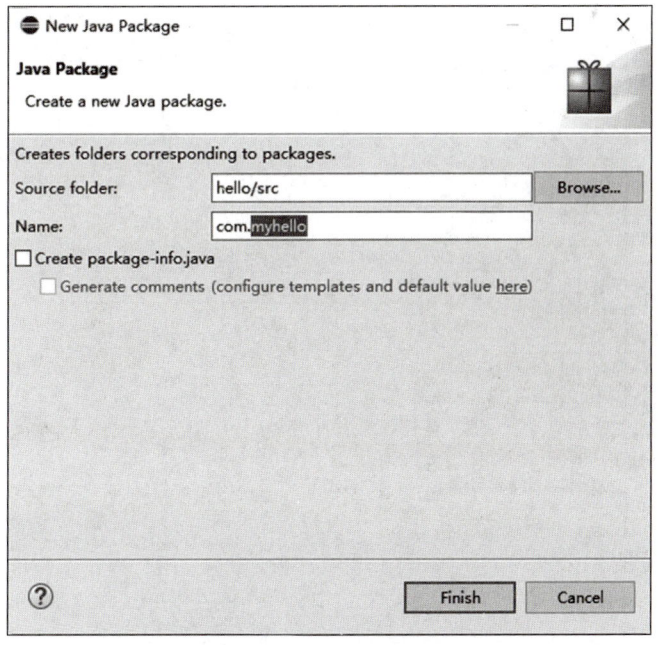

图 1-27　名称为 com. myhello

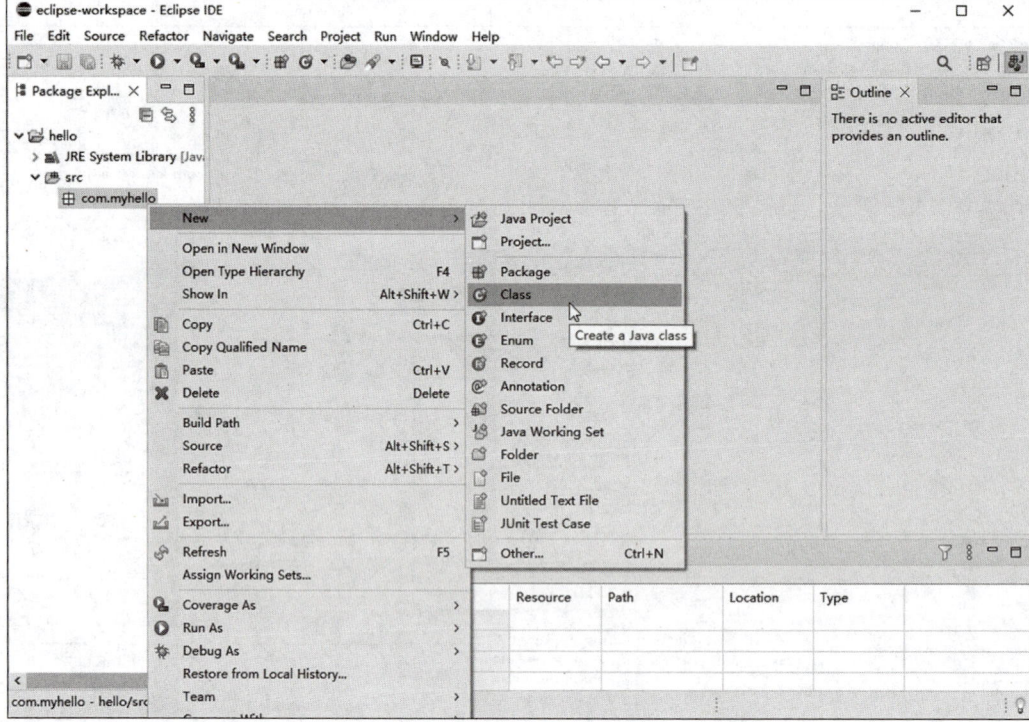

图 1-28   执行"New"→"Class"

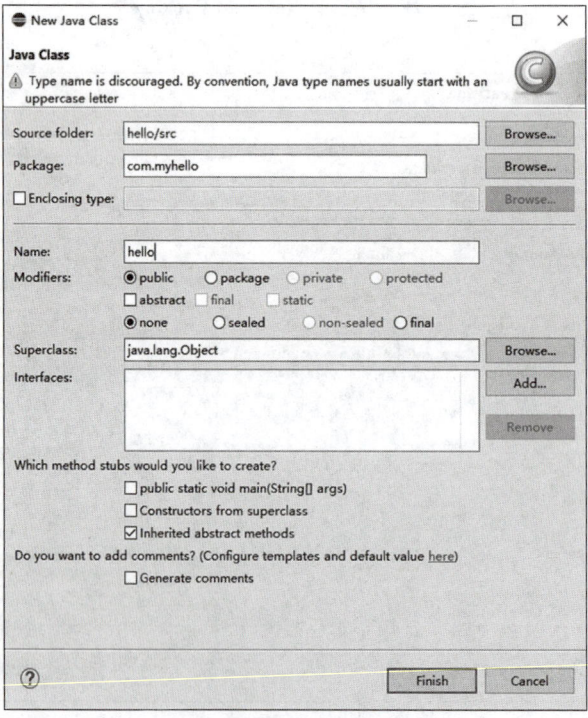

图 1-29   文件名为 hello

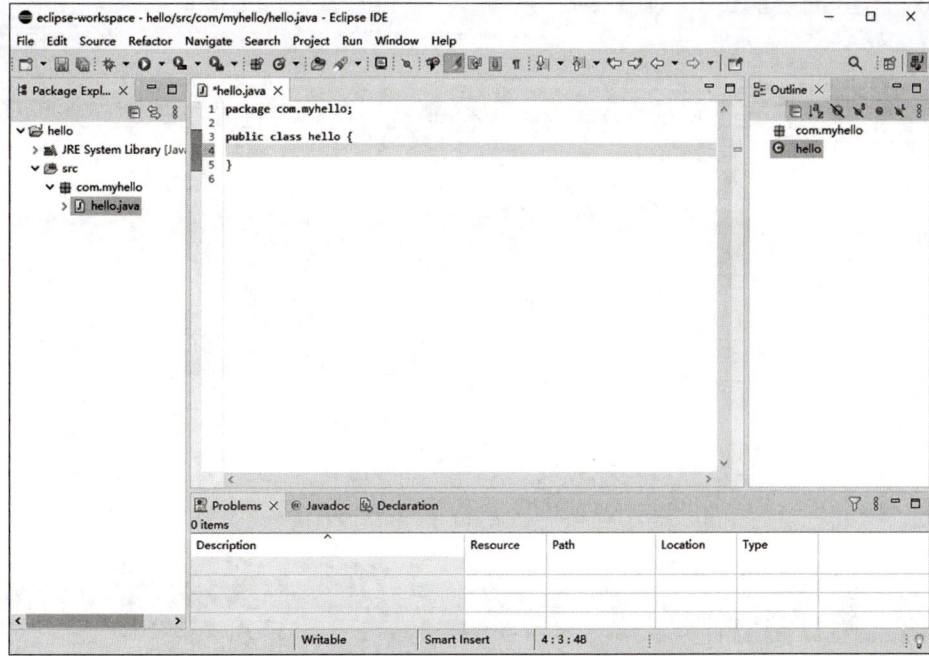

图 1-30　打开 hello. java 文件

（9）在代码区内输入 main，创建 main 方法，如图 1-31 所示。

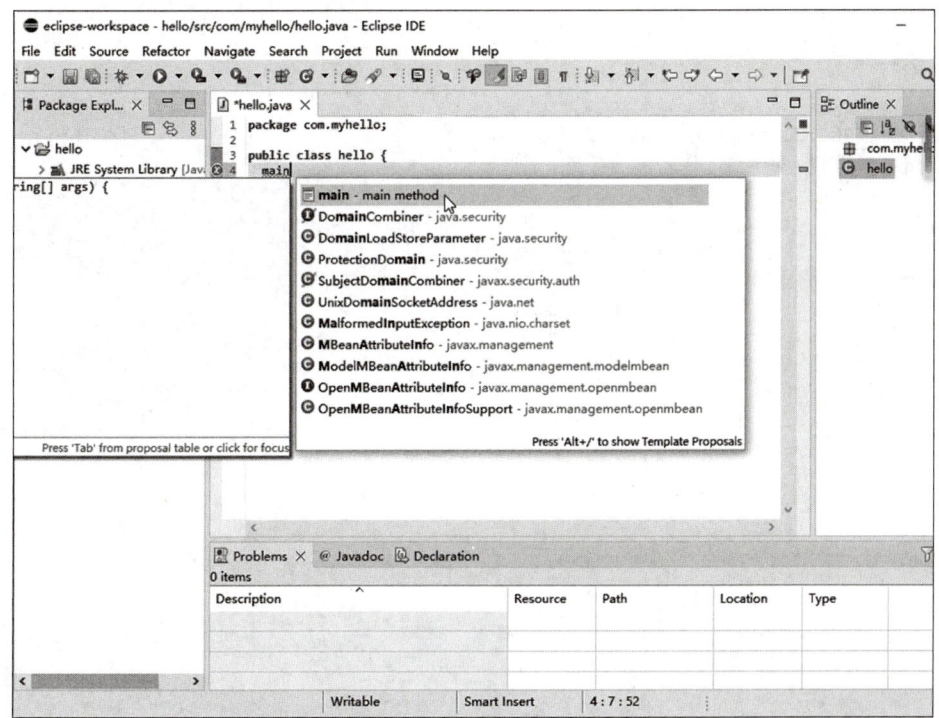

图 1-31　创建 main 方法

（10）创建 main 的代码，如图 1-32 所示。

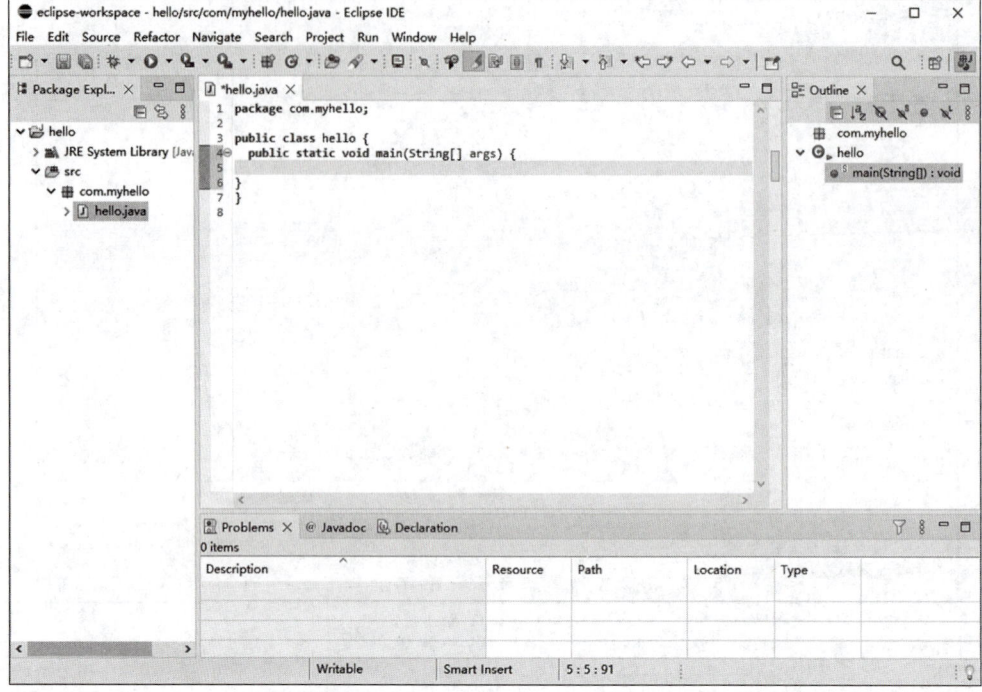

图 1-32　创建 **main** 的代码

（11）输入命令 System. out. println（"123"），如图 1-33 所示。

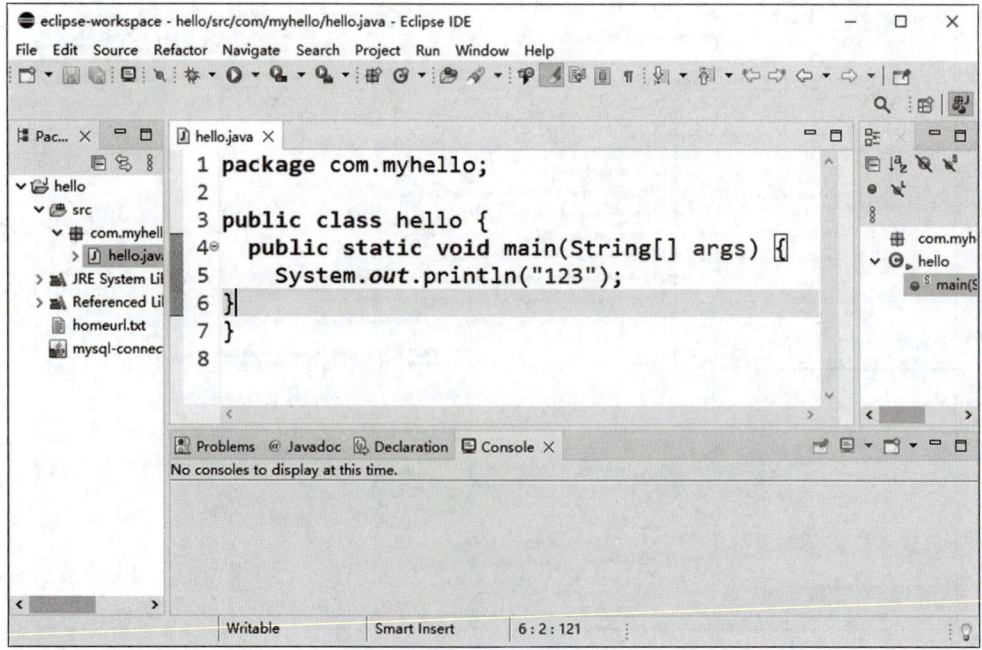

图 1-33　输入命令

（12）选中 hello. java 文件，单击工具栏上的"运行"按钮 ，执行程序 hello. java，如图 1–34 所示。

> **经验分享：**
>
> 在单击"运行"按钮时，必须选中 hello. java 文件，才能执行 hello. java 文件。

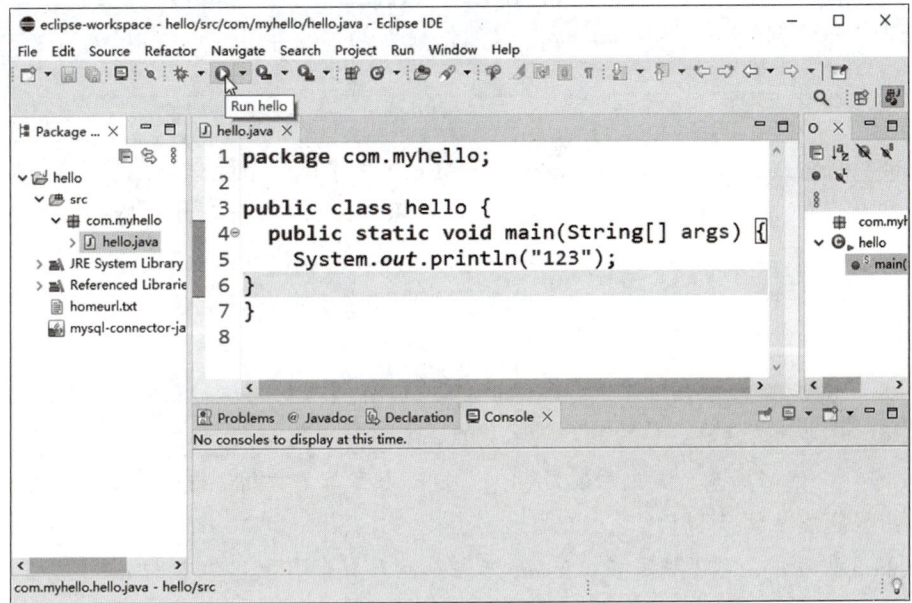

图 1-34　执行程序 hello. java

（13）在输出窗口观察到输出的结果 123，如图 1–35 所示。

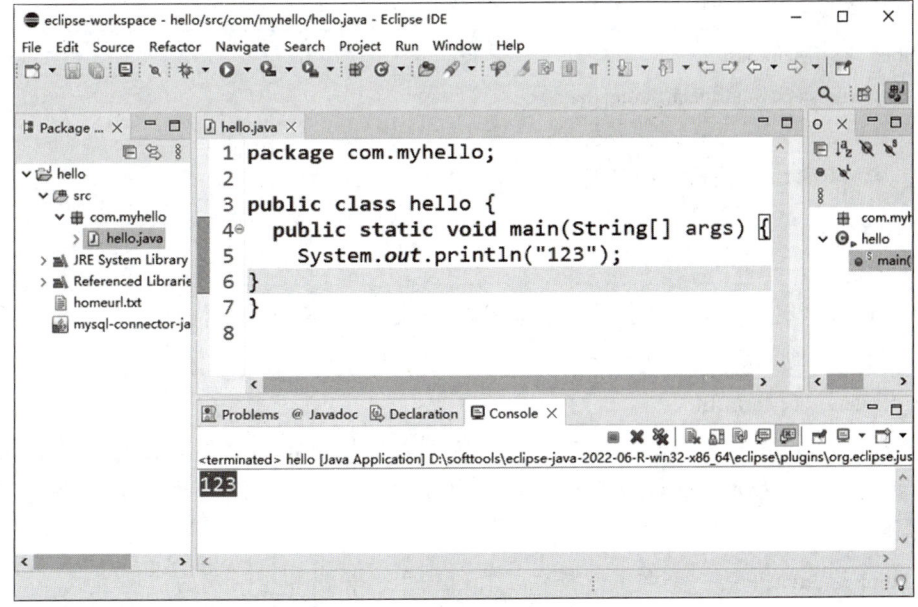

图 1-35　输出结果 123

创建 void main（String[ ] args） 函数

采用 Eclipse 的代码自动补齐功能，输入 main 后按 Alt+/组合键，即可自动生成：

```
public static void main(String[] args) {

}
```

- 程序的主入口

public static void main（String[ ] args） 是 Java 程序中的一个特殊方法签名，表示程序的主入口点。当 Java 程序被执行时，虚拟机首先要从这个方法开始执行所有程序的代码。

public：表示该方法是公共的，可以从任何地方访问。

static：表示该方法属于类而不是对象。它可以在没有创建类实例的情况下直接被调用。

void：表示该方法没有返回值。即它不会返回任何数据。

main：是方法的名称，作为程序的入口点，具有特殊的含义。

String[ ] args：是该方法的参数列表，它是一个字符串数组。args 参数用于接收命令行传递给程序的参数。

在 Java 程序中，可以编写多个 main 方法，但只有带有上述签名的 main 方法才会被虚拟机识别为入口点，并且只有这个方法会在程序启动时被调用。

在 main 方法中，可以编写程序的主要逻辑和功能。通过 args 参数，可以在命令行中向程序传递参数，并在程序中使用这些参数进行相应的处理。

例：main 方法的用法。

```
public class MainClass {
    public static void main(String[] args) {
        //程序的入口点,主要逻辑写在这里
        System. out. println("123");
    }
}
```

在上面的示例中，当程序执行时，虚拟机将从 main 方法开始执行，它在输出窗口会打印出 "123" 的消息。

- System. out. println

System. out. println 是 Java 语言中用于在控制台打印输出的常用方法。它的作用是将指定的内容输出到标准输出流（通常是显示在屏幕上）。在本例中，输出在工作台下方的 Console 窗口。

System 是 Java 中的一个类，它提供了标准输入、输出和错误流的访问方式。

out 是 System 类的静态成员变量，它代表标准输出流。

println 是 out 对象的一个方法，用于打印输出并换行。

当调用 System. out. println 时，可以将需要输出的内容作为参数传递给这个方法，然后这个内容将被打印到控制台并在末尾添加一个换行符，使下一次输出会从新的一行开始。

例：在控制台打印字符串"123"。

```
System. out. println("123");
```

当程序执行时，System. out. println 将会打印字符串"123"到控制台上。

参考代码：

```
package com. myhello;


public class hello {
    public static void main(String[] args) {
        System. out. println("123");
    }
}
```

任务 4　设置字体显示大小

Eclipse 是一种广泛使用的集成开发环境（IDE），提供了许多首选项（Preferences）来自定义和配置其功能与外观。下面是一些常见的 Eclipse 首选项。

- General（常规）

在这个类别下，可以设置 Eclipse 的外观、编辑器的行为、工作空间的设置等。

- Editors（编辑器）

这个类别下的首选项允许自定义编辑器的行为，例如字体和颜色、语法高亮、自动格式化等。

- Java

如果使用 Eclipse 开发 Java 项目，这个类别下的首选项会非常有用。可以设置编译器选项、代码样式、代码模板等。

- Web

如果使用 Eclipse 进行 Web 开发，这个类别下的首选项可以帮助配置 HTML、CSS、JavaScript 等 Web 相关的编辑器和工具。

- Team（团队）

这个类别下的首选项用于配置版本控制系统（如 Git、Subversion）和团队协作工具（如 Bugzilla、JIRA）的集成。

● Run/Debug（运行/调试）

在这个类别下，可以设置运行和调试应用程序的选项，包括启动参数、运行配置等。

● Code Style（代码样式）

这个类别下的首选项允许定义统一的代码样式规范，包括缩进、括号使用、命名约定等。

● Key Bindings（快捷键绑定）

在这个类别下，可以设置自定义的快捷键绑定，提高工作效率。

【任务要求】

把编辑器的显示字体设置为 20 磅。

【任务实施】

（1）启动 Eclipse，执行"Window"→"Preferences"，如图 1-36 所示。

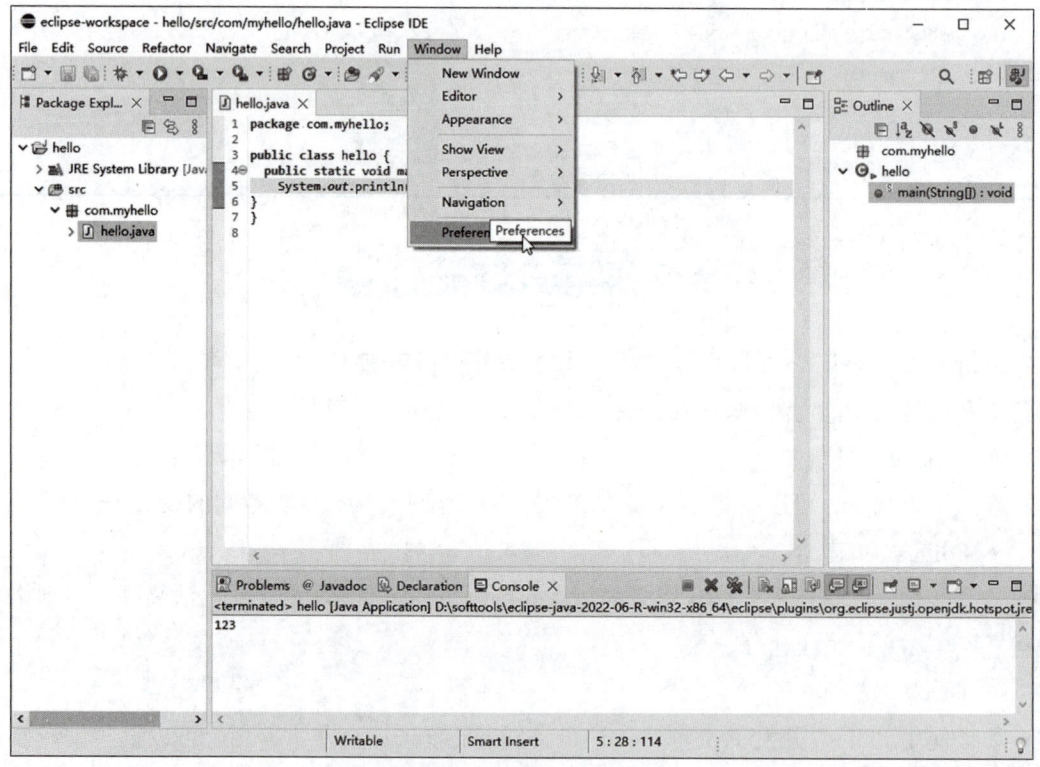

图 1-36　执行"Window"→"Preferences"

（2）展开"Appearance/Colors and Fonts"，在"Colors and Fonts"列表中选择"Java Editor Text Font"，单击"Edit"按钮，如图 1-37 所示。

（3）选择 20 磅字号，再单击"确定"按钮，如图 1-38 所示。

（4）单击"Apply"（应用）按钮，如图 1-39 所示。

（5）观察到代码编辑区的字体已变大，如图 1-40 所示。

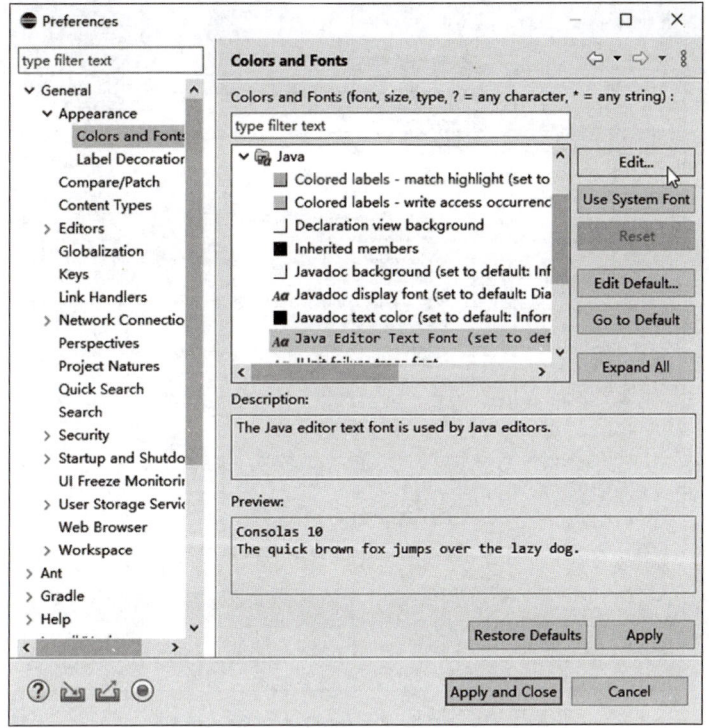

图 1-37　单击"Edit"按钮

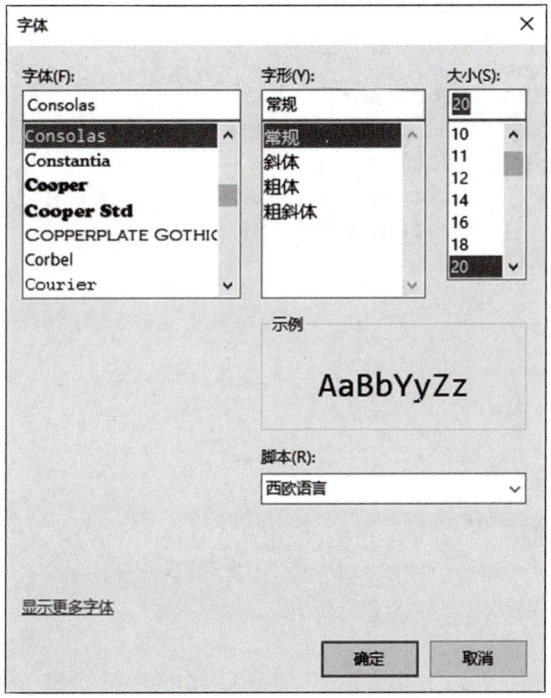

图 1-38　选择 20 磅字号

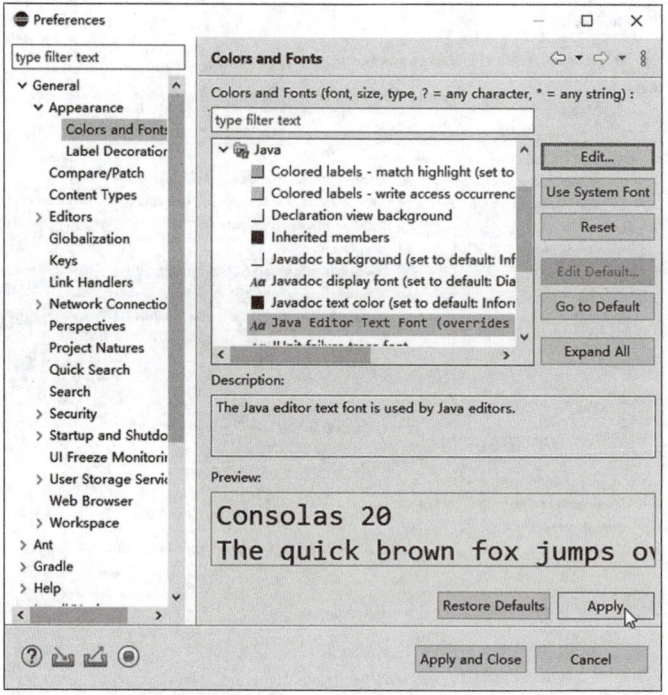

图 1-39 单击"Apply"（应用）按钮

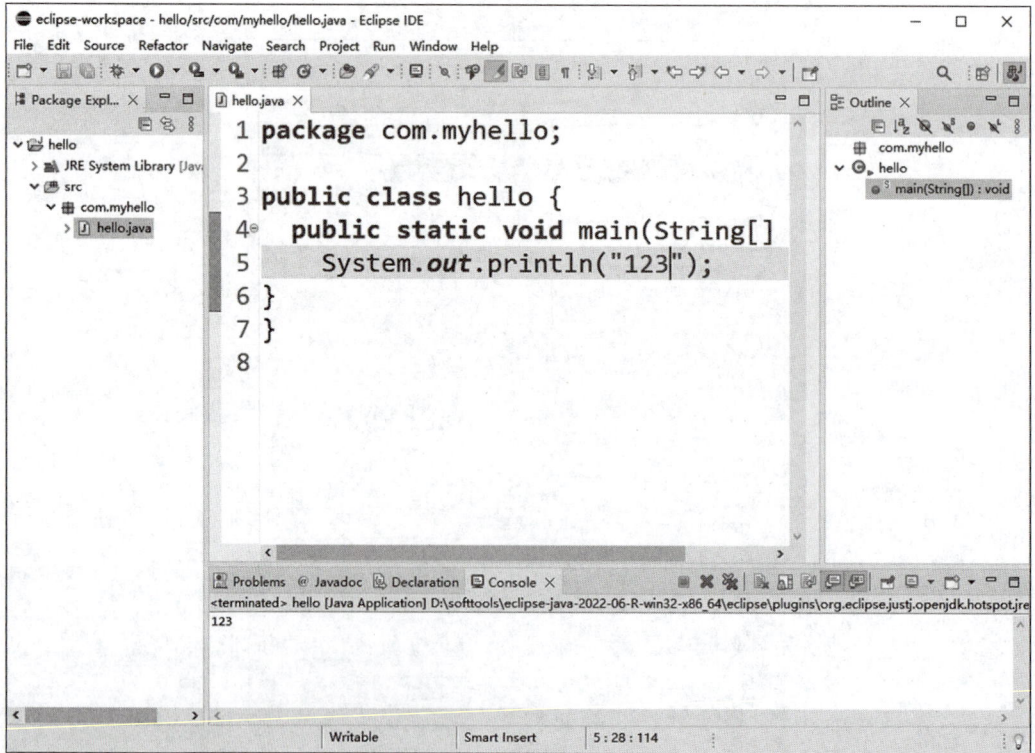

图 1-40 字体已变大

【习题】

1. Java 有哪些跨平台特性？为什么说 Java 具有跨平台性？

2. JDBC 是什么？它的作用是什么？

3. AWT 和 Swing 类库有什么区别？请举例说明它们在构建用户界面方面的应用。

4. 什么是面向对象编程？面向对象编程有哪些优点？

5. Java 的跨平台性是如何实现的？

6. 什么是多线程？多线程程序有什么优点？

7. Java 语言在企业级应用开发中的应用有哪些？

8. Java 语言在 Web 应用程序开发中的框架有哪些？

9. Java 语言在云计算、大数据和人工智能领域的应用体现有哪些？

10. 请列举并简要描述 Eclipse 工作台（Workbench）窗口结构中的各个组成部分。

11. 介绍一下 Java 程序的分类，至少列举其中 5 种类型，并描述其主要特点及应用场景。

12. 简要描述 Eclipse 中的包资源管理器视图（Package Explorer View）的作用以及常见操作。

项目 2

Java 语言基础

任务 1　求圆的面积和周长

2.1　数据类型、常量、变量和运算符

2.1.1　数据类型

Java 语言中的数据类型包括两大类：基本数据类型和引用数据类型。

- 基本数据类型（表 2-1）

表 2-1　基本数据类型

数据类型	类型名称	占用空间	符号	取值范围
byte	字节	8 位	有符号	范围为 -128~127
short	短整型	16 位	有符号	范围为 -32 768~32 767
int	整型	32 位	有符号	范围为 $-2^{31} \sim 2^{31}-1$
long	长整型	64 位	有符号	范围为 $-2^{63} \sim 2^{63}-1$
float	单精度浮点型	32 位	单精度	表示范围较大的浮点数
double	双精度浮点型	64 位	双精度	通常用于表示较大范围的浮点数
char	字符类型	16 位	用于表示 Unicode 字符	范围为 '\u0000' 到 '\uffff'
boolean	布尔类型	表示 true 或 false	—	—

除基本数据类型外，其他所有类型都属于引用数据类型。引用数据类型的变量不直接存储值，而是存储对值的引用。

- 引用数据类型

Java 中的引用数据类型包括类（Class）、接口（Interface）、数组（Array）、枚举（Enum）、注解（Annotation）、字符串（String）、自定义的引用数据类型等。

2.1.2　常量和变量

1. 常量

在 Java 中，常量是指一旦赋值后便不能再改变其值的标识符。常量包括整型常量、浮点数常量、布尔常量、字符常量等。

● 整型常量

整型常量是整数类型的数据，有二进制、八进制、十进制和十六进制 4 种表示形式。

●浮点数常量

浮点数常量就是在数学中用到的小数，分为 float 单精度浮点数和 double 双精度浮点数两种类型。其中，单精度浮点数后面以 F 或 f 结尾，而双精度浮点数则以 D 或 d 结尾。当然，在使用浮点数时，也可以在结尾处不加任何的后缀，此时虚拟机会默认为 double 双精度浮点数。浮点数常量还可以通过指数形式来表示。

●字符常量

字符常量用于表示一个字符，一个字符常量要用一对英文半角格式的单引号 ' 引起来，它可以是英文字母、数字、标点符号以及由转义序列来表示的特殊字符。

●字符串常量

字符串常量用于表示一串连续的字符，一个字符串常量要用一对英文半角格式的双引号 " " 引起来。

●布尔常量

布尔常量即布尔型的两个值 true 和 false，该常量用于区分一个事物的真与假。

●null 常量

null 常量只有一个值 null，表示对象的引用为空。

2. 常量的分类

Java 中的常量可以分为字面常量、final 常量、枚举常量、预定义常量。

● 字面常量

字面常量是直接写入代码中的常量值，使用特定的语法表示。

例如：

整数字面常量 100。

浮点数字面常量 3.1415。

字符字面常量 ' A'。

字符串字面常量 "Hello" 等。

● final 常量

使用 final 关键字声明的常量被称为 final 常量。一旦赋予初始值后，final 常量的值不能再被修改。final 常量通常用大写字母命名，多个单词之间使用下划线分隔。

例如：

```
final int MAX_SIZE = 100;
final double PI = 3.14159;
```

- 枚举常量

枚举常量是在枚举类型中定义的常量。枚举类型是一种特殊的数据类型，它限制变量只能取枚举常量中的某一个值。

例如：

```
enum Color {
    YELLOW, GREEN,RED;
}
```

在上述示例中，YELLOW、GREEN、RED 都是枚举常量。

- 预定义常量（Predefined Constants）

Java 中的某些类库提供了一些预定义常量，用于表示特定的值或状态。

例如：

Math 类中的常量 Math. PI 表示圆周率 π。

Color 类中的常量 Color. RED 表示红色。

3. 变量

在 Java 中，变量用于存储数据的内存位置，它们具有特定的类型和名称。根据其作用域和生命周期，Java 中的变量可以分为成员变量、局部变量和静态变量。

- 成员变量（Member Variables）

成员变量是定义在类中，方法体之外的变量。它们可以是对象的属性或者类的属性。根据访问修饰符的不同，成员变量又可以分为公有成员变量、私有成员变量和受保护的成员变量。

```
public classMainClass {
    public int publicVar;        //公有成员变量
    private int privateVar;       //私有成员变量
    protected int protectedVar;   //受保护的成员变量
}
```

public 是 Java 中的一个访问修饰符，用于修饰类、方法、变量或接口。使用 public 修饰符可以使被修饰的类、方法、变量或接口对外可见，可以被其他代码访问和使用。

private 修饰符可以有效地控制类、方法和变量的访问权限，从而保证代码的安全性和封装性。如果使用 private 修饰一个变量，表示它只能被当前类中的方法访问。

protected 修饰一个变量，表示它可以被同一包中的其他类和任何子类访问，即具有包访问权限和继承权限。对于类的实例变量（非静态变量），protected 修饰符允许直接访问该变量；对于类的静态变量，protected 修饰符也允许直接访问，但需要通过类名来访问。

- 局部变量（Local Variables）

局部变量是定义在方法、构造函数或者语句块内部的变量。它们只在声明它们的方法、构造函数或者语句块中可见，超出这个范围就不能被访问。

```
public classMainClass {
```

```
public void myMethod() {
    intvVar = 10;        //方法中的局部变量
    }
}
```

● 静态变量（Static Variables）

静态变量是用关键字 static 修饰的变量，它们属于类，而不是属于类的任何单个对象。静态变量在整个程序执行过程中都存在，且只有一份拷贝。

```
public class MyClass {
    public static int staticVar;   //静态变量
}
```

4. 声明变量

● 变量命名规则

在 Java 中，变量的命名需要遵循以下规则：

① 变量名只能包含字母、数字、下划线和美元符号。

② 变量名不能以数字开头。

③ 变量名区分大小写。

④ 变量名不能是 Java 的关键字。

● 声明变量与变量类型

在 Java 中，变量的声明需要指定变量的类型和名称，如下所示：

```
int number;        //声明一个整型变量
double salary;     //声明一个双精度浮点型变量
String name;       //声明一个字符串变量
```

根据变量的作用域和生命周期，合理地使用成员变量、局部变量和静态变量可以提高程序的可读性和可维护性，并且有效地管理内存空间。

2.1.3　运算符

在 Java 中，运算符用于执行各种数学或逻辑操作。Java 中的运算符可以分为算术运算符、赋值运算符、关系运算符、逻辑运算符、位运算符、条件运算符和其他特殊运算符等，见表 2-2~表 2-7。

表 2-2　算术运算符

算术运算符	功能	示例
+	加法	int result = 5 + 3;　　//结果为 8
−	减法	int result = 9-4;　　//结果为 5
*	乘法	int result = 6 * 2;　　//结果为 12
/	除法	int result = 10/2;　　//结果为 5
%	取模（求余）	int result = 15 % 4;　　//结果为 3（15 除以 4 的余数）

表 2-3 赋值运算符

赋值运算符	功能	示例
=	简单的赋值运算符	int a = 10; //将整数 10 赋给变量 a
+=	相加后再赋值	int a = 5; a += 3; //相当于 a = a + 3;结果是 a 的值变为 8
-=	相减后再赋值	int a = 7; a-= 4; //相当于 a = a-4;结果是 a 的值变为 3
*=	相乘后再赋值	int a = 3; a*= 2; //相当于 a = a*2;结果是 a 的值变为 6
/=	相除后再赋值	int a = 10; a/= 3; /*相当于 a = a/3;结果是 a 的值变为 3(整数除法取整数部分)*/
%=	求余后再赋值	int a = 17; a %= 5; //相当于 a = a % 5;结果是 a 的值变为 2

表 2-4 比较运算符（关系运算符或条件运算符）

关系运算符	功能	示例

==	等于	int a = 5;
		int b = 7;
		boolean result =(a == b); //结果为 false,因为 5 不等于 7

!=	不等于	int a = 5;
		int b = 7;
		boolean result =(a != b); //结果为 true,因为 5 不等于 7

>	大于	int a = 5;
		int b = 7;
		boolean result =(a>b); //结果为 false,因为 5 不大于 7

<	小于	int a = 5;
		int b = 7;
		boolean result =(a < b); //结果为 true,因为 5 小于 7

>=	大于或等于	int a = 5;
		int b = 7;
		boolean result =(a >= b); //结果为 false,因为 5 不大于或等于 7

<=	小于或等于	int a = 5;
		int b = 7;
		boolean result =(a <= b); //结果为 true,因为 5 小于或等于 7

表 2-5　逻辑运算符

逻辑运算符	功能	示例

&&	逻辑与	boolean a = true;
		boolean b = false;
		boolean result =(a && b)；　/＊结果为 false，因为 a 为 true，b 为 false，不满足同时为 true 的条件 ＊/

|	逻辑或	boolean a = true;
		boolean b = false;
		boolean result =(a |b)；　　/＊结果为 true，因为 a 为 true，满足有一个为 true 的条件 ＊/

!	逻辑非	boolean a = true;boolean result =(！a)；　/＊结果为 false，因为对 true 取反得到 false ＊/

表 2-6　位运算符

位运算符	功能	示例

&	按位与	int a = 5;
		int b = 3;
		int result =(a & b)；　/＊结果为 1，因为 5 的二进制为 101，3 的二进制为 011，按位与得到 001 ＊/

|	按位或	int a = 5;
		int b = 3;
		int result =(a |b)；　　/＊结果为 7，因为 5 的二进制为 101，3 的二进制为 011，按位或得到 111 ＊/

^	按位异或	int a = 5;
		int b = 3;
		int result =(a ^ b)；　　/＊结果为 6，因为 5 的二进制为 101，3 的二进制为 011，按位异或得到 110 ＊/

~	按位取反	int a = 5; int result =(~a)；　　/＊结果为-6，因为 5 的二进制为 101，按位取反得到 010，再加上符号位得到-6 ＊/
<<	左移	int a = 5; int result =(a << 2)；　/＊结果为 20，因为 5 的二进制为 101，左移两位得到 10100，转换为十进制得到 20 ＊/
>>	右移	int a=-5; int result =(a >> 2)；　/＊结果为-2，因为-5 的二进制为 11111111111111111111111111111011，右移两位得到 11111111111111111111111111111110，转换为十进制得到-2 ＊/

续表

位运算符	功能	示例
>>>	无符号右移	int a =−5; int result =(a >>> 2); /* 结果为 1073741822,因为−5 的二进制为 11111111111111111111111111111011,无符号右移两位得到 00111111111111111111111111111110,转换为十进制得到 1073741822 */

表 2-7　其他运算符

其他	功能	示例

？:	三元条件运算符也称为三元运算符或条件运算符,用于根据一个条件的真假来选择执行不同的语句。如果条件为真,则执行第一个表达式,否则执行第二个表达式	int a = 5;
		int b = 3;
		int result =(a>b) ? a : b; /* 如果 a 大于 b,则结果为 a,否则结果为 b */

instanceof	检查对象是否是特定类的实例	class Animal {} class Dog extends Animal {} Animal animal = new Dog(); boolean result = (animal instanceof Dog); /* 结果为 true,因为 animal 是 Dog 类的实例 */

这些运算符可以用于对变量进行各种操作,如数学计算、逻辑判断、位操作等。合理地使用运算符可以使代码更加简洁和高效。

【任务要求】

编程实现功能:提示“请输入圆的半径”,计算圆的面积与周长,输出结果。

例如:

请输入圆的半径:

```
100
圆的面积 =:31415.926535897932
圆的周长 =:628.3185307179587
```

【任务实施】

(1) 在包 com. myhello 中创建执行 “New”→“Class”,创建 Circle. java 文件,输入代码,实现提示输入圆半径,计算圆面积和圆周长的功能,如图 2-1 所示。

(2) 右击 “Circle. java” 文件,执行 “Run As”→“Java Application”,如图 2-2 所示。

(3) 执行程序后,在 Console 窗口看到运行提示,输入 100,得到计算的输出结果,如图 2-3 所示。

```
eclipse-workspace - hello/src/com/myhello/Circle.java - Eclipse IDE
File  Edit  Source  Refactor  Navigate  Search  Project  Run  Window  Help

Package Explorer ×                    Circle.java ×

∨ 📁 hello                          1  package com.myhello;
  > ⯈ JRE System Library [JavaSE-17]   2
  ∨ 🗁 src                          3  import java.util.Scanner;
    ∨ 🗁 com.myhello                  4
      > 🗋 Circle.java               5  public class Circle {
      > 🗋 hello.java                 6⊖     public static void main(String[] args) {
                                     7          Scanner input = new Scanner(System.in);
                                     8
                                     9          System.out.println("请输入圆的半径：");
                                    10          //输入的值作为半径存入radius变量
                                    11          double radius = input.nextDouble();
                                    12
                                    13          // 计算圆的面积,圆的面积=圆周率X半径的平方
                                    14          double area = Math.PI * radius * radius;
                                    15          System.out.println("圆的面积=: " + area);
                                    16
                                    17          // 计算圆的周长,圆的周长=2X圆周率X半径
                                    18          double perimeter = 2 * Math.PI * radius;
                                    19          System.out.println("圆的周长=: " + perimeter);
                                    20      }
                                    21  }
```

图 2-1　计算圆面积和圆周长

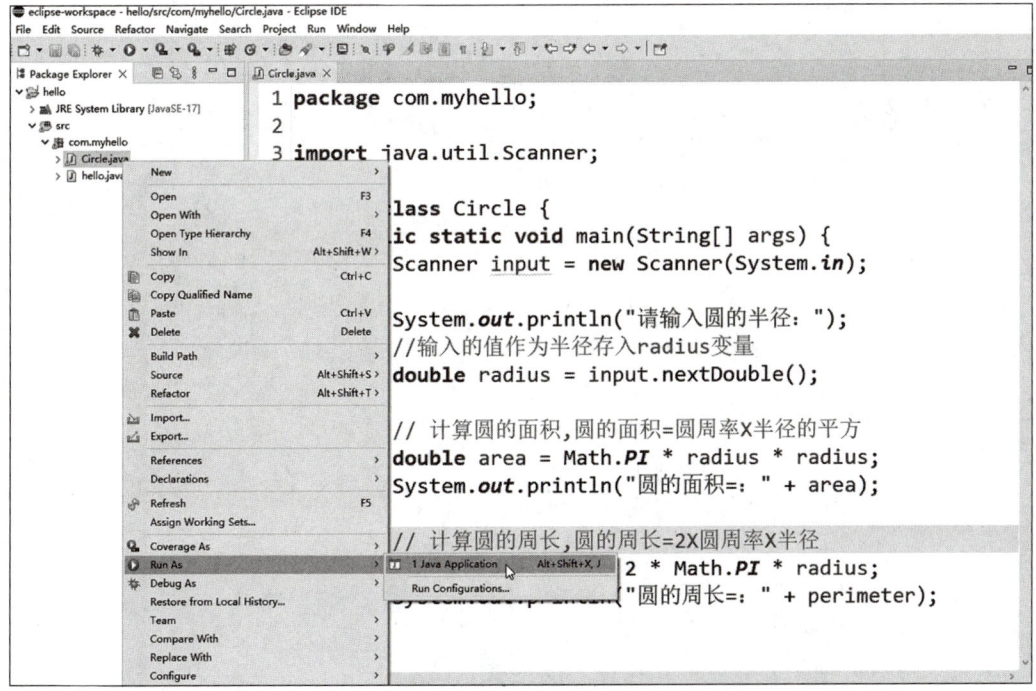

图 2-2　执行 "Run As" → "Java Application"

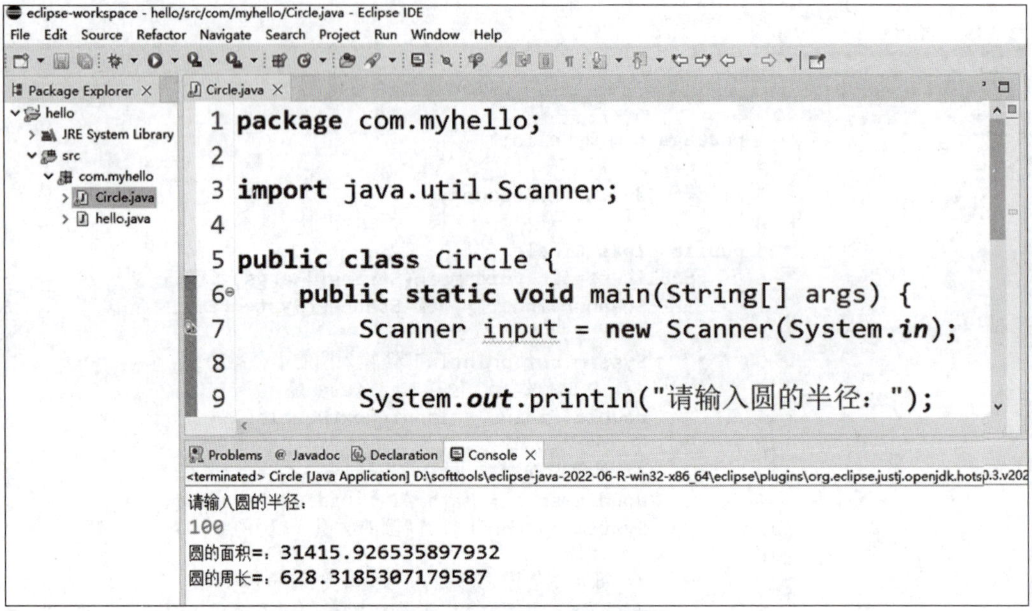

图 2-3　得到计算的输出结果

参考代码：

```
package com. myhello;

import java. util. Scanner;

public class Circle {
    public static void main(String[] args) {
        Scanner input = new Scanner(System. in);

        System. out. println("请输入圆的半径:");
        //输入的值作为半径存入 radius 变量
        double radius = input. nextDouble();

        //计算圆的面积,圆的面积=圆周率 * 半径的平方
        double area = Math. PI * radius * radius;
        System. out. println("圆的面积=:" + area);

        //计算圆的周长,圆的周长=2 * 圆周率 * 半径
        double perimeter = 2 * Math. PI * radius;
        System. out. println("圆的周长=:" + perimeter);
    }
}
```

• 变量的定义

double radius 定义的变量是 double 型。程序通过使用 Scanner 类从用户处获取输入的值，并将该值赋给 radius 变量。

• Math. PI

Math. PI 是 Java Math 类中的一个常量，用于表示圆周率 π。它是一个 double 类型的值，近似等于 3. 141 592 653 589 793。

任务 2 判断字母大小写

2.2 数据类型转换和结构选择

2.2.1 数据类型转换

在 Java 中，数据类型转换可以分为自动类型转换（隐式类型转换）和强制类型转换（显式类型转换）两种方式。

• 自动类型转换（隐式类型转换）

当将数据类型范围较小的变量赋给数据类型范围较大的变量时，Java 会自动进行类型转换，这称为自动类型转换。在自动类型转换中，Java 会自动将较小的数据类型转换为较大的数据类型，以保证数据不丢失。

```
int numInt = 10;
double numDouble = numInt;      //自动将 int 类型转换为 double 类型
```

int numInt = 10；声明一个名为 numInt 的变量，并将值 10 赋给它。int 是一种整数数据类型，用于存储整数值。

double numDouble = numInt；将 numInt 变量的值赋给 numDouble 变量。由于 numInt 是一个整数类型，而 numDouble 是一个双精度浮点数类型，因此，在这个赋值操作中发生了从整数类型到浮点数类型的自动类型转换。Java 中的自动类型转换是指当一个低精度类型的值被赋给一个高精度类型的变量时，Java 编译器会自动将其转换为高精度类型。执行完这两行代码后，numInt 的值是 10，而 numDouble 的值也是 10. 0。

• 强制类型转换（显式类型转换）

强制类型转换需要通过强制转换运算符来实现，它可以将一个数据类型强制转换为另一个数据类型。在进行强制类型转换时，需要注意可能会发生精度丢失或溢出的问题。

```
double numDouble = 10. 5;
int numInt =(int) numDouble;      //强制将 double 类型转换为 int 类型
```

（1）double numDouble = 10.5；声明了一个名为 numDouble 的变量，并将值 10.5 赋给它。double 是一种双精度浮点数数据类型，用于存储小数值，所以变量 numDouble 能保存小数，值为 10.5。

（2）int numInt =（int）numDouble；将 numDouble 变量的值转换为整数，并将结果赋给 numInt 变量。（int）是一种类型转换操作符，它将浮点数转换为整数。numDouble 的值是 10.5，经过转换后，numInt 的值将成为 10。这是因为类型转换会将小数部分直接舍弃，只保留整数部分。

- 类型转换规则

从低精度到高精度的类型转换是安全的，因为数据范围不会发生变化，所以 Java 会自动进行类型转换。

从高精度到低精度的类型转换需要进行强制类型转换，可能会发生精度丢失或者溢出的情况。

在 Java 中，数据类型转换是非常常见的操作，合理地进行类型转换可以有效地处理不同数据类型之间的关系，使代码更加灵活和高效。

2.2.2 if 条件语句

在 Java 中，if 条件语句用于根据条件来执行特定的代码块。

- if 语句的语法

1）if 语句

```
if (condition) {
    //如果条件为真,执行这里的代码块
}
```

例：

```
int weight = 160;
if (weight>140) {
    System. out. println("这个人体重超过了标准范围!");
}
```

if 语句的条件是 weight>140，即判断变量 weight 的值是否大于 140。如果条件为真（即体重超过了标准范围），那么就会执行 if 语句后面的代码块，其中包含一条打印语句，将消息"这个人体重超过了标准范围!"输出到控制台上。

2）if-else 语句

```
if (condition) {
    //如果条件为真,执行这里的代码块
} else {
    //如果条件为假,执行这里的代码块
}
```

例：

```
int weight = 160;
if (weight>140) {
    System. out. println("这个人体重超过了标准范围！");
} else {
    System. out. println("这个人体重在标准范围内。");
}
```

if-else 语句的条件是 weight>140，即判断变量 weight 的值是否大于 140。如果条件为真（即体重超过了标准范围），那么就会执行 if 语句后面的代码块，输出消息"这个人体重超过了标准范围！"；否则，也就是体重在标准范围内，就会执行 else 语句后面的代码块，输出消息"这个人体重在标准范围内。"。

3）if-else if-else 语句

```
if (condition1) {
    //如果条件 1 为真,执行这里的代码块
} else if (condition2) {
    //如果条件 2 为真,执行这里的代码块
} else {
    //如果以上条件都不为真,执行这里的代码块
}
```

在 Java 中，条件通常是布尔表达式，例如比较两个值的大小或检查某个条件是否成立。例：

```
int weight = 160;
if (weight>200) {
    System. out. println("这个人体重远超标准范围！");
} else if (weight>140) {
    System. out. println("这个人体重超过了标准范围！");
} else {
    System. out. println("这个人体重在标准范围内。");
}
```

if-else if-else 语句中包含三个条件分支，分别是 weight>200、weight>140 和其他情况。
如果第一个条件为真（即体重大于 200 斤[①]），那么就会执行第一个 if 语句后面的代码块，输出消息"这个人体重远超标准范围！"。如果第一个条件为假但第二个条件为真（即体重大于 140 斤但小于或等于 200 斤），那么就会执行第二个 else if 语句后面的代码块，输出消息"这个人体重超过了标准范围！"；否则，也就是体重在标准范围内，就会执行最后一个 else 语句后面的代码块，输出消息"这个人体重在标准范围内。"。

2.2.3 switch 分支语句

在 Java 中，switch 语句提供了一种根据表达式值来执行不同代码块的方法。

_____

[①] 1 斤 = 500 g。

switch 语句的基本语法：

```
switch (expression) {
    case value1:
        //当表达式的值等于 value1 时执行这里的代码
        break;
    case value2:
        //当表达式的值等于 value2 时执行这里的代码
        break;
    //可以有更多的 case 语句
    default:
        //如果表达式的值与任何 case 都不匹配,则执行 default 语句块
}
```

在这个语法中，expression 是一个表达式（通常是一个变量），它的值将与每个 case 后面的 value 进行比较。如果某个 case 的 value 与 expression 的值相匹配，那么从该 case 开始的代码将被执行，直到遇到 break 语句为止。

如果没有任何一个 case 的 value 与 expression 的值相匹配，那么将会执行 default 语句块（它是可选的）。

例：首先根据体重的大小确定体重分类，并将分类保存在 weightCategory 变量中。然后使用 switch 语句根据 weightCategory 的值进行判断，并输出相应的消息。

```
int weight = 160;
String weightCategory;

if (weight>200) {
    weightCategory = "超重";
} else if (weight>140) {
    weightCategory = "偏重";
} else {
    weightCategory = "标准";
}

switch (weightCategory) {
    case "超重":
        System. out. println("这个人的体重远超标准范围！");
        break;
    case "偏重":
        System. out. println("这个人的体重超过了标准范围！");
        break;
```

```
    default:
        System. out. println("这个人的体重在标准范围内。");
}
```

例：根据数字输出星期几。

根据 day 的值不同，switch 语句会执行相应的代码块并设置 dayOfWeek 变量的值，然后输出对应的消息。例如，当 day 的值为 4 时，会执行第四个 case 语句后面的代码块并设置 dayOfWeek 为 "星期四"，然后输出 "今天是星期四"。

```
int day = 4;
String dayOfWeek;

switch(day) {
    case 1:
        dayOfWeek = "星期一";
        break;
    case 2:
        dayOfWeek = "星期二";
        break;
    case 3:
        dayOfWeek = "星期三";
        break;
    case 4:
        dayOfWeek = "星期四";
        break;
    case 5:
        dayOfWeek = "星期五";
        break;
    case 6:
        dayOfWeek = "星期六";
        break;
    case 7:
        dayOfWeek = "星期日";
        break;
    default:
        dayOfWeek = "无效的日期";
}

System. out. println("今天是" + dayOfWeek);
```

【任务要求】

编程实现功能：提示"请输入一个字母："，判断字母大小写，输出结果。

例如：

> 请输入一个字母：
>
> A
>
> A 是大写字母

【任务实施】

（1）在包 com. myhello 中执行"New"→"Class"，新建 hello. java 文件，输入代码，实现输入字母进行大小写判断的功能。

（2）运行 hello. java 文件，在"请输入一个字母："提示下，输入 A，输出结果"A 是大写字母"，如图 2-4 所示。

```
eclipse-workspace - hello/src/com/myhello/hello.java - Eclipse IDE
File  Edit  Source  Refactor  Navigate  Search  Project  Run  Window  Help

Package Explorer ×                    hello.java ×
                                   1 package com.myhello;
 hello                              2
  JRE System Library [JavaSE-17]    3 import java.util.Scanner;
  src                               4
   com.myhello                      5 public class hello {
    Circle.java                     6    public static void main(String[] args) {
    hello.java                      7        Scanner scanner = new Scanner(System.in);
                                    8        System.out.println("请输入一个字母：");
                                    9        char input = scanner.next().charAt(0);
                                   10
                                   11        if ((input >= 'A' && input <= 'Z')) {
                                   12            System.out.println(input + " 是大写字母");
                                   13        } else if ((input >= 'a' && input <= 'z')) {
                                   14            System.out.println(input + " 是小写字母");
                                   15        } else {
                                   16            System.out.println(input + " 其他");
                                   17        }
                                   18    }
                                   19 }

Problems  Javadoc  Declaration  Console ×
<terminated> hello [Java Application] D:\softtools\eclipse-java-2022-06-R-win32-x86_64\eclipse\plugins\org.eclipse.justj.openjdk.hotspot.jre.full.win32.x86_64_17.0.3.v2022
请输入一个字母：
A
A 是大写字母
```

图 2-4　输出结果"A 是大写字母"

参考代码：

```
package com. myhello;

import java. util. Scanner;

public class hello {
    public static void main(String[] args) {
```

```
Scanner scanner = new Scanner(System. in);
System. out. println("请输入一个字母:");
char input = scanner. next(). charAt(0);

if ((input >= ' A'  && input <= ' Z' )) {
    System. out. println(input + " 是大写字母");
} else if ((input >= ' a'  && input <= ' z' )) {
    System. out. println(input + "是小写字母");
} else {
    System. out. println(input + "其他");
}
}
}
```

这段程序是一个简单的 Java 程序，用于判断用户输入的字符是大写字母、小写字母还是其他字符。程序的运算过程：

① 导入 java. util. Scanner 包，以便能够使用 Scanner 类来读取用户的输入。

② 创建一个 Scanner 对象 scanner，并将其连接到标准输入流（键盘输入）。

③ 打印提示信息"请输入一个字母:"。

④ 使用 scanner. next( ) 方法读取用户输入的下一个字符串，并使用 charAt(0) 方法获取字符串的第一个字符，将其保存在 char 类型的变量 input 中。

⑤ 使用条件语句进行判断：

如果 input 的值在大写字母的范围内（从 'A' 到 'Z' ），则执行第一个 if 语句块，并打印出 input 加上"是大写字母"的消息。

否则，如果 input 的值在小写字母的范围内（从 'a' 到 'z' ），则执行第二个 if 语句块，并打印出 input 加上"是小写字母"的消息。

否则，执行 else 语句块，并打印出 input 加上"其他"的消息。

任务 3　数字排序

2.3　数组与循环语句

2.3.1　数组

数组是 Java 中的一种数据结构，用于存储一组相同类型的元素。数组在内存中是连续分配的一块存储空间，可以通过索引来访问和操作数组中的元素。

- 数组的声明

```
int[] numbers;        //声明一个整型数组
double[] prices;      //声明一个双精度浮点数数组
String[] names;       //声明一个字符串数组
```

以上代码分别声明了三个数组，分别用于存储整数、双精度浮点数和字符串类型的数据。在声明数组时，需要指定数组的类型和数组名。数组名可以自定义，但它必须遵循 Java 变量的标识符命名规则。

需要注意的是，上面的代码只是声明了数组，并没有为其分配空间。

- 为数组分配空间

使用 new 关键字来为数组分配空间，例如：

```
int[] numbers = new int[10];          //声明并创建一个长度为 10 的整型数组
double[] prices = new double[5];      //声明并创建一个长度为 5 的双精度浮点数数组
String[] names = new String[20];      //声明并创建一个长度为 20 的字符串数组
```

上述代码中，使用 new 关键字动态地为数组分配了指定长度的空间。可以通过下标访问数组中的元素，例如：

```
numbers[0] = 1;        //将数组第一个元素赋值为 1
prices[2] = 9.99;      //将数组第三个元素赋值为 9.99
names[5] = "芒果";      //将数组第六个元素赋值为"芒果"
```

- 数组的下标

需要注意的是，数组下标从 0 开始，即第一个元素的下标是 0。也就是说，对于长度为 n 的数组，其下标范围是 0~n-1。

- 数组的长度

数组的长度是指数组中元素的个数。在 Java 中，可以使用数组的 length 属性来获取数组的长度。

例：

```
int[] numbers = {1, 2, 3, 4, 5};      //声明并初始化一个整型数组
int length =numbers. length;          //获取数组的长度
System. out. println("数组的长度为 :" + length);
```

上述代码中，首先声明并初始化了一个整型数组 numbers，其中包含了 5 个元素。由于 numbers 数组中有 5 个元素，所以数组 numbers 的长度为 5。然后使用 numbers. length 来获取数组的长度，并将结果赋值给 length 变量。最后通过 System. out. println( )方法将数组的长度输出到控制台。

运行代码输出以下结果：

```
数组的长度为 :5
```

例：根据某商品一周内物价变化数据，获取平均价格和最高价。

```
public class PriceRecord {
    public static void main(String[] args) {
        double[] prices = {12. 6, 13. 2, 14. 5, 12. 8, 13. 6, 15. 2, 16. 4};//商品价格数组

        //计算平均价格
```

```java
        double sum = 0;
        for (double price : prices) {
            sum += price;
        }
        double average = sum/prices. length;
        System. out. printf ("本周商品的平均价格为:%. 2f\n", average);

        //查找最高价格
        double maxPrice = Double. MIN_VALUE;
        for (double price : prices) {
                if (price>maxPrice) {
                maxPrice = price;
            }
        }
        System. out. println("本周商品的最高价格为:" + maxPrice);
    }
}
```

程序运行的结果是:

本周商品的平均价格为:13. 94
本周商品的最高价格为:16. 4

知 识链接

● Java 的格式化

Java 的格式化输出是指使用格式化字符串将数据按照一定的格式进行输出。Java 中有 System. out. printf( ) 和 String. format( ) 两种方式可以进行格式化输出。

1) 使用 System. out. printf( ) 方法

例: 输出商品。

System. out. printf ( ) 方法进行格式化输出的示例:

```java
double price = 19. 99;
int quantity = 10;
String name = "芒果";

System. out. printf ("商品名称:% s,单价:%. 2f 元,数量:% d 本,总价:%. 2f 元 \n", name, price, quantity, price * quantity);
```

上面的代码中,%s 表示输出一个字符串类型的变量;%. 2f 表示输出一个浮点数类型的变量,并限制其小数点后只显示两位数字;%d 表示输出一个整数类型的变量。另外,\n 表示换行符。

输出结果:商品名称:芒果,单价:19.99 元,数量:10 本,总价:199.90 元

2）使用 String. format( ) 方法

```
double price = 19.99;
int quantity = 10;
String name = "芒果";

String message = String. format("商品名称:% s,单价:%. 2f 元,数量:%d 本,总价:%. 2f 元 \n",
name, price, quantity, price * quantity);
System. out. println(message);
```

这段代码的效果和前面的示例相同，只是使用了 String. format( ) 方法来生成格式化字符串，并将其赋给了一个字符串变量 message。

输出结果：

商品名称:芒果,单价:19.99 元,数量:10 本,总价:199.90 元

除上面示例中介绍的语法外，格式化字符串还有很多其他的用法，如使用标志字符控制输出的对齐方式、使用参数索引控制输出的顺序等。关于格式化字符串的详细用法，可以查看 Java 官方文档中对 Formatter 类的说明。

2.3.2　for 语句

for 语句是 Java 中的一种循环语句，用于重复执行特定的代码块。它通常用于对数组、集合或者指定次数的循环执行。

● for 语句的一般形式

```
for (初始化; 条件表达式; 更新) {
    //循环体
}
```

（1）初始化：在进入循环之前执行一次的语句，通常用于初始化计数器或者声明循环变量。

（2）条件表达式：每次循环开始时都会被计算的布尔表达式，如果为 true，则继续执行循环体，否则退出循环。

（3）更新：在每次循环迭代后执行的语句，通常用于更新计数器或者循环变量。

● for 循环的执行流程

（1）执行初始化语句。

（2）检查条件表达式，如果为 true，则执行循环体；如果为 false，则跳出循环。

（3）执行循环体。

（4）执行更新语句。

（5）回到步骤（2），重复进行条件检查和循环体执行，直到条件表达式为 false 时跳出循环。

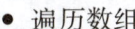

- 遍历数组

例：使用 for 循环遍历数组 numbers，并打印数组中的每个元素。

```java
int[] numbers = {1, 2, 3, 4, 5};

for (int i = 0; i < numbers. length; i++) {
    System. out. println(numbers[i]);
}
```

具体的运行过程如下：

（1）声明并初始化一个整型数组 numbers，其中包含 5 个元素：1、2、3、4、5。

（2）使用 for 循环遍历数组中的每个元素。循环变量 i 的取值范围是 0~numbers. length-1，即 0~4。

（3）在循环体中，使用下标访问数组的元素。第一次循环时，下标为 0，所以输出 numbers[0] 的值，即 1；第二次循环时，下标为 1，所以输出 numbers[1] 的值，即 2；依此类推，直到循环结束。

（4）整个程序输出了数组 numbers 中的所有元素，结果如下：

```
1
2
3
4
5
```

- 循环指定次数

```java
for (int i = 0; i < 10; i++) {
    System. out. println(i);
}
```

使用 for 循环输出变量 i，循环执行了 10 次。

- 遍历 List 列表

例：遍历 List 列表输出所有水果集合的名称。

```java
List<String> fruits = Arrays. asList("苹果", "香蕉", "橘子", "桃子", "李子");

for (String fruit : fruits) {
    System. out. println(fruit);
}
```

列表的名称 fruits，存储的是水果名称。使用 for 循环遍历输出其中的每一个水果名称。

- for-each 循环

for-each 循环，也称为增强型 for 循环，是 Java 中用于遍历集合或数组的一种简洁的循环结构。它提供了一种更加简单和易读的方式来遍历集合中的元素，不需要使用传统的索引迭代方式。

例：

```
List<String> fruits = Arrays. asList("苹果", "香蕉", "橘子", "桃子", "李子");

fruits. forEach(fruit- > System. out. println(fruit));
```

这个代码与原始的 for-each 循环功能相同，但使用了更加紧凑和函数式的语法结构。其中 fruits. forEach( ) 方法接受一个 Lambda 表达式作为参数，该表达式使用-> 符号将输入参数和输出表达式分隔开来，指定了对每个元素执行的操作。

在使用 for-each 循环时，只需要指定一个循环变量，然后将其依次赋值为集合中的每个元素，直到遍历完整个集合。这样就可以在循环体中直接使用循环变量来操作每个元素，而无须手动管理索引或迭代器。

在传统的索引迭代方式中，很容易出现越界错误，而 for-each 循环可以避免越界错误这类问题。

- 嵌套循环：

```
for (int i = 1; i <= 5; i++) {
    for (int j = 1; j <= i; j++) {
        System. out. print(j + " ");
    }
    System. out. println();
}
```

这个例子中，使用嵌套的 for 循环打印出如下图案：

```
1
1 2
1 2 3
1 2 3 4
1 2 3 4 5
```

以上是一些常见的使用 for 语句的例子，它们展示了 for 循环在不同场景下的灵活性和实用性。

2.3.3 while 语句

当谈到编程中的循环结构时，除了 for 循环之外，还有另一种常见的循环语句——while 循环。while 循环在某个条件为真时重复执行特定的代码块。

- while 循环的一般形式

```
while(条件) {
    //循环体
}
```

（1）条件：一个布尔表达式，如果为 true，则执行循环体；如果为 false，则退出循环。

（2）检查条件，如果为 true，则执行循环体；如果为 false，则跳出循环。

（3）执行循环体。

（4）回到步骤（1），重复进行条件检查和循环体执行，直到条件为 false 时跳出循环。

与 for 循环相比，while 循环更适合在循环次数不确定的情况下使用，因为它直接依赖于条件的真假来控制循环的执行。

例：while 循环的使用。

```
int count =5;
while (count >0) {
    System. out. println ( count);
    count- - ;
}
```

（1）将整型变量 count 的初始值设为 5。

（2）进入 while 循环，判断 count 是否大于 0。由于 count 的初始值是 5，符合条件，因此进入循环体。

（3）在循环体内，输出当前 count 的值。

（4）执行完输出语句后，通过 count-- 将 count 的值减少 1，即 count 变成了 4。

（5）回到循环的开头，再次判断 count 是否大于 0。由于 count 的值仍然满足条件，继续执行循环体内的操作。

（6）重复步骤（3）~（5），直到 count 的值减少到 0，即 count 不再满足条件。

（7）当 count 的值等于 0 时，跳出循环，程序结束。

程序的运行结果：

```
5
4
3
2
1
```

2.3.4　do-while 语句

除了 for 循环和 while 循环之外，还有另一种常见的循环语句——do-while 循环。与 while 循环不同的是，do-while 循环会先执行一次循环体，然后才检查条件是否满足，如果条件为真，则继续执行循环。

- do-while 循环的一般形式

```
do {
    //循环体
} while (条件);
```

（1）循环体：包含需要重复执行的代码块。

（2）条件：一个布尔表达式，如果为 true，则继续执行循环体；如果为 false，则退出循环。

（3）执行循环体。

（4）检查条件，如果为 true，则回到步骤（1）继续执行循环体；如果为 false，则跳出循环。

因为条件检查是在循环体执行之后进行的，do-while 循环语句的循环体至少会被执行一次。

例：使用 do-while 循环水果名称的输出。

```
List<String> fruits = Arrays. asList ("苹果", "香蕉", "橘子", "桃子", "李子");
Iterator<String> iterator = fruits. iterator();

do {
    String fruit = iterator. next();
    System. out. println(fruit);
} while (iterator. hasNext());
```

（1）调用 fruits. iterator（）方法获取集合的迭代器对象 iterator。

（2）在 do-while 循环中，使用 iterator. next（）方法获取下一个元素并将其赋给 fruit 变量，然后输出到控制台。

（3）使用 iterator. hasNext（）方法判断是否还有下一个元素需要遍历，如果有，则继续进行下一次循环，否则结束循环。

2.3.5　break 和 continue 语句

在控制循环的应用中，break 和 continue 是两个常用的关键字，它们通常用于循环语句（如 for、while、do-while 循环）中，用于控制循环的执行流程。

● break 语句

当在循环中执行 break 语句时，循环会立刻终止，程序执行流程跳出该循环，继续执行循环之后的代码。

break 通常用于在满足某些条件时提前结束循环，而不必等到循环条件自然结束。

例：

```
for (int i = 0; i < 10; i++) {
    if (i == 5) {
        break;       //当 i 等于 5 时,立即终止循环
    }
    System. out. println(i);
}
```

在这个例子中，当 i 等于 5 时，执行了 break 语句，导致循环立刻终止，不再继续执行剩余的循环体。因此，只会输出 0、1、2、3、4 这五个数字。

● continue 语句

当在循环中执行 continue 语句时，循环会跳过当前迭代的剩余部分，立即进入下一次迭代。

continue 通常用于在某些条件下跳过本次迭代，但不终止整个循环。

例：

```java
for (int i = 0; i < 5; i++) {
    if (i == 2) {
        continue;      //当 i 等于 2 时,跳过本次迭代
    }
    System. out. println(i);
}
```

程序结果：

```
0
1
3
4
```

程序执行过程：

（1）程序使用 for 循环迭代变量 i 从 0 到 4。

（2）在每次迭代时，首先检查 i 是否等于 2，如果等于 2，则执行 continue 语句，跳过当前迭代的代码直接进行下一次循环。

（3）只有当 i 不等于 2 时，才会执行 System. out. println（i）语句，将 i 的值输出到控制台。

（4）因此，根据上述逻辑，程序会输出 0、1、3、4 四个数字。

break 和 continue 语句是用来控制循环执行流程的关键字，它们可以在特定条件下提前结束循环或者跳过本次迭代。

在一个程序段中，有时会都用到 break 和 continue 语句。

例：程序通过循环打印 1~10 之间的奇数，但遇到数字 7 时会跳过并终止循环。

```java
public class BreakContinueExample {
    public static void main (String[] args) {
        for (int i = 1; i <= 10; i++) {
            if (i % 2 == 0) {
                //如果是偶数,直接跳过打印奇数的部分
                continue;
            }
            if (i == 7) {
                //遇到数字 7 时终止循环
                break;
```

```
            }
            System. out. println(i);
        }
    }
}
```

程序的运行结果:

```
1
3
5
```

 程序执行过程:

(1)使用了 for 循环来遍历 1~10 之间的数字。

(2)在循环体内部,首先使用 continue 语句跳过偶数的打印过程;当遇到数字 7 时,使用 break 语句终止整个循环。

(3)因此,最终只会打印出 1、3 和 5 这三个奇数,并在遇到数字 7 时终止循环。

【任务要求】

编程实现功能:

(1)定义数组存储五个整数数字。

(2)按原顺序输出数组元素。

(3)对数字进行升序处理,并输出升序排序后的结果。

(4)对数字进行降序处理,并输出降序排序后的结果。

例:

```
原始数组元素:
314 122 256 27 523
升序排序结果:
27 122 256 314 523
降序排序结果:
```

【任务实施】

(1)在包 com. myhello 中执行 "New"→"Class",新建 NumberSort. java 文件。输入代码,定义一个整数数组 numbers,并初始化元素值,再按原顺序、升序排序、降序排序等输出结果,如图 2-5 所示。

提示:在执行 printArray(numbers)、sortAscending(numbers)、sortDescending(numbers)等函数时,还需要在后续的步骤中完成这些函数的定义。

(2)定义 printArray(int[ ] array)函数,实现按顺序输出元素的功能;定义 sortAscending(int[ ] array)函数,实现升序排序并输出结果的功能,如图 2-6 所示。

```
eclipse-workspace - hello/src/com/myhello/NumberSort.java - Eclipse IDE
File  Edit  Source  Refactor  Navigate  Search  Project  Run  Window  Help

Package Explorer ×                        NumberSort.java ×

  hello                          1  package com.myhello;
    JRE System Library [JavaSE-17]  2
    src                            3  public class NumberSort {
      com.myhello                  4      public static void main(String[] args) {
        Circle.java                5          // 定义长度为5的整数数组来存储输入的数字
        hello.java                 6          int[] numbers = new int[5];
        NumberSort.java            7
                                   8          // 初始化数组元素的值
                                   9          numbers[0] = 314;
                                  10          numbers[1] = 122;
                                  11          numbers[2] = 256;
                                  12          numbers[3] = 27;
                                  13          numbers[4] = 523;
                                  14
                                  15          // 原顺序输出数组元素
                                  16          System.out.println("原始数组元素：");
                                  17          printArray(numbers);
                                  18
                                  19          // 升序输出
                                  20          System.out.println("\n升序排序结果：");
                                  21          sortAscending(numbers);
                                  22
                                  23          // 降序输出
                                  24          System.out.println("\n降序排序结果：");
                                  25          sortDescending(numbers);
                                  26      }
```

图 2-5　新建 NumberSort. java 文件

```
eclipse-workspace - hello/src/com/myhello/NumberSort.java - Eclipse IDE
File  Edit  Source  Refactor  Navigate  Search  Project  Run  Window  Help

Package Explorer ×                        NumberSort.java ×

  hello                         28          // 输出数组元素
    JRE System Library [JavaSE-17] 29      public static void printArray(int[] array) {
    src                          30          for (int num : array) {
      com.myhello                31              System.out.print(num + " ");
        Circle.java              32          }
        hello.java               33      }
        NumberSort.java          34
                                 35          // 实现升序排序
                                 36      public static void sortAscending(int[] array) {
                                 37          for (int i = 0; i < array.length - 1; i++) {
                                 38              for (int j = 0; j < array.length - 1 - i; j
                                 39                  if (array[j] > array[j + 1]) {
                                 40                      int temp = array[j];
                                 41                      array[j] = array[j + 1];
                                 42                      array[j + 1] = temp;
                                 43                  }
                                 44              }
                                 45          }
                                 46          // 输出升序排序后的结果
                                 47          for (int num : array) {
                                 48              System.out.print(num + " ");
                                 49          }
                                 50      }
                                 51
```

图 2-6　定义 sortAscending（int［］ array） 函数

（3）定义 sortDescending（int[ ] array）函数，实现降序排序并输出结果的功能，如图 2-7 所示。

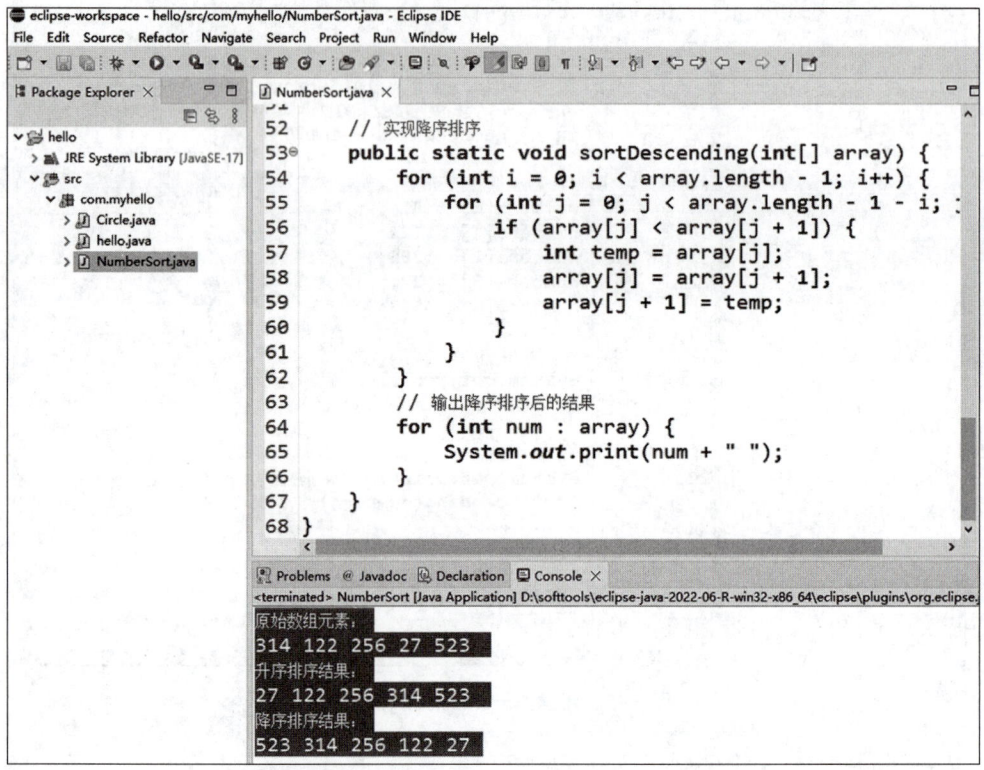

图 2-7　定义 sortDescending（int[ ] array）函数

参考代码：

```
package com. myhello;

public class NumberSort {
    public static void main (String[] args) {
        //定义长度为 5 的整数数组来存储输入的数字
        int[] numbers = new int[5];

        //初始化数组元素的值
        numbers[0] = 314;

        numbers[1] = 122;

        numbers[2] = 256;

        numbers[3] = 27;

        numbers[4] = 523;

        //原顺序输出数组元素
```

```java
        System. out. println("原始数组元素:");
        printArray(numbers);

        //升序输出
        System. out. println("\n 升序排序结果:");
        sortAscending(numbers);

        //降序输出
        System. out. println("\n 降序排序结果:");
        sortDescending(numbers);
    }

    //输出数组元素
    public static void printArray(int[] array) {
        for (int num : array) {
            System. out. print(num + " ");
        }
    }

    //实现升序排序
    public static void sortAscending(int[] array) {
        for (int i = 0; i < array. length- 1; i++) {
            for (int j = 0; j < array. length- 1- i; j++) {
                if (array[j]>array[j + 1]) {
                    int temp = array[j];
                    array[j] = array[j + 1];
                    array[j + 1] = temp;
                }
            }
        }

        //输出升序排序后的结果
        for (int num : array) {
            System. out. print(num + " ");
        }
    }

    //实现降序排序
    public static void sortDescending(int[] array) {
```

```
        for (int i = 0; i < array. length- 1; i++) {
            for (int j = 0; j < array. length- 1- i; j++) {
                if (array[j] < array[j + 1]) {
                    int temp = array[j];
                    array[j] = array[j + 1];
                    array[j + 1] = temp;
                }
            }
        }


        //输出降序排序后的结果
        for (int num : array) {
            System. out. print(num + " ");
        }
    }
}
```

【习题】

1. Java 语言中的基本数据类型有哪些？

2. Java 中的引用数据类型有哪些？

3. 什么是常量？Java 中的常量有哪些分类？

4. 请列举 Java 中的整型常量的表示形式。

5. 浮点数常量在 Java 中有哪两种类型？

6. 如何表示一个字符常量？字符常量可以表示哪些内容？

7. 如何表示一个字符串常量？

8. 布尔常量有哪两个值？它们分别表示什么含义？

9. null 常量表示什么含义？

10. Java 中的变量可以分为哪三种类型？请简要描述它们的特点。

11. 在 Java 中，数据类型转换可以分为哪两种方式？

12. 什么是自动类型转换（隐式类型转换）？请举例说明。

13. 什么是强制类型转换（显式类型转换）？请举例说明。

14. 从低精度到高精度的类型转换会发生什么？为什么说这是安全的？

15. 当 switch 语句没有任何一个 case 的 value 与 expression 的值相匹配时，会执行什么块？

16. 使用 for 循环输出 1~10 之间的所有偶数。

17. 给定一个整型数组 arr，使用 for 循环计算数组中所有元素的和并输出结果。

18. 使用 while 循环输出 1~100 之间的所有能被 3 整除的数字。

19. 给定一个字符串 str，使用 for-each 循环遍历并输出该字符串的每个字符。

20. 请问在以下代码中，循环执行几次后会终止循环？

```java
for (int i = 0; i < 10; i++) {
    if (i == 3) {
        break;
    }
}
```

项目 3

面向对象编程基础

3.1　面向对象和类

3.1.1　面向对象特性

Java 是一种面向对象的编程语言，它支持面向对象编程的一些核心特性。

- 封装（Encapsulation）

封装是将数据和对数据的操作封装在一个单元内部的机制。通过使用类，可以将数据成员和方法成员组合在一起，形成一个封装的对象。封装提供了数据隐藏和访问控制的能力，可以保护数据的安全性，并提供统一的接口供外部访问。

封装前后的代码变化的应用只有写在程序的代码中，才能发觉封装后的优势。

例：不用封装的代码在实现显示产品名称和价格方面的用法。

```
//封装前的代码
public class Product {
public String name;
    public double price;
}
//在其他地方的代码中
Product product = new Product();
product. name = "电视";
product. price = 1999. 99;
System. out. println(product. name);
System. out. println(product. price);
```

例中的 Product 类具有 name 和 price 两个公共属性。然而，在封装前的代码中，name 和 price 属性可以直接被外部访问，没有任何限制。

例：采用封装的代码在实现显示产品名称和价格方面的用法。

```
//封装后的代码
public class Product {
    private String name;
    private double price;
    public Product(String name, double price) {
        this. name = name;
        this. price = price;
    }

    public String getName() {
        return name;
    }

    public double getPrice() {
        return price;
    }
}
//在其他地方的代码中
Product product = new Product("电视", 1999. 99);
System. out. println(product. getName());
System. out. println(product. getPrice());
```

在封装后的代码中，将 name 和 price 属性声明为私有（private），这意味着它们只能在 Product 类的内部访问，外部无法直接访问。

但若真的需要让外部能够访问这些属性，其他代码中需提供 getName 和 getPrice 方法，它们允许外部获取相应的属性值。

- 继承（Inheritance）

继承是一种创建新类的机制，它允许定义一个新类，从已有的类中派生出来，继承已有类的属性和方法。通过继承，子类可以重用父类的代码，扩展或修改父类的功能。继承还支持多层级的继承关系，形成类的层次结构。

假设有一个动物类（Animal），以及它的子类狗类（Dog）和猫类（Cat），可以用继承的机制来定义这些类。

```
//父类:动物类
public class Animal {
    public void eat() {
        System. out. println("动物正在进食");
    }

}
```

```
//子类:狗类
public class Dog extends Animal {
    public void bark() {
        System. out. println("汪汪汪");
    }
}

//子类:猫类
public class Cat extends Animal {
    public void meow() {
        System. out. println("喵喵喵");
    }
}
```

由于 Dog 类和 Cat 类继承自 Animal 类，它们可以继承父类的属性和方法。也就是说，Dog 类和 Cat 类拥有了父类 Animal 的 eat 方法，同时它们还可以有自己特有的方法，比如 Dog 类有 bark 方法，Cat 类有 meow 方法。

```
//在其他地方的代码中
Animal animal = new Animal();
animal. eat();      //输出:动物正在进食

Dog dog = new Dog();
dog. eat();         //输出:动物正在进食
dog. bark();        //输出:汪汪汪

Cat cat = new Cat();
cat. eat();         //输出:动物正在进食
cat. meow();        //输出:喵喵喵
```

从上面的代码可以看出，在定义新类时，如果采用 extends 关键字实现从某些已存在的父类中继承父类的属性和方法，子类的属性和方法会变得强大。

- 多态（Polymorphism）

多态是指同一个方法名可以在不同的对象上执行不同的行为。多态实现了方法的动态绑定，使程序可以根据对象的实际类型来调用相应的方法。多态提高了代码的可扩展性和可维护性，使代码更加灵活。

- 抽象（Abstraction）

抽象是将具有相同特征和行为的对象抽象成类或接口的过程。通过抽象，可以从具体的事物中提取出共性，形成抽象的模板，用于定义规范和约束。抽象可以帮助用户设计更加通用、可扩展和可维护的代码。

● 接口（Interface）

接口是一种抽象类型，它定义了一组方法的规范，但没有提供具体的实现。接口可以被类实现，一个类可以实现多个接口。通过接口，可以实现多重继承、解耦和模块化开发。

这些面向对象特性使 Java 具有更好的代码组织能力、可维护性和可扩展性，也使程序更加灵活和易于理解。

3.1.2　类和对象

在 Java 中，类和对象是面向对象编程的核心概念，它们是构建程序的基本单元。在 Java 中，类是用来描述对象的模板或蓝图，它定义了对象的属性和行为。类可以看作一种自定义数据类型，它包含了数据成员（也称为字段或属性）和方法成员，用于描述对象的状态和操作。类通过关键字 class 进行定义，通常包括类名、类修饰符、类体等组成部分。

● 对象

对象是类的具体实例，它是内存中的一个实体，具有唯一的标识、状态和行为。通过创建对象，可以使用类定义的属性和方法，并对其进行操作。在 Java 中，可以通过使用关键字 new 来创建对象实例，然后通过对象引用来访问对象的属性和方法。

例：

```
Fruit apple = new Fruit("苹果", "红色");        //用构造方法创建一个苹果对象
Fruit watermelon = new Fruit("西瓜", "红色"); //用构造方法创建一个西瓜实例
```

● 类与对象的关系

类和对象是面向对象编程的核心概念，它们之间的关系可以用"模板与实例"或"类型与变量"来描述。类是抽象的概念，它描述了对象的通用特征和行为；而对象是具体的实体，它具有特定的状态和行为，并且是类的一个具体实例。

3.1.3　类的定义

在 Java 中，类的定义包括类声明和类体两部分。

● 类定义的基本结构

```
//类声明
public class ClassName {
    //数据成员
    private DataType1 member1;
    private DataType2 member2;

    //构造方法
    public ClassName(ParameterType1 param1, ParameterType2 param2) {
        //构造方法的初始化代码
    }

    //方法成员
    public ReturnType methodName(ParameterType param) {
```

```
        //方法实现
    }
}
```

那么如何定义类？又如何创建类的实例并调用其方法应用到程序中呢？

- 类的定义

例：定义一个水果类，水果有名称和颜色两个参数。

```
//定义水果类
public class Fruit {
    //成员变量
    private String name;      //水果的名称
    private String color;     //水果的颜色

    //构造方法
    public Fruit(String name, String color) {      /*水果有两个参数,在生成实例时,须填写两个参数作
为表示水果的属性*/
        this. name = name;
        this. color = color;
    }

    //方法:获取水果名称
    public String getName() {
        return name;
    }

    //方法:获取水果颜色
    public String getColor() {
        return color;
    }
}
```

例中定义了一个 Fruit 类，它具有 name 和 color 两个成员变量，表示水果的名称和颜色。
同时，定义了一个构造方法 Fruit(String name，String color) 和两个获取成员变量数值的方法
public String getName( )、public String getColor( )。

```
//在其他地方的代码中
Fruit apple = new Fruit("苹果", "红色");      //用构造方法创建一个实例
System. out. println(apple. getName());      //输出:苹果
System. out. println(apple. getColor());     //输出:红色
```

通过这个示例，定义了一个简单的 Fruit 类，用来表示水果，并且演示了如何创建类的
实例并调用其方法。

● 类的组成部分

1）类声明

类声明以关键字 class 开头，后面紧跟类名（ClassName），然后是类体（由大括号 {} 包围）。在类声明中可以包含类修饰符（如 public、abstract 等）和类的继承（使用关键字 extends）。

2）数据成员

类的数据成员也称为字段或属性，用于描述类的状态。数据成员通常使用 private 修饰符进行修饰，以封装类的内部状态，并通过公有的访问方法进行访问控制。

3）构造方法

构造方法是一种特殊的方法，用于在创建类的对象时进行初始化操作。构造方法的名称与类名相同，没有返回类型，并且可以包含参数列表。通过构造方法，可以在创建对象时对对象进行初始化。

4）方法成员

类的方法成员用于描述类的行为，它们定义了类的操作和功能。方法成员包括普通方法、静态方法、抽象方法等，用于对类的对象进行操作。

以上是一个简单的类定义的基本结构。实际上，一个类的定义还可以包括其他元素，比如静态成员、内部类、接口实现等。

【任务要求】

（1）定义一个 Student 类，包括学号（studentId）、姓名（name）和体重（weight）等属性。

（2）在 Student 类中实现一个静态方法 calculateAverageWeight，实现计算多个学生平均体重的功能。

【任务实施】

（1）在包 com. myhello 中执行 "New"→"Class"，新建 Student. java 文件。输入代码，定义一个 Student 类，设置学号（studentId）、姓名（name）和体重（weight）等属性。定义 public Student(int studentId, String name, double weight) 构建方法，如图 3-1 所示。

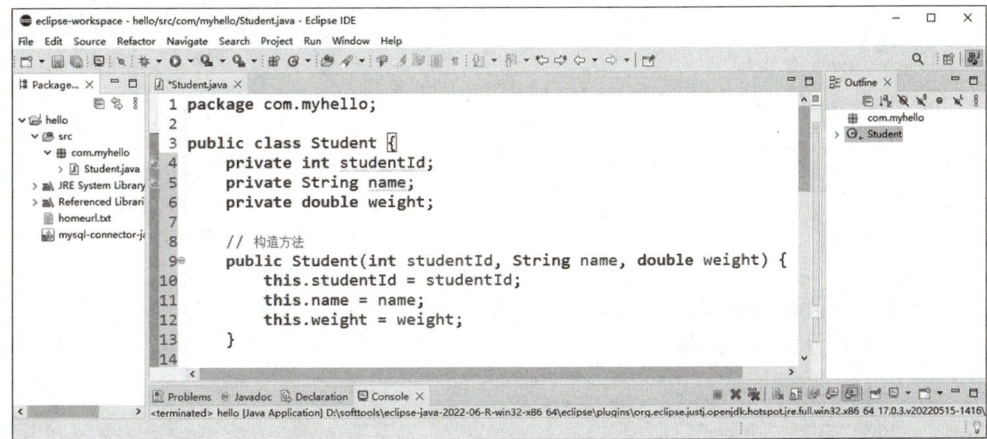

图 3-1　新建 Student. java 文件

（2）输入代码，定义 public static double calculateAverageWeight（Student［］ students）方法，实现计算一组（数组成员）学生对象的平均体重。创建一组（3 个）学生对象，初始化学生实例数据，调用 calculateAverageWeight（Student［］ students）求出平均体重，如图 3-2 所示。

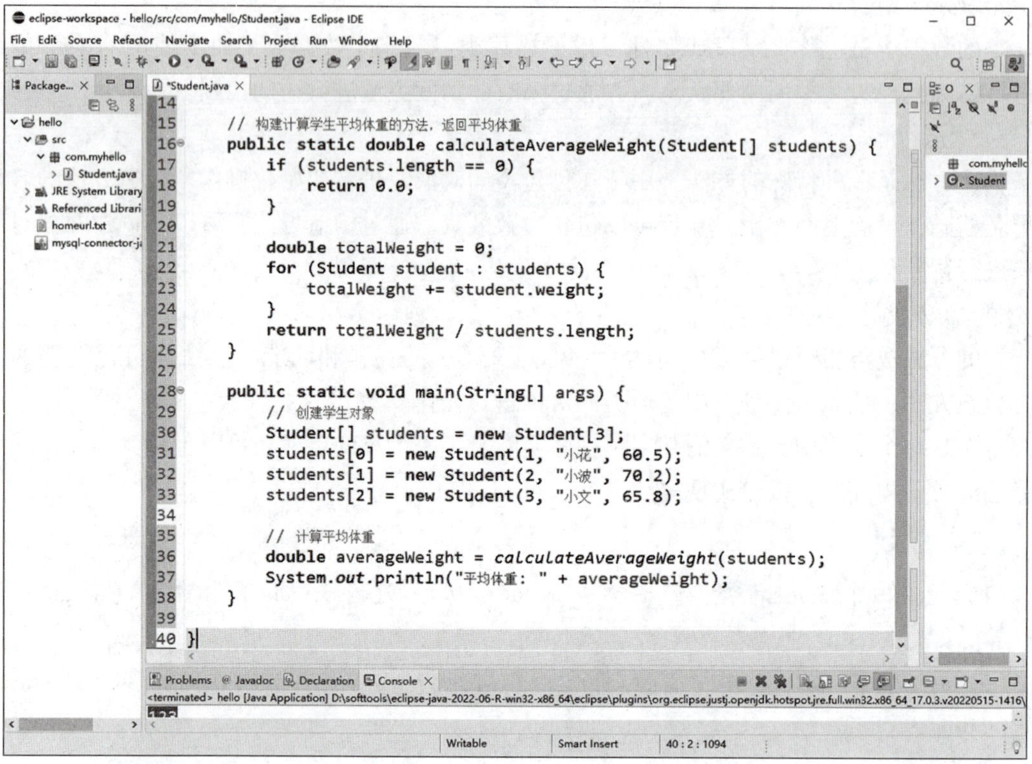

图 3-2　定义 public static double calculateAverageWeight（Student［］ students）方法

参考代码：

```
package com. myhello;

public class Student {
    private int studentId;
    private String name;
    private double weight;

    //构造方法
    public Student(int studentId, String name, double weight) {
        this. studentId = studentId;
        this. name = name;
        this. weight = weight;
    }
```

```
        //构建计算学生平均体重的方法,返回平均体重
        public static double calculateAverageWeight(Student[] students) {
            if (students. length == 0) {
                return 0. 0;
            }

            double totalWeight = 0;
            for (Student student : students) {
                totalWeight += student. weight;
            }
            return totalWeight/students. length;
        }

        public static void main(String[] args) {
            //创建学生对象
            Student[] students = new Student[3];
            students[0] = new Student(1, "小花", 60. 5);
            students[1] = new Student(2, "小波", 70. 2);
            students[2] = new Student(3, "小文", 65. 8);

            //计算平均体重
            double averageWeight = calculateAverageWeight(students);
            System. out. println("平均体重: " + averageWeight);
        }

}
```

① 定义了一个名为 Student 的类，它表示学生对象。

② 定义了私有的成员变量 studentId、name 和 weight，用于存储学生的学号、姓名和体重信息。

③ 设计了一个构造方法 public Student(int studentId, String name, double weight)，可以提供用于创建 Student 对象时初始化学号、姓名和体重。

④ 设计了一个静态方法 calculateAverageWeight，用于计算给定学生数组中学生的平均体重。该方法接受一个 Student 类型的数组作为参数，并遍历数组，累加每个学生的体重，然后返回平均体重。

```
if (students. length == 0) {
    return 0. 0;
}
```

用 if 语句检查传入的学生数组是否为空，如果为空，则返回0.0。

⑤ 在 main 方法中，创建了一个包含 3 个学生对象的数组，并通过调用 calculateAverage-Weight 方法计算了这些学生的平均体重。最后，打印出平均体重的结果。

任务 2 计算长方形的面积

3.2 属性和方法

3.2.1 属性的声明

在 Java 语言中，属性也被称为字段（Field）或成员变量（Member Variable）。
属性声明的语法如下：

```
访问修饰符 数据类型 属性名;
```

其中，访问修饰符用于控制属性的可见性和访问权限。

public：公有的，可以被任何类访问。

private：私有的，只能在当前类内部访问。

protected：受保护的，可以在当前类及其子类、同一个包内的类中访问。

默认（无修饰符）：包级私有，只能在同一个包内的类中访问。

数据类型指定了属性的数据类型，可以是 Java 的内置数据类型（如 int、double 等）、自定义类型（如其他类、接口等）或数组类型。

属性名是标识符，用于标识属性的名称。它应该遵循命名规范，并具有描述性。

例：属性的应用。

```java
public class MyClass {
    public int count;            //公有属性
    private double weight;       //私有属性
    protected String name;       //受保护属性
    String color;                //默认(包级私有)属性

    public static void main(String[] args) {
        MyClass obj = new MyClass();

        //访问并修改属性值
        obj. count= 10;
        obj. weight = 3. 14;
        obj. name = "苹果";
        obj. color = "红色";

        //输出属性值
        System. out. println(obj. count);
        System. out. println(obj. weight);
```

```
        System. out. println(obj. name);
        System. out. println(obj. color);
    }
}
```

　　声明了几个不同访问修饰符的属性，并在 main 方法中使用了这些属性。通过对象名加上属性名的方式，可以访问和修改属性的值。

3.2.2　方法的声明

　　在 Java 语言中，方法是用于执行特定任务或操作的一段代码。

　　方法声明的语法如下：

```
访问修饰符 返回类型 方法名(参数列表) {
    //方法体
    //可选的返回语句

}
```

　　其中，访问修饰符用于控制方法的可见性和访问权限。

　　public：公有的，可以被任何类访问。

　　private：私有的，只能在当前类内部访问。

　　protected：受保护的，可以在当前类及其子类、同一个包内的类中访问。

　　默认（无修饰符）：包级私有，只能在同一个包内的类中访问。

　　返回类型指定了方法返回的数据类型，可以是 Java 的内置数据类型（如 int、double 等）、自定义类型（如其他类、接口等）或 void 关键字（表示不返回任何值）。

　　方法名是标识符，用于标识方法的名称。它应该遵循命名规范，并具有描述性。

　　参数列表是一组以逗号分隔的参数，每个参数都包括参数类型和参数名。参数类型指定了参数的数据类型；参数名是标识符，用于在方法内部引用参数的值。

　　例：创建方法实现两数相加。

```java
public class MyClass {
    public int sum(int a, int b) {
        return a + b;
    }

    public static void main(String[] args) {
        MyClass obj = new MyClass();

        //调用方法并接受返回值
        int result = obj. sum(15, 3);
        System. out. println(result);
    }
}
```

声明了两个不同访问修饰符的方法：sum。sum 方法接受两个整数参数，并返回它们的和，实现两数求和。

在 main 方法中，创建了一个 MyClass 对象，并通过将对象名加上方法名和参数列表的方式来调用这些方法。

例：创建方法实现两数相减。

```java
public class MyProgram {
    public int subtract(int a, int b) {
        return a- b;
    }


    public static void main(String[] args) {
        MyProgram obj = new MyProgram();


        //调用方法并接受返回值
        int result = obj. subtract(15, 4);
        System. out. println(result);
    }
}
```

3.2.3 构造方法

在 Java 语言中，构造方法是一种特殊类型的方法，用于创建对象并初始化对象的成员变量。构造方法具有以下特点：

构造方法的名称必须与类名完全相同。

构造方法没有返回类型，甚至没有 void。

构造方法在使用 new 关键字创建对象时被自动调用。

可以定义多个构造方法，它们之间通过参数列表的不同来区分。

构造方法的声明如下：

```
访问修饰符 类名(参数列表) {
    //构造方法体
}
```

其中，访问修饰符可以是以下之一：

public：公有的，可以被任何类访问。

private：私有的，只能在当前类内部访问。

protected：受保护的，可以在当前类及其子类、同一个包内的类中访问。

默认（无修饰符）：包级私有，只能在同一个包内的类中访问。

参数列表是一组以逗号分隔的参数，每个参数都包括参数类型和参数名。参数类型指定了参数的数据类型，参数名是标识符，用于在构造方法内部引用参数的值。

例:

```java
public class Product {
    private String name;
    private double price;
    private int quantity;

    public Product(String name, double price, int quantity) {    //带参构造方法
        this. name = name;
        this. price = price;
        this. quantity = quantity;
    }

    public double getTotalPrice() {        //无参构造方法
        return price * quantity;

    }

    public static void main(String[] args) {
        Product product1 = new Product("苹果", 3. 5, 10);        //用带参方法创建实例
        System. out. println("总价:" + product1. name + "是:" + product1. getTotalPrice()+ "元");

        Product product2 = new Product("景点门景", 15. 0, 5);//用带参方法创建实例
        System. out. println("总价:" + product2. name + "是: " + product2. getTotalPrice()+ "元");
    }
}
```

代码运行的结果:

```
总价:苹果是:35. 0 元
总价:景点门票是: 75. 0 元
```

在这个示例程序中,创建了一个名为 Product 的类,用于表示商品对象。该类具有私有成员变量 name、price 和 quantity,分别表示商品名称、单价和数量。

通过构造方法 Product 来初始化商品的属性,并提供了一个 getTotalPrice 方法来计算商品的总价。

在主函数中,创建了两个 Product 对象实例,分别计算它们的总价并输出结果。

3. 2. 4　方法重载

在 Java 语言中,方法重载是指在同一个类中可以存在多个方法,它们具有相同的名称,但参数列表不同的情况。

方法重载的主要特点如下:

方法名称相同：重载的方法需要具有相同的名称。

参数列表不同：重载的方法需要有不同的参数列表，可以是参数类型不同、参数个数不同或参数顺序不同。

返回类型可以相同，也可以不同。

方法重载使我们可以使用相同的方法名来执行类似的操作，而不必为每种情况都选择不同的方法名。这样可以提高代码的可读性和灵活性。

例：方法重载的应用。

```java
public class OverloadExample {
    //计算 a+b 的数量之和
    public int add(int a, int b) {
        return a + b;
    }
    //计算 a+b 的价格之和
    public double add(double a, double b) {
        return a + b;
    }
      //输出描述 a+b 描述之和
    public String add(String a, String b) {
        return a + b;
    }

    public static void main(String[] args) {
        OverloadExample obj = new OverloadExample();

        //调用不同的重载方法
        System. out. println(obj. add("苹果,", "西瓜"));   //输出: 苹果, 西瓜
        System. out. println("购买的总数量:");
        System. out. println(obj. add(15, 3));
        System. out. println("购买的总金额:");
        System. out. println(obj. add(6. 5, 7. 7));

    }
}
```

根据给定的程序，输出结果应该是：

```
苹果,西瓜
购买的总数量:
18
购买的总金额:
14. 2
```

【任务要求】

编程实现计算长方形面积的功能。

【任务实施】

（1）在包 com. myhello 中执行 "New"→"Class"，新建 hello. java 文件。输入代码，定义有参方法 calculateRectangleArea(int length, int width)，实现长乘以宽的功能。定义参数变量，调用 calculateRectangleArea(length, width) 实现长方形面积计算的功能，如图 3-3 所示。

图 3-3　新建 hello. java 文件

（2）运行程序，得到输出结果。

代码参考：

```java
package com. myhello;

public class hello {
    public static void main(String[] args) {
        int length = 10;
        int width = 30;
        int area = calculateRectangleArea(length, width);
        System. out. println("长方形的面积为:" + area);
    }

    public static int calculateRectangleArea(int length, int width) {
        //返回长乘以宽的积
        return length * width;
    }
}
```

① 程序用 public class hello 定义了一个名为 hello 的类。

② 在 main 方法中定义了 length 和 width 两个整数变量，分别表示长方形的长度和宽度。

③ 调用自定义方法 calculateRectangleArea，并传入 length 和 width 作为参数，将方法返回的面积值存储在 area 变量中。

④ 使用 System. out. println 输出长方形的面积。

⑤ 自定义方法 calculateRectangleArea 接受两个整数类型的参数 length 和 width，返回 length 和 width 的乘积，即长方形的面积。

任务 3　Teacher 教师类

3.3　对象和关键字

3.3.1　对象的创建与使用

在 Java 中使用对象时，首先需要创建一个对象，然后通过该对象来访问其属性和方法。

● 对象的创建

例：对象创建在产品销售统计中的应用。

```java
package com.myhello;

public class Product {              //创建了一个名为 Product 的类，用于表示产品对象
    private String name;            //具有私有的属性 name(产品名称)
    private double price;           //具有私有的属性 price(产品价格)
    private int quantitySold;       //具有私有的属性 quantitySold(已售出数量)

    public Product(String name, double price) {//通过构造方法设置产品的数据
        this.name = name;            //通过参数 name 初始化名称
        this.price = price;          //通过参数 price 初始化价格
        this.quantitySold = 0;       //将已售出数量初始化为 0
    }

    public String getName() {    //定义方法 getName()用于获取产品的名称
        return name;
    }

    public double getPrice() {   //定义方法 getPrice()用于获取产品的价格
        return price;
    }

    public int getQuantitySold() {    //定义方法 getQuantitySold()用于获取产品的已售出数量
```

```
        return quantitySold;
    }

    public void sell(int quantity) {
        if (quantity>0) {
            quantitySold += quantity;
            System. out. println("现卖出:" + name + quantity + " 个。");
        } else {
            System. out. println("数量无效,请重新输入。");
        }
    }

    public static void main(String[] args) {
        Product product = new Product("手机", 999. 99);

        System. out. println("产品名称: " + product. getName());
        System. out. println("产品价格: " + product. getPrice());
        System. out. println("最新的销售量: " + product. getQuantitySold());

        product. sell(5);    //销售 5 个产品
        System. out. println("最新的销售量: " + product. getQuantitySold());

        product. sell(2);    //销售 2 个产品
        System. out. println("最新的销售量: " + product. getQuantitySold());
    }
}
```

代码运行的结果:

```
产品名称: 手机
产品价格: 999. 99
最新的销售量: 0
现卖出:手机 5 个。
最新的销售量: 5
现卖出:手机 2 个。
最新的销售量: 7
```

3. 3. 2　this 关键字的使用

在 Java 中,关键字 this 用于引用当前对象,可以在类的方法中使用 this 来引用当前对象的实例变量、构造方法或者其他方法。

例：关于 this 关键字的应用。

```java
public class Soldier {
    private String name;
    private int age;

    public void setName(String name) {
        this. name = name;    //使用 this 引用实例变量
    }

    public void setAge(int age) {
        this. age = age;       //使用 this 引用实例变量
    }
}
```

在这段代码中，Soldier 类的私有变量通过 private（私有）定义了私有变量 name 和变量 age。在方法 setName 和 setAge 中，使用了 this. name 和 this. age 来引用私有的实例变量 name 和 age。这样做是为了明确要访问的是当前对象的实例变量，而不是方法内部的局部变量或者参数。

name 和 age 变量名在日常的程序代码中随处可见，但这里加了 this，限定了变量的范围，即使其他代码中存在相同的 name 和 age 变量名，此处仍然能够正确地引用实例变量。这是因为 this 表示对当前对象的引用，可以明确地指明正在操作当前对象的成员变量。

3. 3. 3　static 关键字的使用

在 Java 中，关键字 static 用于创建静态成员，可以是静态变量、静态方法或静态代码块。静态成员属于类而不是对象，在应用时可以通过类名直接访问，不需要实例化对象。

- 静态变量

使用 static 关键字声明的成员变量称为静态变量。静态变量在内存中只有一份拷贝，所有该类的对象共享同一份静态变量。

例如：

```java
static int count;//声明静态变量 count,类型为整数型
```

静态变量是一种方便在整个类中共享数据的方式，并且能够在不创建实例的情况下进行访问和修改。

例：静态变量在快递运费计算中的应用。

```java
package com. myhello;


public class DeliveryFee{
    //静态变量,标准运费
```

```java
        public static double standardFee = 10.0;

        //实例变量,包裹质量
        private double weight;

        public DeliveryFee(double weight) {
            this.weight = weight;
        }

        public double getWeight() {
            return weight;
        }

        //计算快递费用
        public double calculateFee() {
            double fee = standardFee;
            if (weight>1.0) {
                fee +=(weight-1.0) * 5.0;
            }
            return fee;
        }

        public static void main(String[] args) {
            //创建两个包裹实例并计算快递费用
            DeliveryFee package1 = new DeliveryFee(0.5);
            DeliveryFee package2 = new DeliveryFee(1.5);
            System.out.println("标准运费是 10 元情况下:");
            System.out.println("包裹 1 质量:" + package1.getWeight() + "kg,快递费用:" + package1.calculateFee() + "元");
            System.out.println("包裹 2 质量:" + package2.getWeight() + "kg,快递费用:" + package2.calculateFee() + "元");

            //修改标准运费
            standardFee = 15.0;
            System.out.println("\n 标准运费是 15 元情况下:");
            //再次计算快递费用
            System.out.println("包裹 1 质量:" + package1.getWeight() + "kg,快递费用:" + package1.calculateFee() + "元");
```

```
        System. out. println("包裹 2 质量:" + package2. getWeight() + "kg,快递费用:" + package2.calcu-
lateFee() + "元");
        }
    }
```

程序运行结果:

```
标准运费是 10 元情况下:
包裹 1 质量:0. 5 kg,快递费用:10. 0 元
包裹 2 质量:1. 5 kg,快递费用:12. 5 元


标准运费是 15 元情况下:
包裹 1 质量:0. 5 kg,快递费用:15. 0 元
包裹 2 质量:1. 5 kg,快递费用:17. 5 元
```

在以上程序中,静态变量 standardFee 被声明为 public static double 类型。这意味着它是类变量,也就是说,它属于类而不属于实例,因此所有的实例都能够访问它。

在程序中,静态变量 standardFee 有以下特点:

(1) 所有类实例共享同一个静态变量 standardFee。

(2) 可以被所有实例访问。

(3) 静态变量 standardFee 可以通过类名直接访问,不需要再创建实例。

(4) 两个 DeliveryFee 实例 package1 和 package2 都可以访问静态变量 standardFee。

(5) 当修改了 standardFee 的值后,再次计算了包裹的快递费用,可以看到修改静态变量的值会影响到所有实例的计算结果。这是因为所有实例共享同一个静态变量。

(6) 使用静态变量 standardFee 来存储标准运费,以便在每次计算快递费用时使用。

● 静态方法

使用 static 关键字声明的方法称为静态方法。静态方法可以直接通过类名调用,无须创建对象。

例:使用 static 关键字声明的方法实现输出信息。

```
public class MyClass {
    public static void staticMethod() {
        System. out. println("程序运算完成,请查看。");
    }
}
```

例:使用 static 关键字声明的方法实现运算并输出信息。

```
public class MyClass {
    public static void main(String[] args) {
        double result = calculate(5, 10);
        System. out. println("运算的结果是: " + result);
    }
```

```java
    public static double calculate(double num1, double num2) {
        return num1 + num2;
    }
}
```

例：静态方法在快递运费计算中的应用。

```java
package com. myhello;

public class DeliveryFeeCalculator {
    private static final double BASE_FEE = 10.0;   //快递运费起步价
    private static final double FEE_PER_KG = 2.0; //每增加1千克的运费

    public static void main(String[] args) {
        double weight1 = 5.0;  //第一个快递的质量(单位:千克)
        double weight2 = 10.0; //第二个快递的质量(单位:千克)

        double fee1 = calculateDeliveryFee(weight1);  //计算第一个快递的运费
        double fee2 = calculateDeliveryFee(weight2);  //计算第二个快递的运费

        System. out. println("第一个快递质量为"+weight1+"千克,运费是:" + fee1 + " 元");
        System. out. println("第二个快递质量为"+weight2+"千克,运费是:" + fee2 + " 元");
    }

    public static double calculateDeliveryFee(double weight) {
        if (weight <= 0) {
            return 0.0;//无效质量,运费为0
        } else if (weight <= 1.0) {
            return BASE_FEE;//起步价
        } else {
            double additionalWeight = weight- 1.0;   //额外质量
            double additionalFee = additionalWeight * FEE_PER_KG;   //额外运费
            return BASE_FEE + additionalFee;          //总运费
        }
    }
}
```

程序运行的结果:

```
第一个快递质量为5.0千克,运费是:18.0 元
第二个快递质量为10.0千克,运费是:28.0 元
```

在上述程序中，有一个静态方法 calculateDeliveryFee，该方法用于计算快递的运费。

（1）方法接受一个参数 weight，表示快递的质量（单位：千克）。方法根据给定的质量判断运费情况，并返回相应的运费金额。

（2）如果质量小于或等于 0，则运费为 0。

（3）如果质量在 0~1 千克之间，则返回起步价 BASE_FEE。

（4）如果质量大于 1 千克，则计算额外质量 additionalWeight 和额外运费 additionalFee，然后返回总运费（起步价加上额外运费）。

（5）这个静态方法可以通过类名直接调用。

例如 DeliveryFeeCalculator. calculateDeliveryFee(weight)，无须创建类的实例即可使用。

（6）静态方法 calculateDeliveryFee 可以在不创建类的实例的情况下，直接通过类名调用，方便快捷。

（7）由于静态方法 calculateDeliveryFee 不需要访问实例变量或实例方法，因此，其执行速度更快。

- 静态代码块

使用 static 关键字定义的代码块称为静态初始化块，它在类加载时执行，并且只会执行一次。

例：静态代码块在快递运费计算中的应用。

```java
package com. myhello;

public class DeliveryFeeCalculator {
    private static double BASE_FEE;
    private static double ADD_FEE;

    static {
        BASE_FEE = 10. 0;   //设置起步价
        ADD_FEE = 5. 0;      //设置 1 千克以外的每千克快递运费
        System. out. println("寄快递的起步价设置为 " + BASE_FEE);
        System. out. println("设置 1 千克以外的每千克为 " + ADD_FEE);
    }

    public static void main(String[] args) {
        System. out. println("\n 计费样件:");

        double weight1 = 0. 5;
        double fee1 = calculateDeliveryFee(weight1);
        System. out. println("质量为 " + weight1 + " 千克的包裹运费为:" + fee1);

        double weight2 = 1. 5;
        double fee2 = calculateDeliveryFee(weight2);
        System. out. println("质量为 " + weight2 + " 千克的包裹运费为:" + fee2);
    }
```

```
        public static double calculateDeliveryFee(double weight) {
            if (weight <= 0) {
                return 0;
            } else if (weight <= 1) {
                return BASE_FEE;
            } else {
                double additionalWeight = weight- 1;
                double additionalFee = additionalWeight * ADD_FEE;    //计算额外运费每千克 5 元
                return BASE_FEE + additionalFee;                      //总运费
            }
        }
    }
```

程序运行结果：

```
寄快递的起步价设置为 10.0
设置 1 千克以外的每千克为 5.0


计费样件：
质量为 0.5 千克的包裹运费为：10.0
质量为 1.5 千克的包裹运费为：12.5
```

以上程序中，程序的静态代码块：

```
static {
BASE_FEE = 10.0;    //设置起步价
ADD_FEE = 5.0;      //设置 1 千克以外的每千克快递运费
System. out. println("寄快递的起步价设置为 " + BASE_FEE);
System. out. println("设置 1 千克以外的每千克为 " + ADD_FEE);}
```

静态代码块在程序中的应用说明：

（1）静态代码块的运用原理是在类被加载时自动执行，且只会执行一次。它在类加载阶段执行，可以用来进行一些初始化操作，例如初始化 BASE_FEE 和 ADD_FEE 这两个静态成员变量，为寄快递的起步价和额外运费（每千克）设置初始数值。

（2）当类被加载时，静态代码块会被执行，且只会执行一次。

（3）静态代码块按照在类中的顺序依次执行。

（4）静态代码块在其他静态成员（包括静态方法）之前执行，确保静态变量的初始化在其他代码之前完成。

（5）根据程序需要，静态代码块还可以用来执行复杂的初始化操作，例如读取配置文件、连接数据库等。这样可以保证在类加载时完成相关的初始化工作，使其他代码可以直接使用已经初始化好的静态成员变量。

（6）通过静态代码块可以确保静态变量的初始化顺序是确定的，不受方法调用顺序的影响，这样可以避免因为方法调用顺序不确定而导致的错误。

（7）将相关的初始化代码放在一起，有利于代码的维护和管理，提高代码的可读性和可维护性。

- 静态内部类

声明为静态的内部类与外部类的实例无关，可以直接使用外部类的静态成员。static 关键字用于创建静态成员，它们属于类而不是对象，在内存中只有一份拷贝，可以通过类名直接访问。

例：静态内部类在快递运费计算中的应用。

```java
package com. myhello;

public class Outer {
    private static double BASE_FEE;
    private static double ADD_FEE;

    static {
        BASE_FEE = 10. 0;
        ADD_FEE = 5. 0;
        System. out. println("寄快递的起步价设置为 " + BASE_FEE);
        System. out. println("设置 1 千克以外的每千克为 " + ADD_FEE);
    }

    static class StaticInnerClass {
        public static double calculateDeliveryFee(double weight) {
            if (weight <= 0) {
                return 0;
            } else if (weight <= 1) {
                return BASE_FEE;
            } else {
                double additionalWeight = weight- 1;
                double additionalFee = additionalWeight * ADD_FEE;
                return BASE_FEE + additionalFee;
            }
        }
    }

    public static void main(String[] args) {
        System. out. println("\n 计费样件:");

        double weight1 = 0. 5;
```

```
        double fee1 = StaticInnerClass. calculateDeliveryFee(weight1);
        System. out. println("质量为 " + weight1 + " 千克的包裹运费为:" + fee1);


        double weight2 = 1;
        double fee2 = StaticInnerClass. calculateDeliveryFee(weight2);
        System. out. println("质量为" + weight2 + "千克的包裹运费为:" + fee2);


        double weight3 = 2. 5;
        double fee3 = StaticInnerClass. calculateDeliveryFee(weight3);
        System. out. println("质量为 " + weight3 + " 千克的包裹运费为:" + fee3);
    }
}
```

程序运行的结果:

```
寄快递的起步价设置为 10. 0
设置 1 千克以外的每千克为 5. 0
计费样件:质量为 0. 5 千克的包裹运费为:10. 0
质量为 1. 0 千克的包裹运费为:10. 0
质量为 2. 5 千克的包裹运费为:17. 5
```

以上程序中, 静态内部类是以下代码段:

```
static classStaticInnerClass {
    public static double calculateDeliveryFee(double weight) {
        if (weight <= 0) {
            return 0;
        } else if (weight <= 1) {
            return BASE_FEE;
        } else {
            double additionalWeight = weight- 1;
            double additionalFee = additionalWeight * ADD_FEE;
            return BASE_FEE + additionalFee;
        }
    }
}
```

静态内部类 StaticInnerClass 封装了计算快递运费的方法, 并且可以直接访问外部类 Outer 的静态成员变量 BASE_FEE 和 ADD_FEE。

Outer 类定义了一个静态内部类 StaticInnerClass。从代码分析中可以看出静态内部类的特点:

（1）静态内部类可以直接访问外部类的静态成员变量和静态方法, 无须创建外部类的实例。

（2）静态内部类和外部类之间没有直接的关联，可以独立存在。

（3）静态内部类可以有自己的静态成员变量和静态方法，也可以访问外部类的非静态成员变量和方法，但需要通过创建外部类实例来访问。

例如：

```
StaticInnerClass. calculateDeliveryFee(weight2)
```

（4）静态内部类可以被外部类以及其他类直接调用。

静态内部类的优点：

（1）封装性。静态内部类将相关的功能封装在一起，并且与外部类解耦，提高了代码的可读性和可维护性。

（2）访问权限控制。静态内部类可以访问外部类的私有成员，而外部类无法直接访问静态内部类的成员，从而实现更精确的访问权限控制。

（3）命名空间管理。静态内部类的命名空间独立于外部类，不会与其他类产生命名冲突。

【任务要求】

定义 Teacher 类来记录和统计教师的信息，包括姓名、学历和教龄，并计算出最大教龄和平均教龄。

（1）定义一个 Teacher 类，包含私有的姓名（name）、学历（education）和教龄（teachingYears）属性，以及静态的总教龄（totalTeachingYears）和教师数量（teacherCount）属性。

（2）构造方法 Teacher(String name, String education, int teachingYears)，用于初始化教师对象，并将教师的教龄加到总教龄中，同时增加教师数量。

（3）定义静态方法 getMaxTeachingYears(Teacher[] teachers)，用于返回给定教师数组中的最大教龄。

（4）定义静态方法 getAverageTeachingYears()，用于计算并返回教师数组中所有教师的平均教龄。

（5）打印相关记录和统计教师的教龄信息。

输出结果为：

```
教师记录：
姓名- 学历- 教龄
张老师- 本科- 15
李老师- 硕士- 18
王老师- 博士- 10
赵老师- 本科- 13
钱老师- 硕士- 6
最大教龄：18
平均教龄：12.4
```

【任务实施】

（1）在包 com. myhello 中执行 "New"→"Class"，新建 Teacher. java 文件。输入代码，定义变量姓名（name）、学历（education）和教龄（teachingYears），以及静态的总教龄（totalTeachingYears）和教师数量（teacherCount）属性。构造方法 Teacher（String name，String education，int teachingYears），用于初始化教师对象，如图 3-4 所示。

```java
package com.myhello;

public class Teacher {
    private String name;
    private String education;
    private int teachingYears;
    private static int totalTeachingYears = 0;
    private static int teacherCount = 0;

    public Teacher(String name, String education, int teachingYears) {
        this.name = name;
        this.education = education;
        this.teachingYears = teachingYears;
        totalTeachingYears += teachingYears;
        teacherCount++;
    }
```

图 3-4　新建 Teacher. java 文件

（2）输入代码，定义 getMaxTeachingYears（）方法，计算最大教龄；定义 getAverageTeaching-Years（）方法，计算平均教龄，如图 3-5 所示。

```java
    public static int getMaxTeachingYears(Teacher[] teachers) {
        int maxTeachingYears = Integer.MIN_VALUE;
        for (Teacher teacher : teachers) {
            if (teacher.teachingYears > maxTeachingYears) {
                maxTeachingYears = teacher.teachingYears;
            }
        }
        return maxTeachingYears;
    }

    public static double getAverageTeachingYears() {
        return (double) totalTeachingYears / teacherCount;
    }
```

图 3-5　定义 getMaxTeachingYears（）和 getAverageTeachingYears（）方法

（3）输入代码，实例化五个定义 Teacher 的数据，并调用方法完成最大教龄和平均教龄的计算，最后输出结果，如图 3-6 所示。

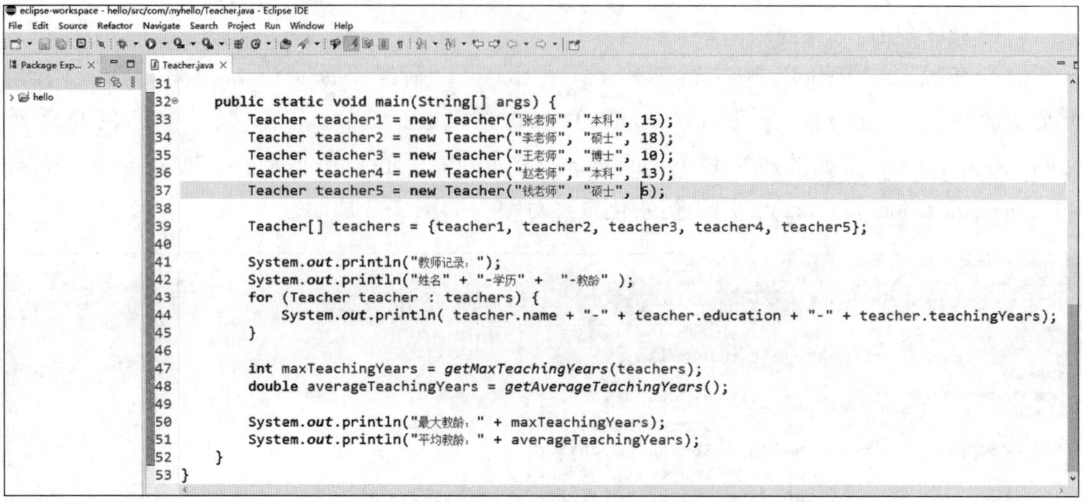

图 3-6   实例化五个定义 Teacher 的数据

参考代码：

```java
package com. myhello;

public class Teacher {
    private String name;
    private String education;
    private int teachingYears;
    private static int totalTeachingYears = 0;
    private static int teacherCount = 0;

    public Teacher(String name, String education, int teachingYears) {
        this. name = name;
        this. education = education;
        this. teachingYears = teachingYears;
        totalTeachingYears += teachingYears;
        teacherCount++;
    }

    public static int getMaxTeachingYears(Teacher[] teachers) {
        int maxTeachingYears = Integer. MIN_VALUE;
        for (Teacher teacher : teachers) {
            if (teacher. teachingYears>maxTeachingYears) {
                maxTeachingYears = teacher. teachingYears;
            }
        }
        return maxTeachingYears;
    }
```

```java
    public static double getAverageTeachingYears() {
        return(double) totalTeachingYears/teacherCount;
    }

    public static void main(String[] args) {
        Teacherteacher1 = new Teacher("张老师", "本科", 15);
        Teacherteacher2 = new Teacher("李老师", "硕士", 18);
        Teacherteacher3 = new Teacher("王老师", "博士", 10);
        Teacherteacher4 = new Teacher("赵老师", "本科", 13);
        Teacherteacher5 = new Teacher("钱老师", "硕士", 6);

        Teacher[]teachers = {teacher1, teacher2, teacher3, teacher4, teacher5};

        System. out. println("教师记录:");
        System. out. println("姓名" + "- 学历" +  "- 教龄" );
        for (Teacher teacher : teachers) {
            System. out. println( teacher. name + "- " + teacher. education + "- " + teacher. teachingYears);
        }

        int maxTeachingYears = getMaxTeachingYears(teachers);
        double averageTeachingYears = getAverageTeachingYears();

        System. out. println("最大教龄:" + maxTeachingYears);
        System. out. println("平均教龄:" + averageTeachingYears);
    }
}
```

【习题】

1. 封装是什么？为什么在面向对象编程中需要使用封装？

2. 什么是继承？为什么在面向对象编程中使用继承？

3. 什么是多态？在面向对象编程中，如何实现多态？

4. 请定义一个名为 Person 的类，具有公有的姓名和私有的年龄两个属性。在 Person 类中，提供公有属性获取和年龄设置方法。

5. 现在有一个名为 Rectangle 的类，具有私有的长和宽两个属性。请在 Rectangle 类中提供公有属性获取和长、宽设置方法。

6. 请定义一个名为 Student 的类，它继承自 Person 类（Person 类在题目 4 中已经定义过），具有私有的学号和公有的专业两个属性。在 Student 类中，提供学号获取和专业设置方法。

项目 4

面向对象编程进阶

4.1　类的继承

4.1.1　继承的概念

在 Java 语言中，继承是一种面向对象编程的基本概念，允许一个类（称为子类或派生类）继承另一个类（称为父类或基类）的属性和方法。通过继承，子类可以重用父类的代码，并且可以添加自己特定的属性和方法。

1. 继承的应用

例：

```java
class Animal {                        //定义 Animal 父类
    protected String name;

    public Animal(String name) {      //定义 Animal 父类的属性
        this. name = name;
    }

    public void eat() {
        System. out. println(name + "正在吃东西");  //定义 Animal 父类的方法
    }
}

//定义子类
class Cat extends Animal {            //从父类 Animal 派生出子类 Cat
    private int age;

    public Cat(String name, int age) {  //定义 Cat 子类的新属性 age
```

```
            super(name);              //调用父类 Animal 的构造函数并传递 name 参数
        this. age = age;
    }

    public void meow() {
        System. out. println(name + "正在喵喵叫");   //定义子类的方法
    }
}

public class Main {
    public static void main(String[] args) {
        //创建父类对象
        Animal animal = new Animal("动物");

        //调用父类方法
        animal. eat();

        //创建子类对象
        Cat cat = new Cat("小猫", 2);

        //调用子类方法
        cat. eat();              //应用了继承父类的方法"会吃东西"
        cat. meow();             //应用了子类自己的方法"会喵喵叫"
    }
}
```

在上面的示例中，定义了一个父类 Animal 和一个子类 Cat。子类 Cat 继承了父类 Animal 的属性和方法。

（1）父类 Animal 有一个属性 name 和一个方法 eat( )，子类 Cat 除了继承了父类的属性和方法外，还增加了自己的私有属性 age 和方法 meow( )。

（2）在 Main 类的 main 方法中，创建了父类对象 animal 和子类对象 cat，分别调用它们的方法。可以看到，在子类对象中可以直接使用父类的属性和方法，同时还可以调用子类自己特有的属性和方法。

（3）使用关键字 extends 来指定子类继承的父类。子类可以继承父类的非私有成员变量和方法，并且可以通过重写父类的方法来实现自己的行为。

2. 继承的相关概念

1）单继承

一个类只能继承一个父类。这意味着每个子类只能有一个直接的父类。

2）继承关系

子类与父类之间形成了一种继承关系。子类继承了父类的特性，包括属性和方法，并且可以添加自己的属性和方法。

3）父类和子类的关系

子类是父类的特殊化，也称为"是一个"关系。

4）使用 super 关键字

子类可以使用 super 关键字来引用父类的构造方法、成员变量和方法。通过 super，子类可以访问父类的实现，并且可以在子类中调用父类的构造方法。

5）重写（Override）

子类可以重写父类的方法，即改变继承自父类的方法的实现。重写方法需要具有相同的方法签名（方法名、参数列表和返回类型），以及适当的访问修饰符。

6）继承层次

通过多级继承，一个类可以成为多个类的父类，这样就形成了继承层次结构。例如，Animal 类可以是 Cat 类的父类，而 Cat 类又可以作为其他子类的父类。

4.1.2 子类对象实例化

在 Java 中，子类对象实例化是指创建一个子类的对象，该对象继承了父类的属性和方法，并具有自己特有的属性和方法。在子类对象实例化时，会调用父类的构造函数进行初始化，然后调用子类的构造函数进行一些特定的初始化操作。

子类对象实例化的语法格式：

```
子类类名 对象名 = new 子类类名(参数列表);
```

其中，子类类名表示要实例化的子类类名，对象名表示创建的子类对象的名字，参数列表表示向子类构造函数传递的参数。

例如：

```
Cat cat = new Cat("小猫", 2);
```

子类对象实例化的过程一般表现在以下方面。

（1）子类继承父类的所有属性和方法，包括构造函数。

（2）当创建子类对象时，会首先调用父类的构造函数进行初始化。如果父类没有无参构造函数，则需要在子类的构造函数中显式地调用父类的构造函数，以完成父类的初始化。

（3）在父类初始化完成后，会调用子类的构造函数进行特定的初始化操作。

（4）最终得到的对象既具有父类的属性和方法，也具有子类的特定属性和方法。

子类对象实例化是 Java 面向对象编程中一个非常重要的概念，编程时可以更加灵活地使用继承、多态等特性，高效率地实现更加复杂的程序功能。

例：定义一个基类 Animal 具有一个方法 sound( ) 用于发出声音。再创建一个子类 Dog，它继承自 Animal，并且具有自己特定的方法 bark( )。

程序代码：

```java
//定义父类 Animal
class Animal {
    protected String name;
    public Animal(String name) {
        this. name = name;
    }
    public void eat() {
        System. out. println(name + "正在吃东西");
    }
}


//定义子类 Cat,继承自 Animal
class Cat extends Animal {
    private int age;

    public Cat(String name, int age) {
        super(name);
        this. age = age;
    }

    public void meow() {
        System. out. println(name + "正在喵喵叫");
    }
}

public class Main {
    public static void main(String[] args) {
        //创建 Cat 对象
        Cat cat = new Cat("小猫", 2);

        //调用 Cat 对象的方法
        cat. eat();
        cat. meow();
    }
}
```

程序运行的结果：

```
小猫正在吃东西
小猫正在喵喵叫
```

在这段代码中，使用关键字 new 创建了一个 Cat 类的对象 cat，并调用 Cat 类的构造函数 Cat("小猫",2) 进行实例化。这样就创建了一个子类对象，该对象具有父类 Animal 的属性和方法，同时也具有子类 Cat 特有的属性和方法。

4.1.3　成员变量的隐藏和方法重写

1. 成员变量的隐藏

当子类和父类拥有同名的成员变量时，子类的成员变量会隐藏父类的成员变量。

例：隐藏父类成员变量的应用。

程序代码：

```
class Animal {
    String name = "动物";
    int age = 0;
    String color = "黑色";
    public void display() {
        System. out. println("这是" + name + ",年龄为" + age + "岁,颜色为" + color);
    }
}

class Cat extends Animal {
    String name = "宠物猫";
    int age = 1;
    public void display() {
        System. out. println("这是一只" + name + ",年龄为" + age + "岁,颜色为" + color);
    }
}

public class Main {
    public static void main(String[] args) {
        Cat myCat = new Cat();
        myCat. display();
    }
}
```

程序输出结果：

```
这是一只宠物猫,年龄为 1 岁,颜色为黑色
```

在程序中，Animal 类中设有 age 和 color 两个成员变量，并且在 Cat 类中重写了 age 成员变量，并修改了 display() 方法，使其输出所有三个成员变量的值。

（1）在 Cat 类中重新定义了同名的 name 和 age 成员变量，而在 Animal 类中定义的 name 和 age 成员变量被隐藏了。

（2）在 display（）方法中，也是调用了子类 Cat 中的 name 和 age 成员变量，而 color 成员变量则是调用了父类 Animal 中的。

2. 方法重写

@Override 是 Java 中的一个注解（Annotation），用于标记方法的重写（Override）行为。

当一个方法在子类中声明，而其父类中已经存在具有相同名称和参数列表的方法时，称这个方法为重写方法。重写方法被用来覆盖父类中的实现，以便在子类中提供新的实现逻辑。

使用@Override 注解可以帮助开发者在代码编写阶段发现潜在的问题。

但要特别提醒的是，如果一个方法被标记为@Override，但是在父类中没有对应的方法，或者父类方法签名不匹配，编译器就会报错。

例：采用@Override 实现重写。

程序的代码：

```java
//定义父类 Animal
class Animal {
    protected Stringname;

    public Animal(String name) {
        this. name = name;
    }

    public void eat() {
        System. out. println(name + "正在吃东西");
    }
}


//定义子类 Cat,继承自 Animal
class Cat extends Animal {
    private int age;

    public Cat(String name, int age) {
        super(name);
        this. age = age;
    }

    //重写 eat 方法
    @Override
    public void eat() {
        System. out. println("一只"+age + "岁的" + name + "正在吃东西");
```

```
        }
        public void meow() {
            System. out. println(name + "正在喵喵叫");
        }
    }


    public class myMain {
        public static void main(String[] args) {
            //创建 Cat 对象
            Cat cat = new Cat("猫猫", 2);

            //调用 Cat 对象的方法
            cat. eat();
            cat. meow();
        }
    }
```

程序运行的结果：

```
一只 2 岁的猫猫正在吃东西
猫猫正在喵喵叫
```

4.1.4   super 关键字

在 Java 中，super 是一个关键字，用于引用父类的成员变量、成员方法和构造方法。使用 super 关键字可以在子类中访问父类的成员变量，即使子类存在同名的成员变量。

例：super 关键字在继承中的应用。

程序代码：

```
package com. myhello;

class Animal {
    protected String name;

    public Animal(String name) {
        this. name = name;
    }
    public void eat() {
        System. out. println(name + "正在吃东西");
    }
}
```

```java
//定义子类 Cat,继承自 Animal
class Cat extends Animal {
    private int age;

    public Cat(String name, int age) {
        super(name);
        this. age = age;
    }

    //重写 eat 方法
    @Override
    public void eat() {
        super. eat();
        System. out. println("一只"+age + "岁的" + name + "正在吃猫粮");
    }

    public void meow() {
        System. out. println(name + "一边吃一边喵喵叫");
    }
}

public class myMain {
    public static void main(String[] args) {
        //创建 Cat 对象
        Cat cat = new Cat("猫猫", 2);

        //调用 Cat 对象的方法
        cat. eat();
        cat. meow();
    }
}
```

程序运行的结果:

```
猫猫正在吃东西
一只 2 岁的猫猫正在吃猫粮
猫猫一边吃一边喵喵叫
```

在代码中, super(name) 用于调用父类的构造方法进行初始化, super. eat() 用于调用父类的方法并在其基础上添加额外的功能。

1）super（name）

代码 super（name）位于子类 Cat 的构造方法中的第一行。它调用父类 Animal 的构造方法，并传递参数 name。通过 super（name），子类 Cat 可以将传入的 name 参数传递给父类 Animal 的构造方法，从而初始化父类的成员变量 name。

2）super. eat（）

代码 super. eat（）位于子类 Cat 的 eat（）方法中的第一行。它使用 super 关键字调用父类 Animal 的 eat（）方法。通过 super. eat（），子类 Cat 可以执行父类 Animal 的 eat（）方法，并在其基础上添加额外的功能。

3）重写

在该程序中，子类 Cat 还重写了父类 Animal 的 eat（）方法，在调用父类的 eat（）方法后，实现了比父类更强大的 eat（）方法的功能。

【任务要求】

（1）定义一个动物类（Animal），其中包含动物的名称属性和发出声音的方法。

（2）定义两个派生类：狗类（Dog）和猫类（Cat），它们分别继承了动物类并新增了自己特有的叫声属性和重写了发出声音的方法。

（3）实例化一个动物类对象（animal），并调用其发出声音的方法，输出"动物发出声音"的信息。

（4）实例化一个狗类对象（dog），并调用其发出声音的方法，输出"小黄黄是一只狗，它发出汪汪汪的声音"的信息。

（5）实例化一个猫类对象（cat），并调用其发出声音的方法，输出"小花花是一只猫，它发出喵喵喵的声音"的信息。

例如，程序执行的结果：

```
动物发出声音
小黄黄是一只狗，它发出汪汪汪的声音
小花花是一只猫，它发出喵喵喵的声音
```

【任务实施】

（1）在包 com. myhello 中执行"New"→"Class"，新建 main. java 文件。输入代码，定义动物类 class Animal。构造 public Animal（String name）函数，构造 public void makeSound（）函数，采用 class Dog extends Animal 定义 Dog 类，继承自 Animal 类。定义一个构造函数 Dog（String name，String sound），接受名称 name 和叫声 sound 两个参数。在构造函数中，使用 super（name）调用父类（Animal 类）的构造函数，将名称传递给父类进行初始化。使用 this. sound = sound 将传入的叫声赋给狗类的叫声属性，如图 4-1 所示。

（2）在 Dog 类中采用@Override 注解重写父类中的同名 public void makeSound（）方法，实现 Dog 类自有的 makeSound（）方法，实现狗叫声的功能。再用类似的办法在 Cat 类中重写 makeSound（）方法，输出猫的名称和叫声。如图 4-2 所示。

```
eclipse-workspace - hello/src/com/myhello/main.java - Eclipse IDE
File  Edit  Source  Refactor  Navigate  Search  Project  Run  Window  Help

Package Exp... ×          main.java ×
hello                     1 package com.myhello;
  JRE System Library [Jav  2
  src                      3 //定义动物类
    com.myhello            4 class Animal {
      main.java            5   protected String name; // 动物名称
  homeurl.txt              6
  mysql-connector-java-8   7⊖ public Animal(String name) {
                           8       this.name = name;
                           9   }
                          10
                          11⊖ public void makeSound() {
                          12       System.out.println("动物发出声音");
                          13   }
                          14 }
                          15
                          16 //定义狗类，继承自动物类
                          17 class Dog extends Animal {
                          18   private String sound; // 狗的叫声
                          19
                          20⊖ public Dog(String name, String sound) {
                          21       super(name);
                          22       this.sound = sound;
                          23   }
```

图 4-1 新建 main. java 文件

```
eclipse-workspace - hello/src/com/myhello/main.java - Eclipse IDE
File  Edit  Source  Refactor  Navigate  Search  Project  Run  Window  Help

Package Exp... ×          main.java ×
hello                     24
  JRE System Library [Jav 25⊖ @Override
  src                     26   public void makeSound() {
    com.myhello           27       System.out.println(name + "是一只狗，它发出" + sound + "的声音");
      main.java           28   }
  homeurl.txt             29 }
  mysql-connector-java-8  30
                          31 //定义猫类，继承自动物类
                          32 class Cat extends Animal {
                          33   private String sound; // 猫的声音
                          34
                          35⊖ public Cat(String name, String sound) {
                          36       super(name);
                          37       this.sound = sound;
                          38   }
                          39
                          40⊖ @Override
                          41   public void makeSound() {
                          42       System.out.println(name + "是一只猫，它发出" + sound + "的声音");
                          43   }
                          44 }
```

图 4-2 采用 @Override 注解重写

（3）定义程序的入口类 Main。在 Main 类中，创建一个动物类对象 animal，并传入名称参数"动物"，然后调用 makeSound（）方法，输出"动物发出声音"的信息。接着创建一个狗类对象 dog，传入名称参数"小黄黄"和叫声参数"汪汪汪"，然后调用 makeSound（）方法，输出"小黄黄是一只狗，它发出汪汪汪的声音"信息。最后创建一个猫类对象 cat，传入名称参数"小花花"和叫声参数"喵喵喵"，然后调用 makeSound（）方法，输出"小花花是一只猫，它发出喵喵喵的声音"信息，如图 4-3 所示。

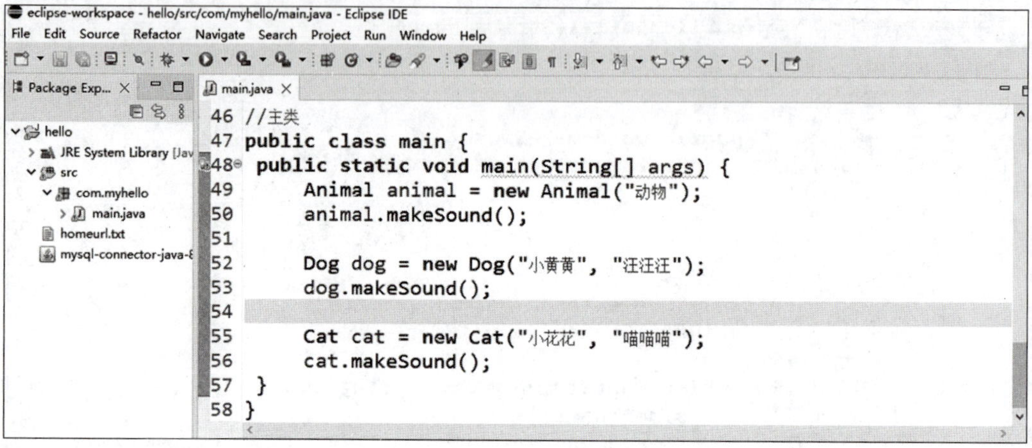

图 4-3　创建一个动物类对象 animal

参考代码：

```
package com. myhello;

//定义动物类
class Animal {
  protected String name;   //动物名称

  public Animal(String name) {
      this. name = name;
  }

  public void makeSound() {
      System. out. println("动物发出声音");
  }
}

//定义狗类,继承自动物类
class Dog extends Animal {
  private String sound;     //狗的叫声
```

```java
    public Dog(String name, String sound) {
        super(name);
        this. sound = sound;
    }


    @Override
    public void makeSound() {
        System. out. println(name + "是一只狗,它发出" + sound + "的声音");
    }
}


//定义猫类,继承自动物类
class Cat extends Animal {
 private String sound;//猫的声音

    public Cat(String name, String sound) {
        super(name);
        this. sound = sound;
    }


@Override
 public void makeSound() {
        System. out. println(name + "是一只猫,它发出" + sound + "的声音");
    }
}


//主类
public class main {
 public static void main(String[] args) {
        Animalanimal = new Animal("动物");
        animal. makeSound();

        Dogdog = new Dog("小黄黄", "汪汪汪");
        dog. makeSound();

        Catcat = new Cat("小花花", "喵喵喵");
        cat. makeSound();
    }
}
```

任务 2　形状类和矩形、圆形类

4.2　抽象类和接口

4.2.1　抽象类和抽象方法

抽象类是 Java 中一种特殊的类，它不能被实例化，只能被继承。抽象类用于定义一些通用的属性和方法，而具体的实现由其子类来完成。

1. 定义抽象类

使用 abstract 关键字可以将一个类声明为抽象类。抽象类可以包含成员变量、成员方法以及构造方法。

例：abstract 关键字在农作物日采摘记录中的应用。

```java
abstract class FarmProduct {
    protected String name;          //产品名称
    protected double price;         //产品价格

    public FarmProduct(String name, double price) {
        this. name = name;
        this. price = price;
    }

    public String getName() {
        return name;
    }

    public double getPrice() {
        return price;
    }

    public abstract String getDescription();    //抽象方法,用于获取产品描述
}

class Fruit extends FarmProduct {
    private String origin;                  //水果产地
    private double todayHarvest;            //今天采摘量

    public Fruit(String name, double price, String origin, double todayHarvest) {
        super(name, price);
```

```
            this. origin = origin;
            this. todayHarvest = todayHarvest;
        }

        public String getDescription() {
            return "水果产地: " + origin + ", 名称: " + name + ", 价格:" + price + " 元/斤, 今天采摘: " +
todayHarvest + " 千克";
        }
    }

    public class Main {
        public static void main(String[] args) {
            FarmProduct fruit1 = new Fruit("苹果", 8. 0, "山东", 1000);    //实例化苹果对象
            FarmProduct fruit2 = new Fruit("香蕉", 6. 0, "海南", 800);      //实例化香蕉对象

            System. out. println(fruit1. getDescription());    //打印苹果采摘信息描述
            System. out. println(fruit2. getDescription());    //打印香蕉采摘信息描述
        }
    }
```

程序运行输出的结果:

```
水果产地: 山东, 名称: 苹果, 价格:8. 0 元/斤, 今天采摘量: 1 000. 0 千克
水果产地: 海南, 名称: 香蕉, 价格:6. 0 元/斤, 今天采摘量: 800. 0 千克
```

1) 抽象类定义

用 abstract class FarmProduct 语句定义抽象类 FarmProduct, 包含了两个成员变量 name 和 price, 分别表示产品的名称和价格。这些成员变量被声明为 protected, 意味着它们可以被子类访问。

2) 构造方法

抽象类 FarmProduct 定义了一个构造方法 FarmProduct(String name,double price), 用于初始化产品的名称和价格。

抽象类 FarmProduct 提供了两个普通方法 getName() 和 getPrice(), 分别用于获取产品的名称和价格。这些方法允许子类访问并获取父类中的成员变量。

抽象类 FarmProduct 声明了一个抽象方法 getDescription(), 该方法没有具体的实现代码, 只有方法签名。抽象方法不包含方法体, 它要求任何继承自 FarmProduct 的子类都必须实现自己的 getDescription() 方法。具体的产品子类需要根据自己的特性来实现 getDescription() 方法, 以返回产品的描述信息。

2. 抽象方法

抽象方法没有具体的实现代码, 只有方法的声明。抽象方法在抽象类中定义, 但是不提

供实现。子类必须实现抽象方法。

例：

```
public String getDescription() {
        return "水果产地: " + origin + ", 名称: " + name + ", 价格:" + price + " 元/斤, 今天采摘量:" +
todayHarvest + " 千克";
    }
```

抽象方法的应用在该程序中体现在 FarmProduct 类中，其中声明了一个抽象方法 getDe-scription( )，该方法没有具体实现，只有方法签名。

在 Fruit 类中，重写了抽象方法 getDescription( )，提供了具体的实现。通过使用抽象方法，可以在父类中定义一致的接口，而不关心具体子类的实现细节，提高了代码的可扩展性和灵活性。

抽象方法一般指一个没有具体实现的方法，只有方法声明而没有方法体。

在抽象类中声明抽象方法时，使用 abstract 关键字来修饰方法。抽象方法的存在意味着它必须在继承自抽象类的具体子类中实现，否则这个子类也必须声明为抽象类。

在这个例子中，抽象方法 getDescription( ) 要求具体的产品子类提供自己的产品描述实现，以返回特定的描述信息。

3. 继承抽象类

继承抽象类的概念是指一个类可以从一个抽象类派生出来，并继承抽象类中的属性和方法。在 Java 中，使用关键字 extends 来表示一个类继承自另一个类。通过继承抽象类，子类可以获得父类的属性和方法，并且必须实现父类中的抽象方法。

子类可以继承抽象类，并且必须实现抽象类中的所有抽象方法，除非子类自身也声明为抽象类。

例：

```
class Fruit extends FarmProduct {
    private String origin;                //水果产地
    private double todayHarvest;          //今天采摘量

    public Fruit(String name, double price, String origin, double todayHarvest) {
        super(name, price);
        this. origin = origin;
        this. todayHarvest = todayHarvest;
    }

    public String getDescription() {
        return "水果产地: " + origin + ", 名称: " + name + ", 价格:" + price + " 元/斤, 今天采摘量:" +
todayHarvest + " 千克";
    }
}
```

在这个例子中，Fruit 类继承自 FarmProduct 抽象类，通过关键字 extends 进行声明。Fruit 类继承了 FarmProduct 类的属性和方法，包括 name 和 price 属性以及 getName( ) 和 getPrice( ) 方法。子类可以通过调用 super 关键字来访问父类的构造方法和成员变量。

同时，子类 Fruit 还实现了父类中的抽象方法 getDescription( )，提供了具体的实现，返回特定的描述信息。这样，Fruit 类就满足了对抽象方法的实现要求。

4. 无法实例化抽象类

由于抽象类不能被实例化，因此不能直接创建抽象类的对象，但是可以使用抽象类的引用变量来引用其子类的对象。

例：

```
abstract class FarmProduct {
    //…
}


public class Main {
    public static void main(String[] args) {
        FarmProduct fruit1 = new Fruit("苹果", 8.0, "山东", 1000);//实例化苹果对象
        FarmProduct fruit2 = new Fruit("香蕉", 6.0, "海南", 800);//实例化香蕉对象


        //…
    }
}
```

"无法实例化抽象类"的概念是指不能直接创建一个抽象类的实例对象。

在上述代码中，FarmProduct 是一个抽象类，其中包含了一个抽象方法 getDescription( )。抽象类是一种不能被实例化的类，只能被继承。

在程序中，抽象类主要用于定义一组相关的类的共同特性和行为，它可以包含属性、方法、构造方法和抽象方法。抽象类通过关键字 abstract 进行声明。抽象方法没有具体的实现，而是由子类来实现。当一个类包含一个或多个抽象方法时，该类必须被声明为抽象类。

在上述代码中，FarmProduct 是一个抽象类，用于定义农产品的共同特性和行为。由于它包含了抽象方法 getDescription( )，所以不能直接实例化 FarmProduct 对象。通过创建 Fruit 类并继承自 FarmProduct，才可以实现具体的水果类，并提供 getDescription( ) 方法的具体实现。

可以这样理解，"无法实例化抽象类"是为了强制要求子类对抽象方法进行实现，并且使抽象类只能作为一个模板或基类存在，而不是被直接实例化使用。这样可以确保相关类的一致性和可扩展性。

5. 抽象类的作用

抽象类主要用于在多个子类之间共享通用的属性和方法，通过将这些通用的部分放在抽象类中，子类可以继承这些属性和方法，并进行具体的实现。

例：

```
abstract class FarmProduct {
    //…
    public abstract String getDescription();    //抽象方法,用于获取产品描述
}

class Fruit extends FarmProduct {
    //…
    public String getDescription() {
        return "水果产地: " + origin + ", 名称: " + name + ", 价格:" + price + " 元/斤,今天采摘量:" +
todayHarvest + " 千克";
    }
}
```

抽象类的作用是定义一种规范或模板,规定子类必须具备的属性和方法,同时让子类根据自身特点来实现具体的方法。

在程序中,抽象类定义了农产品的共同属性和方法,包括名称、价格和描述等。其中,getDescription( ) 方法被声明为抽象方法,没有具体的实现,需要在子类中进行具体的实现。通过继承抽象类 FarmProduct 并实现抽象方法的方式,可以创建不同类型的农产品类,比如水果类 Fruit,并为这些类提供具体的描述信息。

抽象类在程序中的应用主要有两个方面:

(1) 作为一种规范或模板,定义子类必须具备的属性和方法,增强程序的可维护性和可扩展性。

(2) 作为一个基类,提供一些通用的方法和属性,节省代码量和开发时间。通过继承抽象类并实现其抽象方法,可以快速创建具有相似特征和行为的对象,并且方便地进行扩展和修改。

4.2.2 接口

接口(Interface)是 Java 编程语言中的一种引用类型,它是一种抽象的类似于协议的概念。接口定义了一组方法和常量,但不包含实例变量。其他类可以通过实现(implement)接口来使用接口中定义的方法和常量。

1. 定义接口

使用 interface 关键字可以定义一个接口。

例:定义形状公共接口 Shape。

```
public interface Shape {
    double getArea();    //获取面积
}
```

(1) public interface Shape:定义了一个公共接口 Shape。

(2) double getArea( );:接口中声明了一个抽象方法 getArea( ),用于获取形状的面积。接口中的方法默认为公共的和抽象的,因此不需要显式地添加 public 和 abstract 修饰符。

（3）该接口主要用于定义形状对象的共同行为，即获取面积。其他类可以实现该接口，并根据自身的特性来实现具体的计算面积的方法。实现该接口的类需要提供具体的实现代码来计算并返回相应的面积值。

2. 实现接口

例：使用 implements 实现类与接口进行关联。

```
//定义矩形类,实现形状接口
class Rectangle implements Shape {
    private double width;
    private double height;

    public Rectangle(double width, double height) {
        this. width = width;
        this. height = height;
        System. out. println("矩形的宽:" + width+"矩形的高:" + height);
    }

public interface Drawable {
    void draw();        //抽象方法

    int COLOR = 1;   //常量
    }
```

在上述例子中，定义了一个接口 Drawable，其中包含了一个抽象方法 draw( ) 和一个常量 COLOR。

实现接口：其他类可以通过实现接口来使用接口中定义的方法和常量。使用 implements 关键字将类与接口进行关联。例如：

```
public class Circle implements Drawable {
    @Override
    public void draw() {
        System. out. println("绘制圆形");
    }
}
```

在上述例子中，定义了一个 Circle 类，实现了 Drawable 接口，同时实现了 draw( ) 方法。

多接口实现：一个类可以同时实现多个接口，使用逗号分隔。例如：

```
public class Rectangle implements Drawable, Moveable {
    @Override
    public void draw() {
        System. out. println("绘制矩形");
    }
```

```
    @Override
    public void move() {
        System. out. println("移动矩形");
    }
}
```

在上述例子中，定义了一个 Rectangle 类，实现了 Drawable 和 Moveable 两个接口，并实现了相应的方法。

默认方法：Java 8 引入了默认方法（default method）的概念，允许在接口中提供默认的方法实现。默认方法使用 default 关键字进行修饰。实现类可以直接继承默认方法，也可以选择重写默认方法。例如：

```
public interface Drawable {
    void draw();    //抽象方法

    default void print() {
        System. out. println("打印图形");
    }
}
```

在上述例子中，在 Drawable 接口中定义了一个默认方法 print( )。

接口的作用：接口用于定义一组相关的方法和常量，通过实现接口，其他类可以获得接口中定义的方法和常量，并实现这些方法。接口提供了一种解耦的方式，使程序更加灵活、可扩展。接口也可以用于实现多态性，允许在不同的实现类中调用相同的接口方法。

总结：接口是一种抽象的类似于协议的概念，定义了一组方法和常量。其他类可以通过实现接口来使用接口中定义的方法和常量。一个类可以实现多个接口。接口还可以包含默认方法，提供一些默认的方法实现。接口的主要作用是定义一组相关的方法和常量，并实现多态性和解耦的效果。

4.2.3　对象的多态性

在 Java 中，对象的多态性是指一个对象可以根据其实际类型被当作其父类或接口的类型来使用。这样就可以在不修改代码的情况下，通过父类或接口引用变量来操作不同类型的子类对象。多态性是面向对象编程中的重要概念之一，它提高了代码的灵活性和可扩展性。

例：

```
abstract class Shape {
    public abstract double calculateArea();
}

class Circle extends Shape {
    private double radius;
```

```
        public Circle(double radius) {
            this. radius = radius;
        }

        public double calculateArea() {
            return Math. PI * radius * radius;
        }
    }

class Rectangle extends Shape {
    private double length;
    private double width;

        public Rectangle(double length, double width) {
            this. length = length;
            this. width = width;
        }

        public double calculateArea() {
            return length * width;
        }
    }

public class Main {
    public static void main(String[] args){
        Shape shape1 = new Circle(5. 0);                //实例化圆形对象
        Shape shape2 = new Rectangle(3. 0, 4. 0);       //实例化矩形对象
        System. out. println("圆形的面积: " + shape1. calculateArea());
        System. out. println("矩形的面积: " + shape2. calculateArea());
    }
}
```

程序运行结果：

```
圆形的面积: 78. 53981633974483
矩形的面积: 12. 0
```

在上述代码中，Shape 类是抽象类，定义了 calculateArea( ) 方法，但没有具体的实现。Circle 和 Rectangle 是 Shape 类的子类，它们分别实现了自己的 calculateArea( ) 方法。

```
Shape shape1 = new Circle(5. 0);                //实例化圆形对象
Shape shape2 = new Rectangle(3. 0, 4. 0);       //实例化矩形对象
```

```
System. out. println("圆形的面积: " + shape1. calculateArea());
System. out. println("矩形的面积: " + shape2. calculateArea());
```

在 Main 类的 main( ) 方法中，实例化了一个圆形对象 Circle(5.0) 和一个矩形对象 Rectangle(3.0,4.0)，并将它们赋值给 Shape 类型的变量。这里就体现了对象的多态性，尽管 shape1 和 shape2 的具体类型分别是 Circle 和 Rectangle，但它们都可以被赋值给 Shape 类型的变量，因为它们是 Shape 类的子类。通过对象的多态性，可以使用统一的接口（即 Shape 类）来操作不同的对象。

在最后两行代码中，通过调用 calculateArea( ) 方法计算了圆形和矩形的面积。由于 shape1 和 shape2 都是 Shape 类型的变量，编译器会根据实际对象的类型来调用对应的 calculateArea( ) 方法，即使在编写代码时并不知道具体对象的类型。

对象的多态性是指同一类型的对象，在不同的情况下可以表现出不同的形态或行为。对象的多态性在程序中的应用有以下几个方面特点。

（1）提供了一种统一的接口，以处理不同类型的对象，增加了代码的灵活性和可扩展性。

（2）可以使用父类或接口类型的变量来引用子类的对象，使代码更加通用和可读。

（3）可以通过继承和重写方法，让子类根据自己的特点来实现父类的抽象方法，从而实现不同对象的个性化行为。

（4）在集合类和泛型中，可以存储和操作不同类型的对象，提高了代码的复用性和可维护性。

（5）通过使用对象的多态性，可以编写更灵活、可扩展和可维护的代码，提高程序的可读性和可复用性。

【任务要求】

创建接口文件和类文件，实现计算矩形面积和圆面积的功能。

（1）创建一个接口 Shape，其中包含一个抽象方法 getArea( )，用于获取形状的面积。

（2）创建两个类 Rectangle 和 Circle，分别实现 Shape 接口，其中 Rectangle 类表示矩形，Circle 类表示圆形。

（3）在 Rectangle 类中，定义私有属性 width 和 height，并实现构造方法用于初始化矩形的宽和高。同时实现 getArea( ) 方法用于计算矩形的面积。

（4）在 Circle 类中，定义私有属性 radius，并实现构造方法用于初始化圆形的半径，同时实现 getArea( ) 方法用于计算圆形的面积。

（5）在主类 main 中，通过创建 Rectangle 和 Circle 对象，调用它们的 getArea( ) 方法，并输出相应的面积值。

程序运行的结果为：

```
矩形的宽:5.0
矩形的高:3.0
矩形的面积:15.0
圆形的半径:4.0
圆形的面积:50.27
```

【任务实施】

（1）在项目中，执行"New"→"Interface"，如图 4-4 所示。

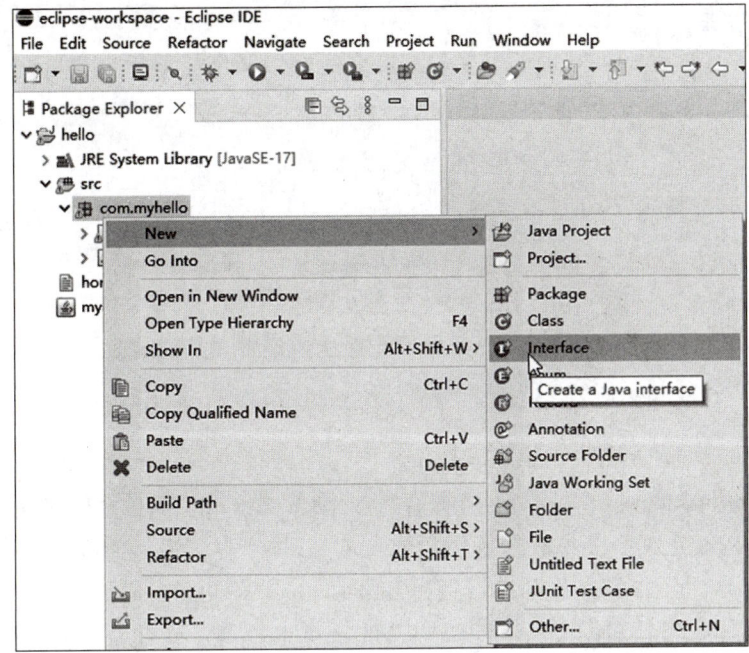

图 4-4   执行"New"→"Interface"

（2）创建 Shape. java 文件，输入代码，定义一个接口名为 Shape。该接口只包含一个抽象方法 getArea( )，用于获取形状的面积，如图 4-5 所示。

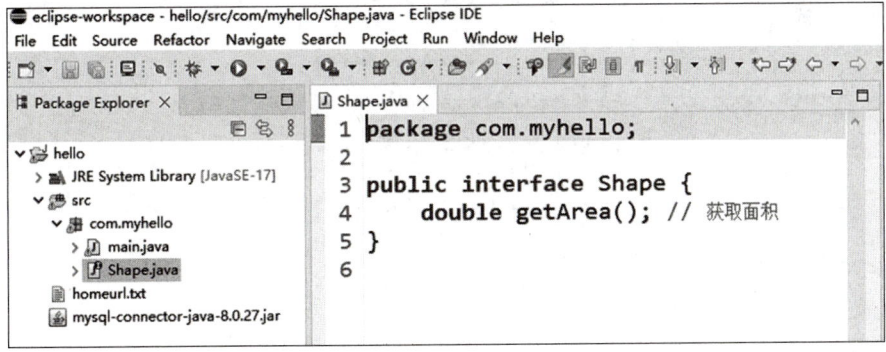

图 4-5   输入代码，定义一个接口名为 Shape

（3）Shape. java 文件代码。

```java
package com. myhello;

public interface Shape {
    double getArea();      //获取面积
}
```

（4）执行"New"→"Class"，如图 4-6 所示。

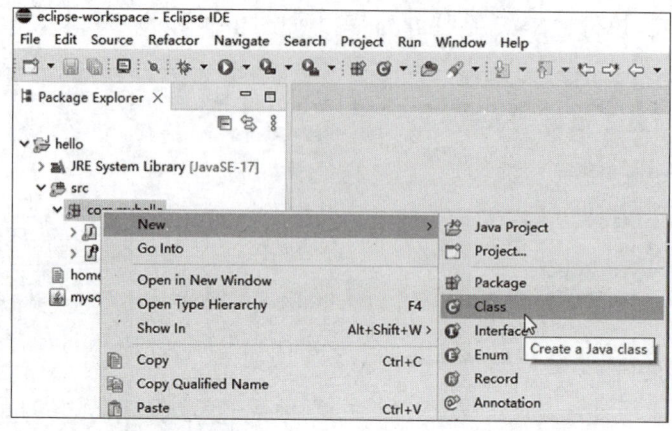

图 4-6　执行"New"→"Class"

（5）新建 main. java 文件，创建 Rectangle 类，用关键字 implements 指定该类实现 Shape 接口。用 private double width 定义一个私有的实例变量 width，用于存储矩形的宽度。用 private double height 定义一个私有的实例变量 height，用于存储矩形的高度。构造函数 public Rectangle（double width,double height），通过 this. width ＝ width 和 this. height ＝ height 将传入 的参数赋值给实例变量，输出语句打印矩形的宽度和高度。@Override 重写 public double getArea（），用 return width ＊ height 计算并返回矩形的面积，如图 4-7 所示。

```
1  package com.myhello;
2  import java.text.DecimalFormat;
3
4  // 定义矩形类,实现形状接口
5  class Rectangle implements Shape {
6      private double width;
7      private double height;
8
9      public Rectangle(double width, double height) {
10         this.width = width;
11         this.height = height;
12         System.out.println("矩形的宽:" + width+"矩形的高:" + height);
13     }
14
15     @Override
16     public double getArea() {
17         return width * height;
18     }
19 }
```

图 4-7　新建 main. java 文件

（6）定义一个 Circle 类，用关键字 implements 指定该类实现 Shape 接口。用 private double radius 定义一个私有的实例变量 radius，用于存储圆形的半径。输入 public Circle （double radius）构造函数，用于创建 Circle 对象。构造函数带有一个参数，即圆形的半径。 在构造函数中，通过 this. radius ＝ radius 将传入的参数赋值给实例变量。用 System. out. println （"圆形的半径:" ＋ radius）输出打印圆形的半径。用@Override 重写 public double getArea（），

实现 Shape 接口中的抽象方法 getArea( )，实现计算圆面积的功能。在计算过程中，使用
Math. PI 乘以半径的平方得到圆形的面积，并使用 DecimalFormat 对象将面积格式化为保留
小数点后两位的字符串。最后，将格式化后的字符串转换为 double 类型并返回圆形的面积，
如图 4-8 所示。

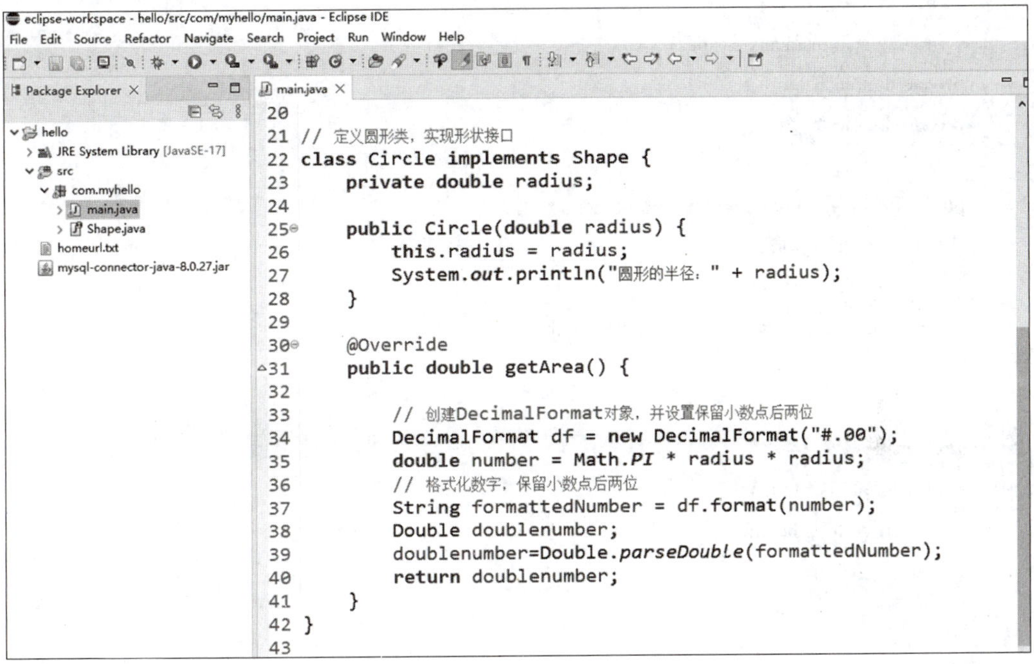

图 4-8　定义一个 Circle 类

（7）定义一个公共类 main，作为程序的入口点。输入 Shape rectangle = new Rectangle
（5,3）创建一个 Shape 类型的实例 rectangle，计算长为 5、宽为 3 的矩形面积。输入 Shape
circle = new Circle(4)；创建一个 Shape 类型的实例 circle 引用变量 circle，计算半径为 4 的
圆的面积。通过创建不同的形状对象并调用它们的公共方法来计算并打印出它们的面积，如
图 4-9 所示。

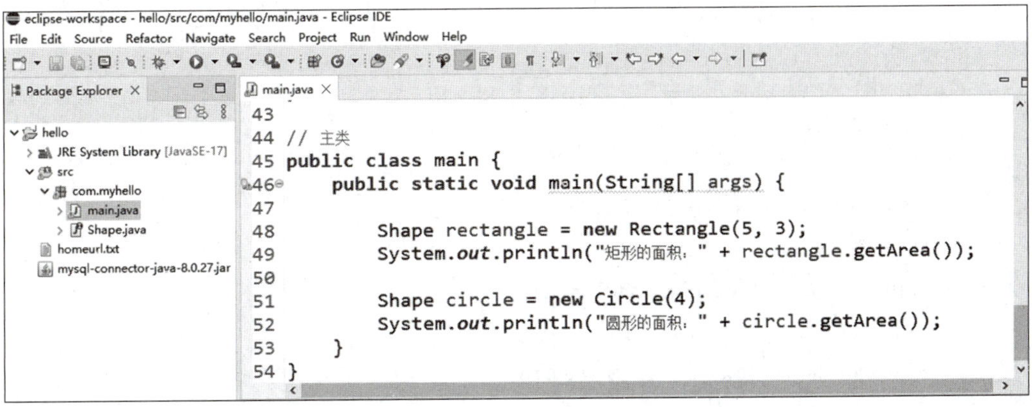

图 4-9　定义一个公共类 main

（8）main. java 文件代码。

```java
package com. myhello;
import java. text. DecimalFormat;

//定义矩形类,实现形状接口
class Rectangle implements Shape {
    private double width;
    private double height;

    public Rectangle(double width, double height) {
        this. width = width;
        this. height = height;
        System. out. println("矩形的宽:" + width+"矩形的高:" + height);
    }

    @Override
    public double getArea() {
        return width * height;
    }
}

//定义圆形类,实现形状接口
class Circle implements Shape {
    private double radius;

    public Circle(double radius) {
        this. radius = radius;
        System. out. println("圆形的半径:" + radius);
    }

    @Override
    public double getArea() {

        //创建 DecimalFormat 对象,并设置保留小数点后两位
        DecimalFormatdf = new DecimalFormat("#. 00");
        double number = Math. PI * radius * radius;
        //格式化数字,保留小数点后两位
        StringformattedNumber = df. format(number);
        Doubledoublenumber;
        doublenumber=Double. parseDouble(formattedNumber);
```

```
            return doublenumber;
        }
    }


//主类
public class main {
    public static void main(String[] args) {

        Shaperectangle = new Rectangle(5, 3);
        System. out. println("矩形的面积:" + rectangle. getArea());

        Shapecircle = new Circle(4);
        System. out. println("圆形的面积:" + circle. getArea());
    }
}
```

任务 3　四则计算

4.3　包

4.3.1　包的概念和声明

在 Java 中，包（Package）是用来组织类和接口的一种机制。它提供了一种将相关的类和接口组织在一起的方式，可以避免命名冲突，并且有助于对代码进行模块化管理。

- 包的声明

在 Java 源文件的开头，可以使用 package 关键字声明一个包。

例如：在 Shape. java 文件中，用 package com. myhello；声明一个包，如图 4-10 所示。

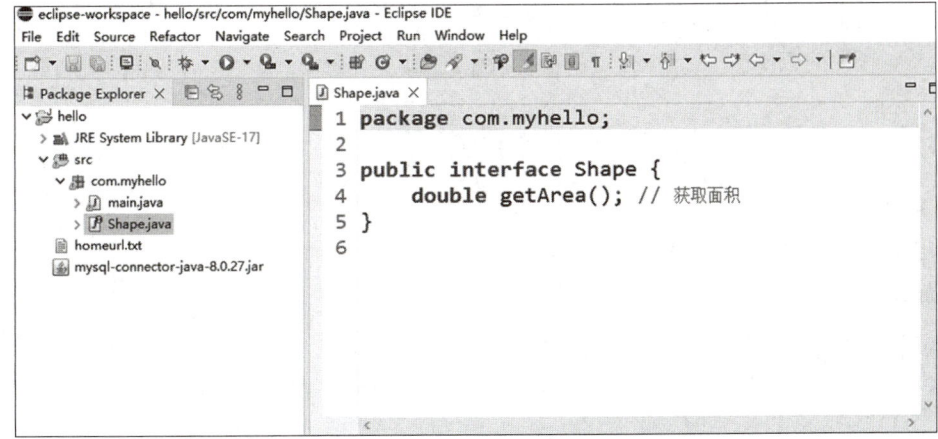

图 4-10　用 package com. myhello；声明一个包

在 Package Explorer 窗口中，可以看到包在项目资源中的结构，包 com. myhello 位于 src 目录下，并在包内保存着 Java 文件，如图 4-11 所示。

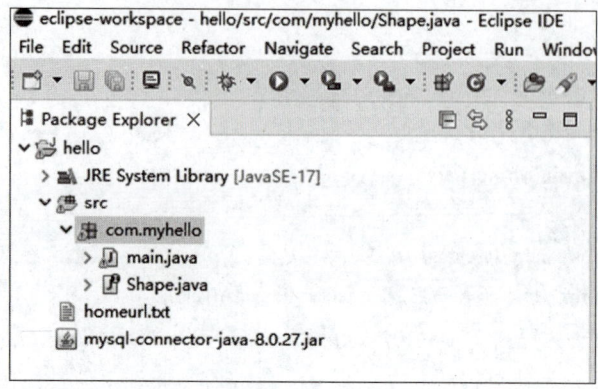

图 4-11　Package Explorer 窗口

- 包的目录结构

Java 包通常与文件系统中的目录结构一一对应。例如，com. myhello 包的类文件通常存放在 com/myhello 目录下，打开项目的资源管理器视图，就可以了解到包与目录结构一样，即 com 是一个目录，而 myhello 是 com 目录下的一个子目录，如图 4-12 所示。

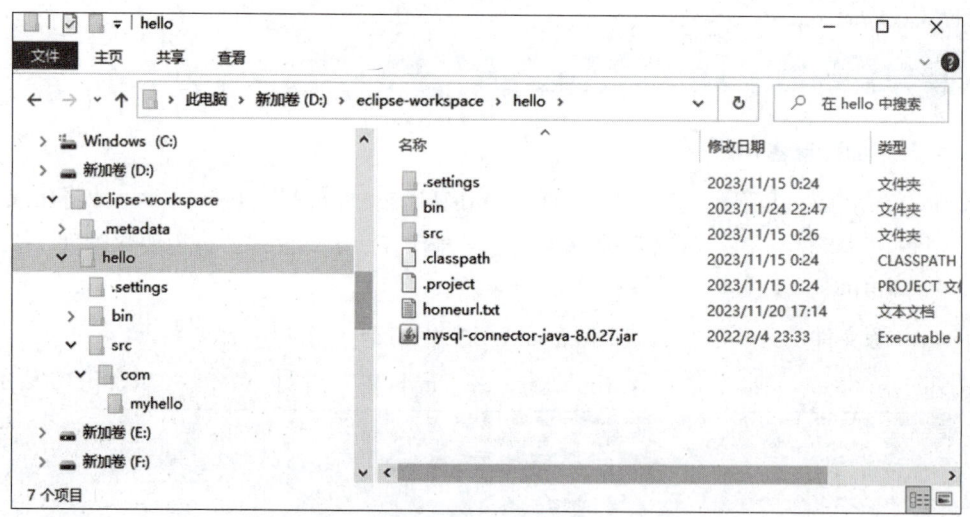

图 4-12　myhello 是 com 目录下的一个子目录

- 包的导入

使用 import 关键字可以导入其他包中的类，以便在当前类中使用。

例如：

```
import java. util. List;
```

- 默认包

如果没有显式地声明包，那么类就属于默认包。不推荐在实际开发中使用默认包。

　　● 包的命名规范

包名通常使用小写字母，多个单词之间可以用 . 分隔。常见的包名约定有 com. example、org. example、net. example 等。

　　例:

```
package com. example. myhello;
```

package 关键字后面跟着包名。声明了包之后，该源文件中定义的类和接口将被放置在这个包中。

　　● 使用包的好处

① 避免命名冲突，可以使用独特的包名来组织类和接口，避免命名冲突。

② 模块化管理，可以将相关的类和接口组织在一起，使代码更易于维护和管理。

③ 访问控制，可以通过包级访问控制来限制类和接口的可见性。

④ 代码重用，可以使用其他包中的类和接口来实现代码的重用。

总的来说，包是 Java 中用于组织和管理类与接口的一种重要机制，它有助于提高代码的可维护性、可读性和复用性。

4.3.2　系统常见包

Java 语言中有许多常见的系统包，这些包提供了各种功能和工具类，可以帮助开发人员更方便地进行开发。

一些常见的系统包:

● java. lang

这是 Java 语言的核心包，它包含了 Java 的基本类和基本类型的包装类，例如 String、Integer、Object 等。此包中的类无须导入即可直接使用。

● java. util

这个包提供了一些实用的工具类，如集合框架（List、Set、Map 等）、日期和时间处理类、随机数生成器、输入输出工具类（Scanner、Formatter 等）等。

● java. io

这个包提供了用于处理输入/输出的类和接口，如文件读写、流操作、对象序列化等。

● java. net

这个包提供了进行网络编程的类和接口，如 URL、URLConnection、Socket、ServerSocket 等。

● java. awt 和 javax. swing

这两个包提供了用于创建图形用户界面（GUI）的类和接口，如窗口、按钮、文本框、菜单等。

● java. sql

这个包提供了与数据库交互的类和接口，如数据库连接、执行 SQL 语句、处理结果集等。

● java. nio

这个包提供了基于缓冲区的 I/O 操作，以及非阻塞 I/O 等高级 I/O 特性。

● java. security

这个包提供了一些与安全相关的类和接口，如加密、数字签名、密钥管理等。

除上述常见的系统包外，Java 还有许多其他的系统包，用于处理各种不同的功能和领域。开发人员可以根据自己的需求选择适合的系统包来进行开发。需要注意的是，有些系统包可能需要通过 import 语句导入才能使用。

4.3.3 访问控制权限

在 Java 语言中，访问控制权限通过关键字 public、protected、default（包级访问控制）和 private 来实现。这些访问控制权限用于限制类、接口、方法和字段的访问范围，确保代码的安全性和封装性。

下面是这些访问控制权限关键字的详细说明。

● public

使用 public 修饰的类、接口、方法或字段可以被任何其他类访问。即使在不同包中，只要类是公有的，就可以访问它。

public 是最高级别的访问权限，被声明为 public 的类、接口、成员变量和方法可以被任何其他类访问。

例：

```
public class MyClass {
    public int age;     //使用 public 关键字修饰成员

    public void publicMethod() {
        //公共方法的实现
    }
}
```

● protected

使用 protected 修饰的方法和字段对于同一包内的类和所有子类可见。如果子类在不同的包中，那么在子类中只能访问其继承的 protected 成员。

protected 访问权限允许子类访问父类中被声明为 protected 的成员及同一个包中的其他类访问。在不同包中的非子类无法访问 protected 成员。

例：

```
public class MyClass {
    protected int age;   //使用 protected 关键字修饰成员

    protected void protectedMethod() {
        //受保护方法的实现
    }
}
```

- default （包级访问控制）

如果没有指定任何访问控制权限，则默认为包级访问控制。即同一包内的类可以相互访问其包级访问控制成员，但是在不同包中的类则无法访问。

如果没有使用 public、private 或 protected 关键字修饰成员，那么它就具有包级访问控制权限。只有同一个包中的类才能访问该成员。

例：

```
class MyClass {
    int age;   //没有使用 public、private 或 protected 关键字修饰成员

    void defaultMethod() {
        //默认访问方法的实现
    }
}
```

- private

使用 private 修饰的方法和字段只能在声明它们的类内部访问，其他类无法访问这些私有成员。

private 是最低级别的访问权限，被声明为 private 的类、接口、成员变量和方法只能在声明它们的类内部访问，其他类无法直接访问。

例：

```
public class MyClass {
    private int age;   //使用 private 关键字修饰成员

    private void privateMethod() {
        //私有方法的实现
    }
}
```

这些访问控制权限关键字能够帮助开发者控制代码的可见性，提高代码的安全性和封装性。正确地使用这些访问控制权限关键字可以有效地组织和管理代码，降低代码耦合度，增强代码的可维护性和可扩展性。代码耦合度是指软件系统中各个模块、类、方法之间的依赖程度或相互关联程度。

【任务要求】

实现一个简单的计算器程序，用户可以输入两个数字和一个运算符（+、-、*、/），程序会根据输入的运算符对两个数字进行相应的四则运算，并输出结果。

（1）导入必要的包：

```
importjava. util. Scanner;
```

（2）创建 Scanner 对象：

```
Scanner scanner = new Scanner(System. in);
```

（3）显示提示信息。

例如：提示用户输入第一个数字。

```
System. out. println("请输入两个数,然后进行四则运算。\n 请输入第一个数字:");
```

（4）获取用户输入的第一个数字：

```
double num1 = scanner. nextDouble();
```

（5）提示用户输入运算符：

```
System. out. println("请输入运算符(+、-、* √) :");
```

（6）获取用户输入的运算符：

```
char operator = scanner. next(). charAt(0);
```

（7）提示用户输入第二个数字：

```
System. out. println("请输入第二个数字:");
```

（8）获取用户输入的第二个数字：

```
double num2 = scanner. nextDouble();
```

（9）根据输入的运算符进行相应的计算。

如果运算符是+，执行加法运算并将结果存储到 result 中。

如果运算符是−，执行减法运算并将结果存储到 result 中。

如果运算符是 *，执行乘法运算并将结果存储到 result 中。

如果运算符是/，首先检查第二个数字是否为 0，如果为 0，则输出错误信息并结束程序，否则执行除法运算并将结果存储到 result 中。

如果运算符不是上述四种情况之一，输出错误信息并结束程序。

（10）输出计算结果：

```
System. out. println("结果:" + result);
```

例如，程序运行的结果：

```
请输入两个数,然后进行四则运算。
请输入第一个数字:
12
请输入运算符(+、-、* √) :
+
请输入第二个数字:
12
结果:24.0
```

【任务实施】

（1）在包 com. myhello 中执行 "New" → "Class"，新建 Calculator. java 文件，应用 import java. util. Scanner 导入类，输入代码提示和实现用户输入内容：运算用到的两个数字和运算符，如图 4-13 所示。

```java
package com.myhello;

import java.util.Scanner;

public class Calculator {
    public static void main(String[] args) {
        Scanner scanner = new Scanner(System.in);
        System.out.println("请输入两个数，然后进行四则运算。\n请输入第一个数字：");
        double num1 = scanner.nextDouble();

        System.out.println("请输入运算符（+、-、*、/）：");
        char operator = scanner.next().charAt(0);

        System.out.println("请输入第二个数字：");
        double num2 = scanner.nextDouble();
```

图 4-13　新建 Calculator. java 文件

知识链接

java. util. Scanner 是 Java 标准库中的一个类，用于扫描用户输入的数据。它可以解析基本类型和字符串，并提供了方便的方法来读取用户输入。

- 常见的 Scanner 类方法

next( )：读取下一个以空格分隔的字符串。

nextInt( )：读取下一个整数。

nextDouble( )：读取下一个双精度浮点数。

nextLine( )：读取输入流中的下一行。

hasNext( )：判断输入流是否还有下一个值。

useDelimiter( )：设置分隔符。

- 创建一个 Scanner 对象

使用 Scanner 类需要先创建一个 Scanner 对象，并指定要读取数据的输入流，例如，从控制台读取用户的输入：

Scanner scanner = new Scanner(System. in);

然后就可以使用 Scanner 对象的方法来读取用户输入的数据了。例如：

```
int num = scanner. nextInt();
String str = scanner. next();
double d = scanner. nextDouble();
```

读取完数据后，调用 Scanner 对象的 close( ) 方法来释放资源。例如：

```
scanner. close();
```

（2）使用 Switch 语句实现在不同的运算符情况下执行相应的运算，如图 4-14 所示。

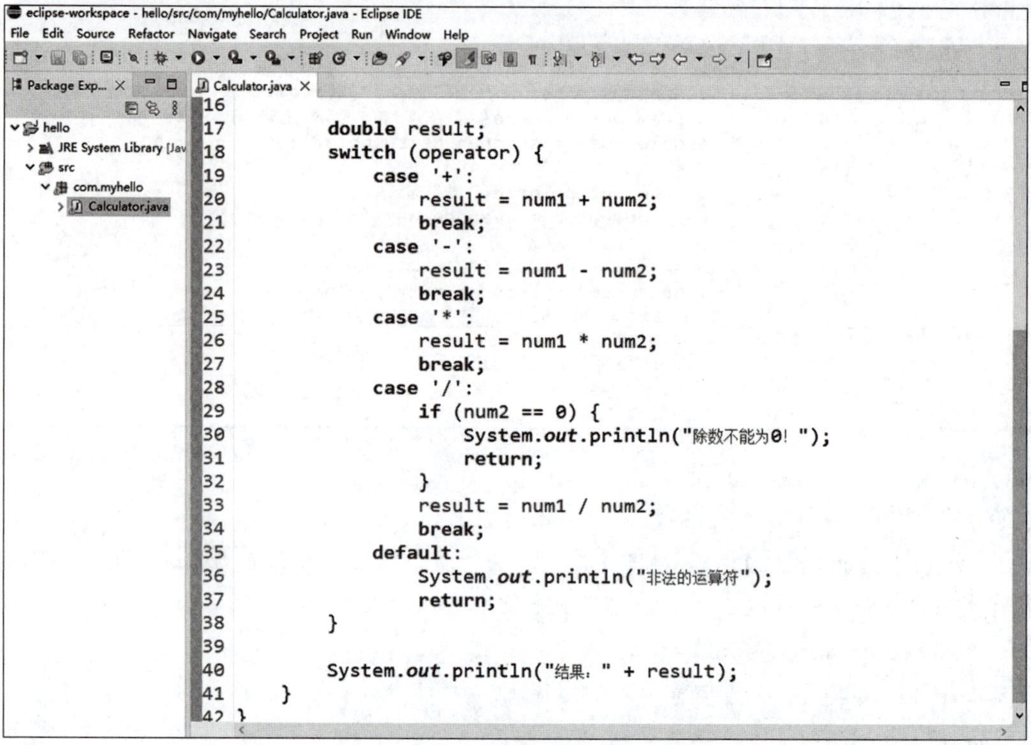

图 4-14　使用 Switch 语句

参考代码：

```
package com. myhello;

import java. util. Scanner;

public class Calculator {
    public static void main(String[] args) {
        Scannerscanner = new Scanner(System. in);
        System. out. println("请输入两个数,然后进行四则运算。\n 请输入第一个数字:");
        double num1 = scanner. nextDouble();
```

```
System. out. println("请输入运算符(+、-、* 、/) :");
char operator = scanner.next(). charAt(0);

System. out. println("请输入第二个数字:");
double num2 = scanner.nextDouble();

double result;
switch(operator) {
    case '+':
        result = num1 + num2;
        break;
    case '-':
        result = num1- num2;
        break;
    case '*':
        result = num1 * num2;
        break;
    case '/':
        if (num2 == 0) {
            System. out. println("除数不能为 0!");
            return;
        }
        result = num1/num2;
        break;
    default:
        System. out. println("非法的运算符");
        return;
}

System. out. println("结果:" + result);
    }
}
```

【习题】

1. Animal 类有一个属性 name 和一个方法 eat( )，Cat 类继承了 Animal 类，并添加了自己的属性 age 和方法 meow( )。以下语句正确的是（　　　）。

A. Animal animal = new Cat("小猫", 2);　　B. Cat cat = new Animal("动物");

C. animal. eat( ) ;　　　　　　　　　　　　D. cat. meow( ) ;

2. 在 Java 中，继承是一种面向对象编程的基本概念，以下关于继承的说法，正确的是（　　）。

A. 子类可以继承父类的属性和方法　　　　B. 子类可以重写父类的方法

C. 一个类可以同时继承多个父类　　　　D. 子类和父类之间形成了一种继承关系

3. 在子类对象实例化过程中，会先调用父类的构造函数进行初始化，然后调用子类的构造函数进行特定的初始化操作。以下说法正确的是（　　）。

A. 子类对象实例化时，会继承父类的所有属性和方法

B. 如果父类没有无参构造函数，子类的构造函数必须显式地调用父类的构造函数

C. 子类对象得到的结果既具有父类的属性和方法，也具有子类的特定属性和方法

D. 子类对象实例化时，只会调用子类的构造函数

4. 关于成员变量的隐藏，以下说法正确的是（　　）。

A. 子类和父类拥有同名的成员变量时，子类的成员变量会覆盖父类的成员变量

B. 子类和父类拥有同名的成员变量时，子类的成员变量会隐藏父类的成员变量

C. 子类和父类拥有同名的成员变量时，子类无法访问父类的成员变量

D. 子类和父类拥有同名的成员变量时，父类的成员变量会覆盖子类的成员变量

5. 下面关于方法重写的说法中，正确的是（　　）。

A. 方法重写是指子类在继承父类方法的基础上，修改方法的返回类型

B. 方法重写是指子类在继承父类方法的基础上，修改方法的参数列表

C. 方法重写是指子类在继承父类方法的基础上，提供新的实现逻辑

D. 方法重写是指子类在继承父类方法的基础上，删除方法的访问修饰符

6. 在 Java 中，以下关键字可以用于引用父类的成员变量、成员方法和构造方法的是（　　）。

A. this　　　　　　　B. super　　　　　　C. extends　　　　　　D. override

7. 抽象类的主要作用是（　　）。

A. 定义一组相关类的共同特性和行为　　　B. 限制类的实例化

C. 提供具体的方法实现　　　　　　　　D. 声明抽象方法

8. 在 Java 中，抽象类可以包含的成员有（　　）。

A. 成员变量　　　　　B. 成员方法　　　　　C. 构造方法　　　　　D. 静态方法

9. 抽象方法的特点是（　　）。

A. 包含具体的实现代码　　　　　　　　B. 可以被实例化

C. 只有方法声明而没有方法体　　　　　D. 可以被继承

10. 以下关于继承抽象类的描述中，正确的是（　　）。

A. 子类可以继承抽象类中的属性和方法　　B. 子类不需要实现抽象类中的抽象方法

C. 抽象类可以直接实例化　　　　　　　D. 子类可以同时继承多个抽象类

项目 5

Java 图形用户界面开发

5.1 Swing 与 AWT 包

5.1.1 GUI 概述

Java 的 GUI（图形用户界面）是通过 Java 提供的图形库和工具包来创建窗口、按钮、文本框、标签等可视化组件，以及处理用户输入和事件的编程技术。

- 窗口

在计算机图形用户界面（GUI）中，窗口是指一个可以包含其他 GUI 组件（如按钮、标签、文本框等）的矩形区域。通常，窗口具有标题栏、菜单栏、工具栏和状态栏等部分，用于显示窗口的标题、菜单、工具、状态等信息。

通过窗口，用户可以与程序进行交互，例如输入数据、执行命令、查看结果等。窗口允许用户在同一时间内访问多个程序，并在这些程序之间切换。它们也可以被调整大小、最小化、最大化和关闭。

在 Java 语言中，窗口是用 JFrame 类来表示的。通过对 JFrame 类的继承和使用，程序员可以创建并控制图形用户界面的窗口。

例：使用 Swing 创建简单的窗口。

```
package com. myhello;

import javax. swing. *;

public class MyWindow extends JFrame {    //通过对 JFrame 类的继承创建窗口
    public MyWindow() {
        //设置窗口的标题为"窗体视图"
        setTitle("窗体视图");

        //设置窗口大小为宽 400 像素、高 300 像素
```

```
        setSize(400, 300);
        //设置窗口位置在屏幕中居中显示
        setLocationRelativeTo(null);


        //设置窗口的关闭操作可以退出程序
        setDefaultCloseOperation(JFrame. EXIT_ON_CLOSE);


        //设置窗口在屏幕中显示
        setVisible(true);
    }


    public static void main(String[] args) {
        new MyWindow();
    }
}
```

程序运行的结果如图 5-1 所示。

图 5-1　程序运行的结果

程序功能说明：

当运行该程序时，将会弹出一个标题为"窗体视图"的窗口，大小为宽 400 像素、高 300 像素，并显示在屏幕中央。关闭窗口时，程序也会随之退出。

（1）创建一个名为 MyWindow 的类，该类继承了 JFrame 类，表示创建一个新的窗口。

（2）在 MyWindow 类的构造函数中，设置窗口的标题为"窗体视图"。

（3）窗口大小为宽 400 像素、高 300 像素，位置在屏幕中居中显示。

（4）关闭窗口时可以退出程序。

● 按钮

按钮是图形用户界面（GUI）中常见的交互式组件，通常用于触发特定操作或响应用户的单击事件。在大多数 GUI 工具包中，按钮通常被表示为一种可供用户单击的可视化元素，它们可以显示文本、图标或两者兼有。当用户单击按钮时，该按钮会触发预先定义的操作或事件处理程序。

在 Java 语言中，Swing 库提供了 JButton 类来表示按钮。通过创建 JButton 对象，设置按钮的标签、图标、大小、位置和添加事件监听器，程序员可以轻松地在图形用户界面中添加按钮并定义按钮的行为。

例：使用 Swing 创建简单的窗口。

```java
package com. myhello;

import javax. swing. * ;

public class MyWindow extends JFrame {
    public MyWindow() {
        //设置窗口的标题为"窗体视图"
        setTitle("窗体视图");

        //设置窗口大小为宽 400 像素、高 300 像素
        setSize(400, 300);

        //设置窗口在屏幕中居中显示
        setLocationRelativeTo(null);

        //设置窗口的关闭操作可以退出程序
        setDefaultCloseOperation(JFrame. EXIT_ON_CLOSE);

        //创建一个新的面板
        JPanelpanel = new JPanel();

        //创建五个按钮
        JButtonbutton1 = new JButton("确定");
        JButtonbutton2 = new JButton("取消");
        JButtonbutton3 = new JButton("登录");
        JButtonbutton4 = new JButton("注册");
        JButtonbutton5 = new JButton("退出");

        //将按钮添加到面板中
        panel. add(button1);
        panel. add(button2);
        panel. add(button3);
        panel. add(button4);
        panel. add(button5);
```

```
        //将面板添加到窗口中
        add(panel);

        //设置窗口在屏幕中显示
        setVisible(true);
    }

    public static void main(String[] args) {
        new MyWindow();
    }
}
```

程序运行的结果如图 5-2 所示。

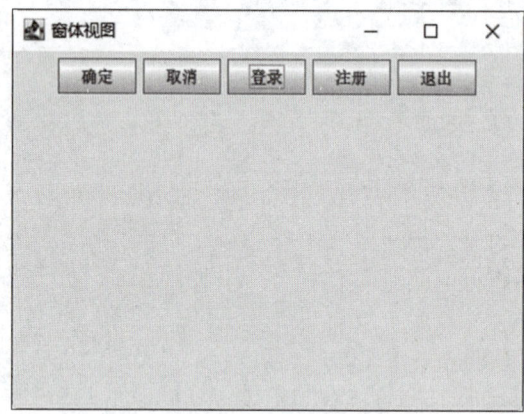

图 5-2　程序运行的结果

程序功能说明：

使用了 JButton 类来创建名为"确定""取消""登录""注册"和"退出"的五个按钮，并将它们添加到窗口中。这些按钮可以用于触发各种操作，如确认表单输入、取消操作、用户登录等。

5.1.2　Swing 与 AWT 包

Swing 和 AWT（Abstract Window Toolkit）都是 Java 平台提供的用于创建图形用户界面（GUI）的工具包，它们提供了一系列的组件和类，用于构建和管理 GUI 应用程序。

1. AWT 包

AWT 是 Java 最早的图形库，提供了一套基本的图形界面组件，它是直接使用本地操作系统的图形函数来绘制界面的。Swing 是在 AWT 的基础上开发的，提供了更丰富的组件，而且完全由 Java 实现，不依赖于本地操作系统的图形函数，因此具有更好的跨平台性能。

AWT 是 Java 语言的原生窗口工具包，它提供了一组用于创建和操作窗口、按钮、文本框、标签等 GUI 组件的类和接口。AWT 被设计为与操作系统的本地窗口机制紧密结合，因此它可以在各种平台上提供相同的外观和感觉。

Java AWT 提供了一些基本组件，如 Button（按钮）、TextField（文本框）、Label（标签）、Checkbox（复选框）、Choice（下拉列表框）等，同时也提供了一些容器组件，如 Panel（面板）、Frame（窗口）、Dialog（对话框）等，用于将基本组件组合成更为复杂的用户界面。

AWT 中的图形组件都定义在 java.awt 包中，其中最重要的类是 Component 类，它是所有 AWT 组件的基类。除了 Component 类，AWT 还提供了许多布局管理器（LayoutManager），用于控制窗口或面板中组件的排列方式和大小调整。

2. Swing 包

Swing 是在 AWT 之上构建的一套更加丰富和灵活的 GUI 工具包，提供了更多的组件和功能，如表格、树、标签页等。

Swing 组件是纯 Java 实现的，不依赖于底层平台的 GUI 组件，因此在不同平台上拥有统一的外观和行为。

Swing 提供了更多的定制和扩展能力，支持更丰富的外观风格和主题，并且可以通过继承和定制轻松创建自定义组件。

Swing 也提供了更强大的事件处理机制和布局管理器，使开发者能够更灵活地处理用户输入和设计界面布局。

3. Swing 和 AWT 的用途

Swing 和 AWT 是 Java 中用于创建图形用户界面（GUI）的两种不同的工具包，它们可以用于实现各种类型的应用程序。

- 桌面应用程序

Swing 和 AWT 可以用于创建各种桌面应用程序，如常见的文本编辑器、图形绘制工具、办公套件、生产信息管理软件等。

- 游戏

通过 Swing 和 AWT，可以创建简单的 2D 游戏，例如扑克游戏、迷宫游戏等。过于大型复杂的游戏来说，建议采用更新的开发框架，以提高开发的效率。

- 数据可视化工具

Swing 和 AWT 可以用于创建数据报表、图表、统计图等数据可视化工具，实现常见的数据展示功能。

- 其他软件

Swing 和 AWT 还可以开发科学模拟、语言学习、文件管理、媒体播放等软件。

总的来说，Swing 和 AWT 可以用于开发各种类型的桌面应用程序，尤其在需要简单的用户界面和跨平台兼容性时，它们是非常有用的工具包。然而，对于更复杂、功能更丰富的应用程序，可能需要考虑使用其他 GUI 工具包或跨平台框架，以满足更高的要求。

5.1.3　Swing 顶级容器

在 Swing 中，顶级容器是用于承载 GUI 组件的最高级别的容器。它们是应用程序的主窗口，并提供了框架和布局来组织与管理其他组件。

Swing 提供了几种不同的顶级容器。

1. JFrame

JFrame 是 Swing 中最常用的顶级容器，它表示一个可以调整大小和关闭的窗口。

JFrame 提供了标题栏、边框、菜单栏等标准窗口功能，并通过内容面板（ContentPane）来承载其他组件。

例：用 JFrame 创建一个窗口，并在居中位置显示一行文本。

程序代码：

```
package com. myhello;

import javax. swing. JFrame;
import javax. swing. JLabel;
import java. awt. BorderLayout;

public class MyWindow {
    public static void main(String[] args) {
        //创建一个新的窗体对象
        JFrameframe = new JFrame("窗体视图");

        //创建包含文本信息的 JLabel 对象
        JLabellabel = new JLabel("使用 JFrame 创建窗体");

        //将标签添加到窗体的内容面板中
        frame. add(label, BorderLayout. CENTER);

        //设置窗体的大小为宽 400 像素、高 300 像素
        frame. setSize(400, 300);

        //设置窗体居中显示
        frame. setLocationRelativeTo(null);

        //设置窗体的关闭操作为退出程序
        frame. setDefaultCloseOperation(JFrame. EXIT_ON_CLOSE);

        //显示窗体
        frame. setVisible(true);
    }
}
```

程序运行的结果如图 5-3 所示。

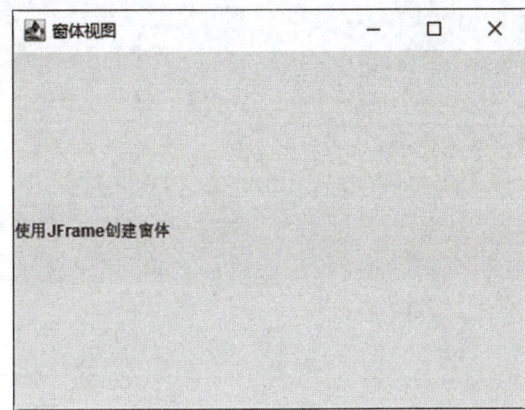

图 5-3　程序运行的结果

2. JDialog

JDialog 是一个对话框窗口，通常用于显示临时性的消息、输入或选择。

JDialog 可以作为模态对话框（Modal Dialog）显示，阻塞用户与其他窗口的交互，直到对话框关闭。

JDialog 也可以作为非模态对话框（Non-Modal Dialog）显示，允许用户与其他窗口同时进行交互。

程序代码：

```
package com. myhello;

import javax. swing. JDialog;
import javax. swing. JLabel;
import java. awt. BorderLayout;

public class MyWindow {
    public static void main(String[] args) {
        //创建一个新的窗体对象
        JDialogdialog = new JDialog();

        //创建包含文本信息的 JLabel 对象
        JLabellabel = new JLabel("这是一个使用 JDialog 创建的对话框");

        //将标签添加到对话框的内容面板中
        dialog. add(label, BorderLayout. CENTER);

        //设置对话框的大小为宽 400 像素、高 300 像素
        dialog. setSize(400, 300);
```

```
        //设置对话框居中显示
        dialog. setLocationRelativeTo(null);

        //设置对话框的关闭操作为隐藏
        dialog. setDefaultCloseOperation(JDialog. HIDE_ON_CLOSE);

        //显示对话框
        dialog. setVisible(true);
    }
}
```

程序运行的结果如图 5-4 所示。

图 5-4　程序运行的结果

3. JInternalFrame

JInternalFrame 是 Java Swing 中的一个组件，用于在桌面应用程序的内部创建独立的、可嵌入的窗口。它是一个轻量级容器，可以在 JDesktopPane 中添加多个 JInternalFrame 对象，实现多窗口操作。

JInternalFrame 的常用方法包括 setTitle(String title)、setClosable(boolean b) 等。

setTitle(String title)：设置 JInternalFrame 的标题。

setClosable(boolean b)：设置是否可关闭。

setMaximizable(boolean b)：设置是否可最大化。

setIconifiable(boolean b)：设置是否可图标化。

setResizable(boolean b)：设置是否可调整大小。

setSize(int width, int height)：设置 JInternalFrame 的大小。

setLocation(int x, int y)：设置 JInternalFrame 的位置。

setVisible(boolean b)：设置 JInternalFrame 是否可见。

getContentPane( )：获取 JInternalFrame 的内容面板。

dispose( )：释放 JInternalFrame 及其所有资源。

JInternalFrame 必须添加到 JDesktopPane 中才能显示出来，可以使用 JDesktopPane 的 add（JInternalFrame frame）方法将 JInternalFrame 添加到容器中。

JInternalFrame 可以实现在 JDesktopPane 中显示内部窗口。

JInternalFrame 常用于创建多文档界面（MDI）应用程序，允许用户同时打开多个子窗口。

JInternalFrame 提供了拖曳、最大化、最小化等窗口行为，并可以通过内部容器添加其他组件。

这些顶级容器都继承自 java. awt. Container 类，并提供了各自特定的功能和界面元素。开发者可以根据具体需求选择适当的顶级容器，并使用布局管理器和组件来构建和设计 GUI 应用程序的界面。

程序代码：

```java
package com. myhello;
import javax. swing. JFrame;
import javax. swing. JDesktopPane;
import javax. swing. JInternalFrame;
import javax. swing. JLabel;

public class MyWindow {
    public static void main(String[] args) {
        //创建一个新的框架对象
        JFrameframe = new JFrame("主窗体");

        //创建一个新的桌面面板对象
        JDesktopPanedesktopPane = new JDesktopPane();

        //创建一个新的内部窗体对象
        JInternalFrameinternalFrame = new JInternalFrame(
            "内部窗体",
            true,
            true,
            true,
            true
        );

        //创建一个新的标签对象
        JLabellabel = new JLabel("这是一个内部子窗体");

        //将标签添加到内部窗体的内容面板中
        internalFrame. getContentPane(). add(label);
```

```
//将内部窗体添加到桌面面板中
desktopPane. add(internalFrame);

//设置内部窗体的大小和位置
internalFrame. setSize(200, 200);
internalFrame. setLocation(50, 50);

//显示内部窗体
internalFrame. setVisible(true);

//将桌面面板添加到主窗体中
frame. getContentPane(). add(desktopPane);

//设置主窗体的大小和关闭操作
frame. setSize(400, 300);
frame. setDefaultCloseOperation(JFrame. EXIT_ON_CLOSE);

//显示主窗体
frame. setVisible(true);
    }
}
```

程序运行的结果如图 5-5 所示。

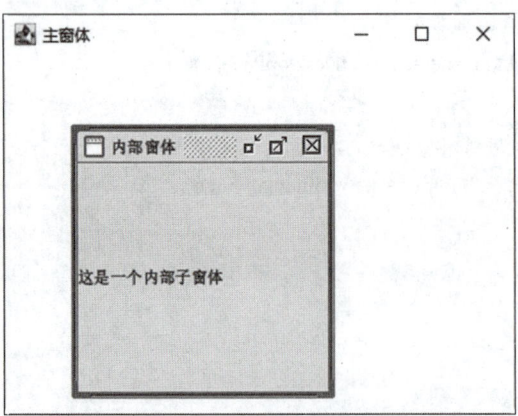

图 5-5　程序运行的结果

【任务要求】

编写程序创建一个简单的窗口，其中包含一个标签和一个按钮。当单击按钮时，会弹出一个对话框显示一条消息，如图 5-6 所示。

（1）创建一个名为"对话框显示"的窗口。

（2）创建标签，显示"请单击右侧的按钮"。

（3）创建"打开对话框"按钮，按钮单击事件中显示对话框，对话框内显示"单击了'打开对话框'打开按钮"，如图 5-6 所示。

图 5-6 对话框

【任务实施】

（1）在包 com. myhello 中执行"New"→"Class"，新建 mywin. java 文件。输入代码，实现窗口创建和文字显示，如图 5-7 所示。

```
  9  import javax.swing.JTextField;
 10  import java.awt.event.ActionEvent;
 11  import java.awt.event.ActionListener;
 12
 13
 14  public class mywin {
 15      public static void main(String[] args) {
 16          // 创建窗口
 17          JFrame frame = new JFrame("对话框显示");
 18
 19          // 创建面板
 20          JPanel panel = new JPanel();
 21
 22          // 创建标签并设置文字
 23          JLabel label = new JLabel("请点击右侧的按钮");
 24          panel.add(label); // 将标签添加到面板
 25
```

图 5-7 新建 mywin. java 文件

（2）输入代码，实现单击事件显示对话框，如图 5-8 所示。

图 5-8 输入代码，实现单击事件显示对话框

参考代码：

```
package com. myhello;

import javax. swing. JButton;
import javax. swing. JFrame;
import javax. swing. JLabel;
import javax. swing. JOptionPane;
import javax. swing. JPanel;
import java. awt. event. ActionEvent;
import java. awt. event. ActionListener;

public class mywin {
    public static void main(String[] args) {
        //创建窗口
        JFrame frame = new JFrame("对话框显示");

        //创建面板
        JPanel panel = new JPanel();

        //创建标签并设置文字
        JLabel label = new JLabel("请单击右侧的按钮");
        panel. add(label);       //将标签添加到面板

        //创建"打开对话框"按钮
        JButton button = new JButton("打开对话框");
        panel. add(button);      //将按钮添加到面板
```

```
            //监听确定按钮单击事件
            button. addActionListener(new ActionListener() {
                @Override
                public void actionPerformed(ActionEvent e) {
                    JOptionPane. showMessageDialog(frame, "单击了'打开对话框'打开按钮");  /*显示
对话框*/
                }
            });

            //将面板添加到窗口
            frame. add(panel);

            //设置窗口属性
            frame. setSize(500, 400);                                    //设置窗口大小
            frame. setDefaultCloseOperation(JFrame. EXIT_ON_CLOSE);       //设置关闭操作
            frame. setVisible(true);                                     //显示窗口
        }
    }
```

任务 2 用户注册界面设计

5.2 Swing 程序设计

5.2.1 Swing 常用组件

Java 的 Swing 库提供了丰富的 GUI 组件,用于创建图形用户界面(GUI)应用程序。常用的 Swing 组件见表 5-1。

表 5-1 Swing 常用组件

组件名称	名称	功能说明
JFrame	顶层窗口容器	用于承载其他 Swing 组件,构成应用程序的主窗口
JPanel	面板容器	用于布局和管理其他组件
JButton	按钮	响应用户的单击事件
JLabel	标签	用于显示文本或图像
JTextField	文本框	用于用户输入单行文本
JTextArea	文本域	用于用户输入多行文本
JCheckBox	复选框	允许用户选择多个选项
JRadioButton	单选按钮	用于从多个选项中选择一个

组件名称	名称	功能说明
JComboBox	下拉列表框	用于从预定义选项中选择一个
JList	列表框	用于显示列表数据，并允许用户进行选择
JScrollPane	滚动面板	用于在界面中包含可滚动的内容
JTable	表格	用于显示二维表格数据
JSeparator	分隔符	用于在界面中添加水平或垂直的分隔线
JMenuBar/JMenu/JMenuItem	菜单相关组件	用于创建菜单栏和菜单项

这些组件可以通过使用布局管理器（如 FlowLayout、BorderLayout、GridLayout 等）进行灵活地布局和组合，从而构建出丰富多彩的 GUI 界面。

例：

程序代码：

```
package com. myhello;

import javax. swing. JButton;
import javax. swing. JFrame;
import javax. swing. JLabel;
import javax. swing. JOptionPane;
import javax. swing. JPanel;
import javax. swing. JTextField;

import java. awt. BorderLayout;
import java. awt. event. ActionEvent;
import java. awt. event. ActionListener;


public class mywin {
    public static void main(String[] args) {
        //创建窗口
        JFrameframe = new JFrame("对话框显示");

        //创建面板
        JPanelpanel = new JPanel();

        JLabellabel = new JLabel("请输入账号名: ");
        //将标签添加到窗体的内容面板中
        frame. add(label, BorderLayout. CENTER);
```

```java
        JTextFieldtextField = new JTextField(20);
        JButtonbutton = new JButton("提交");

        panel. add(label);
        panel. add(textField);
        panel. add(button);
        //监听确定按钮单击事件
        button. addActionListener(new ActionListener() {
            @Override
            public void actionPerformed(ActionEvent e) {
                Stringinput = textField. getText();   //获取文本框输入内容
                if (input. equals("")) {   //判断输入是否为空
                    JOptionPane. showMessageDialog(frame, "输入的账号不能为空");   //显示提示信息
                }else {
                    JOptionPane. showMessageDialog(frame, "已输入的账号:" + input);   //显示已输入的账号信息
                }
            }
        });
        frame. setDefaultCloseOperation(JFrame. EXIT_ON_CLOSE);
        frame. getContentPane(). add(panel);
        frame. pack();
        frame. setLocationRelativeTo(null);
        //将面板添加到窗口
        frame. add(panel);

        //设置窗口属性
        frame. setSize(500, 400);   //设置窗口大小
        frame. setDefaultCloseOperation(JFrame. EXIT_ON_CLOSE);
        //设置关闭操作
        frame. setVisible(true);   //显示窗口
    }

}
```

上面的示例代码创建了一个简单的窗口，包含一个标签、一个文本框和一个按钮。

5.2.2　常用布局管理器

在 Java 的 Swing GUI 编程中，布局管理器用于定义和控制组件在容器中的摆放方式和大小。Java 提供了多种布局管理器，每种布局管理器都有其特定的布局方式，可以根据实际需求选择合适的布局管理器。

常用的 Java 布局管理器包括 FlowLayout、BorderLayout 等。

- FlowLayout

FlowLayout 将组件按照加入的顺序从左到右排列，当一行空间不足时自动换行。其适用于简单的流式布局。

- BorderLayout

BorderLayout 将容器分为五个区域：北、南、东、西和中。每个区域只能包含一个组件，用于创建具有边界限制的布局。

- GridLayout

GridLayout 将组件以网格形式排列，每个单元格大小相等。其适用于创建规则的网格布局。

- GridBagLayout

GridBagLayout 是最灵活的布局管理器，可以精确地控制组件的位置和大小。其适用于复杂的布局需求。

- BoxLayout

BoxLayout 沿着一个方向（水平或垂直）依次排列组件。其可以嵌套使用，以创建复杂的布局。

- CardLayout

CardLayout 用于管理多个组件，并且一次只能显示一个组件，类似于卡片堆叠效果。

- GroupLayout

GroupLayout 是一种强大的布局管理器，用于创建复杂的 GUI 界面，尤其适合与可视化设计器结合使用。

使用布局管理器可以帮助开发者实现灵活而复杂的界面布局，同时也能适应不同平台和窗口大小的变化。通常情况下，可以根据需要组合使用不同的布局管理器来实现复杂的界面布局。

例：使用 GridLayout 布局管理器。

```java
import javax. swing. *;
import java. awt. *;

public class myGridLayout {
    public static void main(String[] args) {
        JFrame frame = new JFrame("窗体标题");
        JPanel panel = new JPanel(new GridLayout(3, 2));
        //创建一个 3 行 2 列的 GridLayout 布局
        panel. add(new JButton("确定"));
        frame. setDefaultCloseOperation(JFrame. EXIT_ON_CLOSE);
        frame. getContentPane(). add(panel);
        frame. pack();
        frame. setVisible(true);
    }
}
```

上面的示例代码创建了一个使用 GridLayout 布局管理器的窗口，包含一个 3 行 2 列的网格。

5.2.3　Swing 常用面板

在 Java 的 Swing GUI 编程中，面板（Panel）是一种轻量级容器，用于组织和管理其他组件。面板可以包含按钮、文本框、标签等各种组件，并通过布局管理器来控制这些组件的摆放方式。Swing 提供了几种常用的面板类，每种面板类都有特定的用途和功能。

常用的 Java Swing 面板包括 JPanel、JScrollPane、JSplitPane 等。

● JPanel

最常见的面板类，用于创建通用的面板容器，可用于包含其他组件并进行布局管理。

● JScrollPane

滚动面板，用于在界面中包含可滚动的内容，例如大型文本区域或表格。

● JSplitPane

分隔面板，用于在界面中创建可拖动的分隔条，并调整两个子面板的大小。

● JTabbedPane

选项卡面板，用于创建具有选项卡切换功能的界面，每个选项卡对应一个面板。

● JLayeredPane

分层面板，用于创建多层次的界面，可以控制组件的叠放顺序。

● JRootPane

根面板，用于包含应用程序窗口的整个内容，通常由窗口管理器自动创建。

这些面板类可以根据实际需求灵活地组合和应用，以实现复杂的界面布局和交互效果。例如，可以将多个 JPanel 组合在一起，并结合布局管理器来创建复杂的界面布局；或者使用 JScrollPane 来包含大量的文本或数据表格，并实现滚动显示功能。

例：使用 JTabbedPane 创建具有选项卡切换功能的界面。

```java
import javax. swing. *;
public class myTabbedPane {
    public static void main(String[] args) {
        JFrame frame = new JFrame("选项卡窗体标题");

        JTabbedPane tabbedPane = new JTabbedPane();
        JPanel panel1 = new JPanel();
        JPanel panel2 = new JPanel();

        panel1. add(new JLabel("选项卡 1 的内容"));
        panel2. add(new JLabel("选项卡 2 的内容"));

        tabbedPane. addTab("选项卡 1", panel1);
        tabbedPane. addTab("选项卡 2", panel2);

        frame. setDefaultCloseOperation(JFrame. EXIT_ON_CLOSE);
        frame. getContentPane(). add(tabbedPane);
        frame. pack();
```

```
        frame. setVisible(true);
    }
}
```

上面的示例代码创建了一个包含两个选项卡的界面，每个选项卡对应一个面板，通过 JTabbedPane 实现选项卡切换功能。

【任务要求】

创建一个注册账号的窗体程序，如图 5-9 所示。

（1）窗体标题为"注册账号"。

（2）可输入用户名、密码和确认密码。

（3）有"注册"和"登录"按钮。

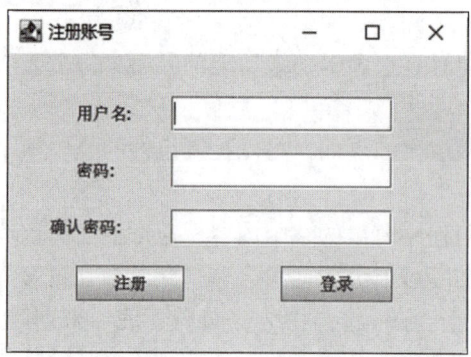

图 5-9 创建一个"注册账号"窗体

【任务实施】

（1）在包 com. myhello 中执行"New"→"Class"，新建 mywin. java 文件。输入代码，实现创建窗口，窗口标题为"注册账号"。创建一个面板对象 panel，用于容纳窗口中的其他组件。用 panel. setLayout(null)；设置面板的布局管理器为绝对布局（null 布局），即手动指定组件的位置和大小。创建一个标签对象 usernameLabel，显示文本内容为"用户名:"。设置标签的位置和大小用到的语句是 usernameLabel. setBounds(50,30,80,25)，其中，（50,30）表示标签的左上角在面板中的坐标位置，80 是标签的宽度，25 是标签的高度，并将用户名标签添加到面板中，如图 5-10 所示。

（2）输入代码，设置用户名输入框的位置和大小。创建一个标签对象 passwordLabel，显示文本内容为"密码:"。创建一个密码输入框对象 passwordField，并指定其初始宽度为 20 个字符的长度。创建一个标签对象 confirmPasswordLabel，显示文本内容为"确认密码:"。创建一个确认密码输入框对象 confirmPasswordField，并指定其初始宽度为 20 个字符的长度。设置确认密码输入框的位置和大小。将确认密码输入框添加到面板中，如图 5-11 所示。

（3）输入代码，创建一个"注册"按钮和一个"登录"按钮，设置按钮的位置和大小，如图 5-12 所示。

（4）输入代码，实现"登录"按钮事件逻辑，检查密码输入是否一致，如图 5-13 所示。

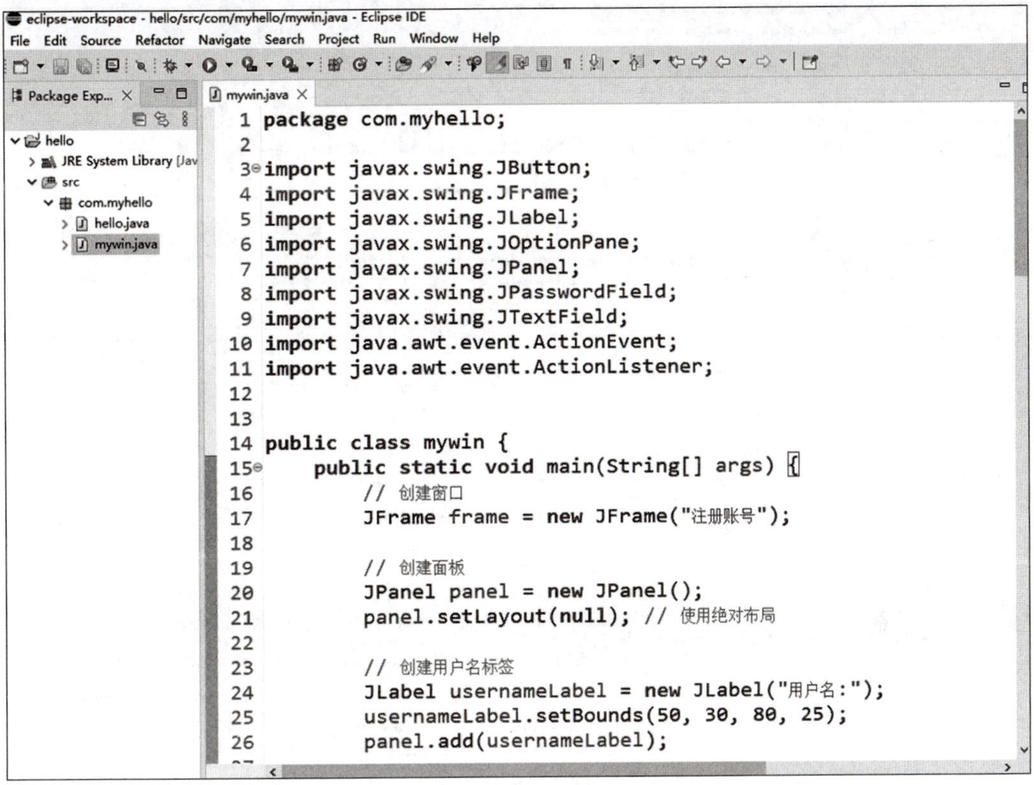

图 5-10　新建 mywin. java 文件

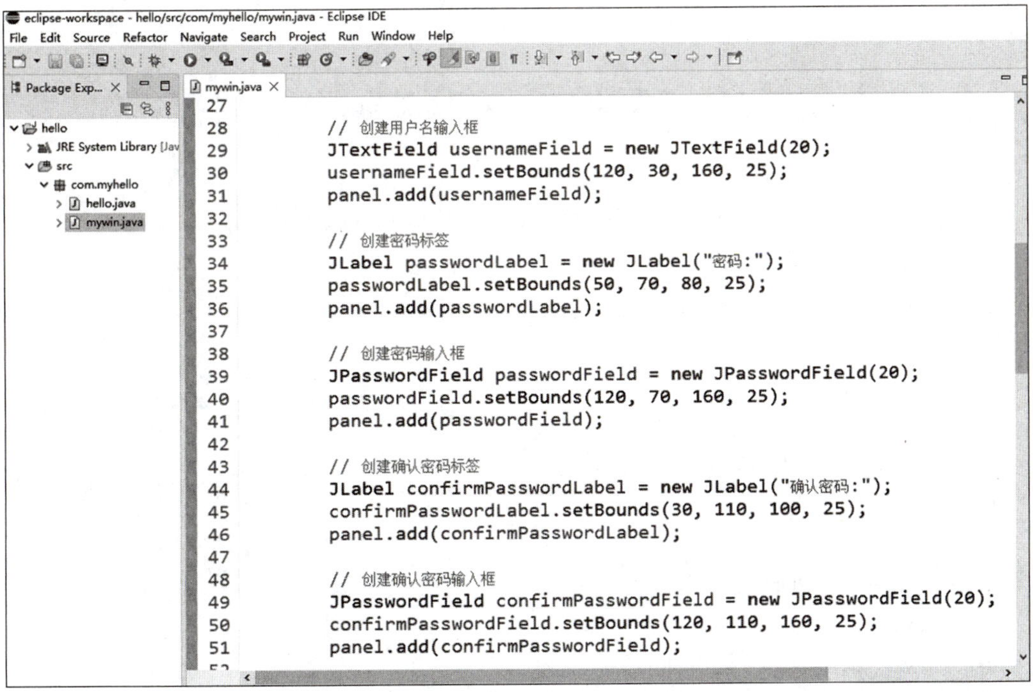

图 5-11　创建一个标签对象 passwordLabel

图 5-12 创建一个"注册"按钮和一个"登录"按钮

```
52
53          // 创建"注册"按钮
54          JButton registerButton = new JButton("注册");
55          registerButton.setBounds(50, 150, 80, 25);
56          panel.add(registerButton);
57
58          // 创建"登录"按钮
59          JButton loginButton = new JButton("登录");
60          loginButton.setBounds(200, 150, 80, 25);
61          panel.add(loginButton);
```

```
63          // 监听"注册"按钮单击事件
64          registerButton.addActionListener(new ActionListener() {
65              @Override
66              public void actionPerformed(ActionEvent e) {
67                  // 获取用户名输入框中的内容
68                  String username = usernameField.getText();
69                  // 获取密码输入框中的内容
70                  String password = new String(passwordField.getPassword());
71                  // 获取确认密码输入框中的内容
72                  String confirmPassword = new String(confirmPasswordField.getPassword());
73
74                  if (username.isEmpty() || password.isEmpty() || confirmPassword.isEmpty()) {
75                      // 显示对话框，提示用户输入完整的注册信息
76                      JOptionPane.showMessageDialog(frame, "请输入完整的注册信息");
77                  } else if (!password.equals(confirmPassword)) {
78                      // 显示对话框，提示用户两次密码输入不一致
79                      JOptionPane.showMessageDialog(frame, "两次密码输入不一致");
80                  } else {
81                      // 显示对话框，提示用户注册成功
82                      JOptionPane.showMessageDialog(frame, "注册成功");
83                      // 在这里可以添加注册成功后的逻辑处理代码
84                  }
85              }
86          });
87
88          // 监听"登录"按钮单击事件
89          loginButton.addActionListener(new ActionListener() {
90              @Override
91              public void actionPerformed(ActionEvent e) {
92                  // 在这里可以添加"登录"按钮单击事件的逻辑处理代码
93              }
94          });
```

图 5-13 实现"登录"按钮事件逻辑

参考代码：

```
package com. myhello;

import javax. swing. JButton;
import javax. swing. JFrame;
importjavax. swing. JLabel;
import javax. swing. JOptionPane;
import javax. swing. JPanel;
import javax. swing. JPasswordField;
import javax. swing. JTextField;
import java. awt. event. ActionEvent;
```

```java
import java. awt. event. ActionListener;

public class mywin {
    public static void main(String[] args) {
        //创建窗口
        JFrame frame = new JFrame("注册账号");

        //创建面板
        JPanel panel = new JPanel();
        panel. setLayout(null);//使用绝对布局

        //创建用户名标签
        JLabel usernameLabel = new JLabel("用户名:");
        usernameLabel. setBounds(50, 30, 80, 25);
        panel. add(usernameLabel);

        //创建用户名输入框
        JTextField usernameField = new JTextField(20);
        usernameField. setBounds(120, 30, 160, 25);
        panel. add(usernameField);

        //创建密码标签
        JLabel passwordLabel = new JLabel("密码:");
        passwordLabel. setBounds(50, 70, 80, 25);
        panel. add(passwordLabel);

        //创建密码输入框
        JPasswordField passwordField = new JPasswordField(20);
        passwordField. setBounds(120, 70, 160, 25);
        panel. add(passwordField);

        //创建确认密码标签
        JLabel confirmPasswordLabel = new JLabel("确认密码:");
        confirmPasswordLabel. setBounds(30, 110, 100, 25);
        panel. add(confirmPasswordLabel);

        //创建确认密码输入框
        JPasswordField confirmPasswordField = new JPasswordField(20);
        confirmPasswordField. setBounds(120, 110, 160, 25);
        panel. add(confirmPasswordField);
```

```java
//创建"注册"按钮
JButton registerButton = new JButton("注册");
registerButton. setBounds(50, 150, 80, 25);
panel. add(registerButton);

//创建"登录"按钮
JButton loginButton = new JButton("登录");
loginButton. setBounds(200, 150, 80, 25);
panel. add(loginButton);

//监听"注册"按钮单击事件
registerButton. addActionListener(new ActionListener() {
    @Override
    public void actionPerformed(ActionEvent e) {
        //获取用户名输入框中的内容
        String username = usernameField. getText();
        //获取密码输入框中的内容
        String password = new String(passwordField. getPassword());
        //获取确认密码输入框中的内容
        String confirmPassword = new String(confirmPasswordField. getPassword());
        if (username. isEmpty() | password. isEmpty() | confirmPassword. isEmpty()) {
            //显示对话框,提示用户输入完整的注册信息
            JOptionPane. showMessageDialog(frame, "请输入完整的注册信息");
        } else if (! password. equals(confirmPassword)) {
            //显示对话框,提示用户两次密码输入不一致
            JOptionPane. showMessageDialog(frame, "两次密码输入不一致");
        } else {
            //显示对话框,提示用户注册成功
            JOptionPane. showMessageDialog(frame, "注册成功");
            //在这里可以添加注册成功后的逻辑处理代码
        }
    }
});

//监听"登录"按钮单击事件
loginButton. addActionListener(new ActionListener() {
    @Override
    public void actionPerformed(ActionEvent e) {
        //在这里可以添加"登录"按钮单击事件的逻辑处理代码
    }
});
```

```
        //将面板添加到窗口
        frame. add(panel);

        //设置窗口属性
        frame. setSize(350, 250);      //设置窗口大小
        frame. setDefaultCloseOperation(JFrame. EXIT_ON_CLOSE);    //设置关闭操作
        frame. setVisible(true);       //显示窗口
    }

}
```

任务 3　实现字号大小控制

5.3　事件处理

5.3.1　事件处理机制

在 Java 中，事件处理机制是 GUI 编程中非常重要的一部分。通过事件处理机制，程序可以响应用户的交互操作，比如鼠标单击、键盘输入等，并执行相应的逻辑操作。

Swing 框架提供了丰富的事件处理机制。

1. 事件对象

事件对象是描述事件的类的实例，它包含了事件发生的相关信息，比如事件源、事件类型等。在 Swing 中，每种事件都有对应的事件类，比如 ActionEvent、MouseEvent 等。

2. 事件监听器

事件监听器是一个接口，用于监听特定类型的事件。在 Swing 中，常用的事件监听器包括 ActionListener（监听按钮单击事件）、MouseListener（监听鼠标事件）、KeyListener（监听键盘事件）等。

3. 事件源

事件源是产生事件的对象，比如按钮、文本框等 Swing 组件。当用户与事件源交互时，事件源会创建并分发相应的事件对象。

4. 事件处理

事件处理是指对特定事件发生时所执行的操作。事件处理通常通过注册事件监听器来实现，当事件源产生特定类型的事件时，相应的事件监听器会被调用，执行预先定义的事件处理逻辑。

例：创建一个窗体，设置一个按钮，单击按钮时，在终端打印输出"按钮被单击了!"，如图 5-14 所示。

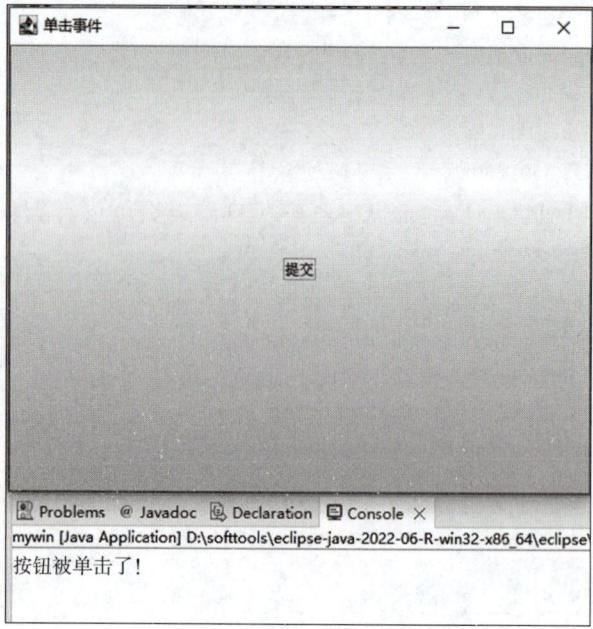

图 5-14　在终端打印输出"按钮被单击了!"

程序代码：

```
package com. myhello;

import javax. swing. * ;
import java. awt. event. ActionEvent;
import java. awt. event. ActionListener;

public class mywin {
    public static void main(String[] args) {
        //创建窗口
        JFrameframe = new JFrame("单击事件");

        //创建面板
        JPanelpanel = new JPanel();
        JButtonbutton = new JButton("提交");
        panel. add(button);
        frame. getContentPane(). add(panel);
        frame. setLocationRelativeTo(null);
        //将面板添加到窗口
        frame. add(panel);
```

```
//设置窗口属性
frame. setSize(500, 400);   //设置窗口大小
frame. setDefaultCloseOperation(JFrame. EXIT_ON_CLOSE);//设置关闭操作

//注册按钮的单击事件监听器
button. addActionListener(new ActionListener() {
    @Override
    public void actionPerformed(ActionEvent e) {
        //按钮被单击时执行的逻辑操作
        System. out. println("按钮被单击了!");
    }
});
frame. getContentPane(). add(button);
frame. setVisible(true);
    }
}
```

程序功能是创建一个简单的窗口，并在窗口中添加一个按钮。通过注册按钮的 ActionL-
istener，当按钮被单击时，相应的事件处理逻辑会被执行。

```
//注册按钮的单击事件监听器
button. addActionListener(new ActionListener() {
    @Override
    public void actionPerformed(ActionEvent e) {
        //按钮被单击时执行的逻辑操作
        System. out. println("按钮被单击了!");
    }
});
```

事件代码段中，注册按钮单击事件监听器，通过创建匿名内部类实现 ActionListener 接
口，在 actionPerformed 方法中定义按钮单击时执行的逻辑操作：打印"按钮被单击了!"。

5.3.2　事件处理类和接口

在 Java 中，事件处理主要涉及以下两个方面的类和接口：事件监听器接口和事件适配
器类。

1. 事件监听器接口

事件监听器接口是一组用于监听特定类型事件的接口，每种事件都有对应的监听器接
口。在 Swing 中，常用的事件监听器接口包括 ActionListener、MouseListener、KeyListener 等。
这些接口定义了事件发生时需要调用的方法，开发者可以通过实现这些接口来自定义事件处
理逻辑。

- ActionListener

用于监听按钮单击事件、菜单单击事件等动作事件。

- MouseListener

用于监听鼠标的单击、移动、进入、退出等事件。

- KeyListener

用于监听键盘的按键输入事件。

2. 事件适配器类

事件适配器类是一组实现了事件监听器接口的抽象类，它提供了对事件监听器接口中所有方法的默认空实现。开发者可以通过继承适配器类，并重写感兴趣的方法来简化事件监听器的使用。在 Swing 中，常用的事件适配器类包括 MouseAdapter、KeyAdapter 等。

- MouseAdapter

提供了 MouseListener 接口的默认空实现，开发者可以选择性地重写其中感兴趣的方法。

- KeyAdapter

提供了 KeyListener 接口的默认空实现，开发者可以选择性地重写其中感兴趣的方法。

总的来说，事件监听器接口和事件适配器类为事件处理提供了灵活的机制，使开发者能够根据具体需求来进行事件处理的定制和实现。这种设计模式也符合 Java 语言的面向对象特性，使事件处理代码更加清晰和易于维护。

5.3.3 事件处理方法与处理类型

在 Java 中，事件处理可以通过多种方法和处理类型来实现。

1. 事件处理方法

- 内部类方式

在 Java 中，可以使用内部类来实现事件监听器，将事件处理逻辑直接定义在内部类中。

```java
button. addActionListener(new ActionListener() {
    @Override
    public void actionPerformed(ActionEvent e) {
        //处理按钮单击事件的逻辑
    }
});
```

- 匿名内部类方式

匿名内部类是一种简化内部类定义的方式，通常用于创建临时的事件监听器对象。

```java
button. addActionListener(new ActionListener() {
    @Override
    public void actionPerformed(ActionEvent e) {
        //处理按钮单击事件的逻辑
    }
});
```

- 外部类实现接口方式

开发者也可以创建一个外部类，并让其实现对应的事件监听器接口，这样可以将事件处理逻辑单独提取到一个类中，提高了代码的可维护性和可重用性。

```
public class MyActionListener implements ActionListener {
    @Override
    public void actionPerformed(ActionEvent e) {
        //处理按钮单击事件的逻辑
    }
}
```

2. 事件处理类型

- 动作事件（ActionEvent）

动作事件是指用户执行某种动作时产生的事件，比如按钮被单击、菜单被选中等。在 Swing 中，通常使用 ActionListener 来监听并处理动作事件。

```
button. addActionListener(new ActionListener() {
    @Override
    public void actionPerformed(ActionEvent e) {
        //处理按钮单击事件的逻辑
    }
});
```

- 鼠标事件（MouseEvent）

鼠标事件是指用户通过鼠标在界面上进行的交互操作，比如单击、移动、拖曳等。在 Swing 中，使用 MouseListener 来监听鼠标事件。

```
component. addMouseListener(new MouseListener() {
    @Override
    public void mouseClicked(MouseEvent e) {
        //处理鼠标单击事件的逻辑
    }
    //其他方法的实现
});
```

- 键盘事件（KeyEvent）

键盘事件是指用户通过键盘输入字符或按键所产生的事件。在 Swing 中，使用 KeyListener 来监听键盘事件。

```
component. addKeyListener(new KeyListener() {
    @Override
    public void keyTyped(KeyEvent e) {
```

```
        //处理键盘输入事件的逻辑
    }
    //其他方法的实现
});
```

例：创建一个简单的带有文本框和按钮的图形用户界面，用于获取用户输入的账号名，单击"提交"按钮后显示已输入的账号名或者提示账号名为空，如图5-15所示。

（1）创建一个窗体，标题"组件"，

（2）显示提示信息"请输入账号名:"。

（3）创建一个 JTextField 对象，用于允许用户输入账号名。

（4）创建一个"提交"按钮。

（5）当 JTextField 无输入时，单击"提交"按钮，弹出提示框"输入的账号不能为空"。

（6）当 JTextField 有输入时，单击"提交"按钮，弹出提示框，显示已输入的账号信号。

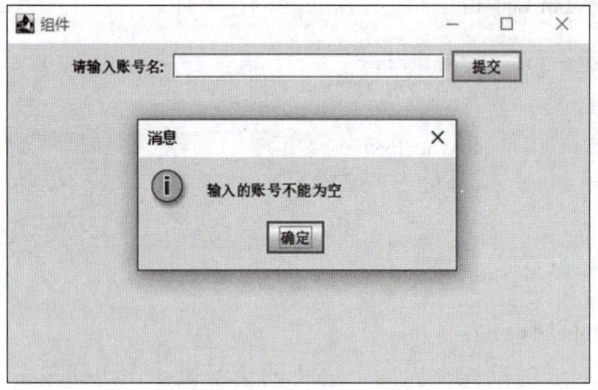

图 5-15　弹出提示框"输入的账号不能为空"

程序代码：

```
package com. myhello;

import javax. swing. JButton;
import javax. swing. JFrame;
import javax. swing. JLabel;
import javax. swing. JOptionPane;
import javax. swing. JPanel;
import javax. swing. JTextField;

import java. awt. BorderLayout;
import java. awt. event. ActionEvent;
import java. awt. event. ActionListener;
```

```java
public class mywin {
    public static void main(String[] args) {
        //创建窗口
        JFrameframe = new JFrame("组件");
        //创建面板
        JPanelpanel = new JPanel();

        JLabellabel = new JLabel("请输入账号名: ");
        //将标签添加到窗体的内容面板中
        frame. add(label, BorderLayout. CENTER);
        JTextFieldtextField = new JTextField(20);
        JButtonbutton = new JButton("提交");


        panel. add(label);
        panel. add(textField);
        panel. add(button);
        //监听"确定"按钮单击事件
        button. addActionListener(new ActionListener() {
            @Override
            public void actionPerformed(ActionEvent e) {
                Stringinput = textField. getText();   //获取文本框输入内容
                if (input. equals("")) {//判断输入是否为空
                    JOptionPane. showMessageDialog(frame, "输入的账号不能为空");   //显示提示信息
                }else {
                    JOptionPane. showMessageDialog(frame, "已输入的账号 : " + input);   /* 显示已输入的
账号信息 */
                }
            }
        });
        frame. setDefaultCloseOperation(JFrame. EXIT_ON_CLOSE);
        frame. getContentPane(). add(panel);
        frame. pack();
        frame. setLocationRelativeTo(null);
        //将面板添加到窗口
        frame. add(panel);


        //设置窗口属性
        frame. setSize(500, 400);   //设置窗口大小
```

```
        frame. setDefaultCloseOperation(JFrame. EXIT_ON_CLOSE);    //设置关闭操作
        frame. setVisible(true);                                  //显示窗口
    }


}
```

程序运行结果如图 5-16 所示。

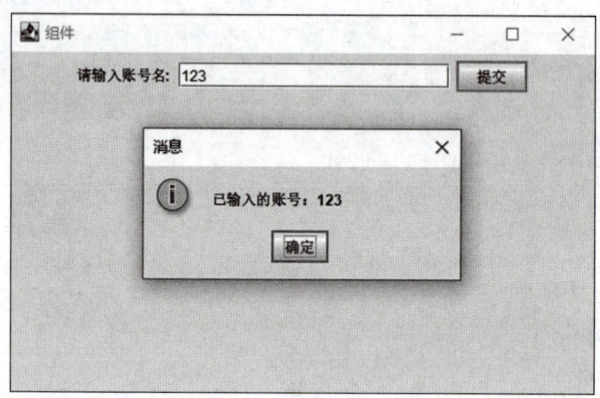

图 5-16　程序运行结果

【任务要求】

（1）创建窗口界面，设置"增大"按钮和"减小"按钮，窗体中间显示"这是一段文字"，如图 5-17 所示。

图 5-17　窗体中间显示"这是一段文字"

（2）单击"增大"按钮时，"这是一段文字"字号增大。

（3）单击"减小"按钮时，"这是一段文字"字号减小。

【任务实施】

（1）在包 com. myhello 中执行"New"→"Class"，新建 mywin. java 文件。输入代码，创

建一个窗口对象，并设置窗口的标题为"字号控制"，设置大小为 10 像素的宽度和 30 像素的高度空间面板置于窗口上方，如图 5-18 所示。

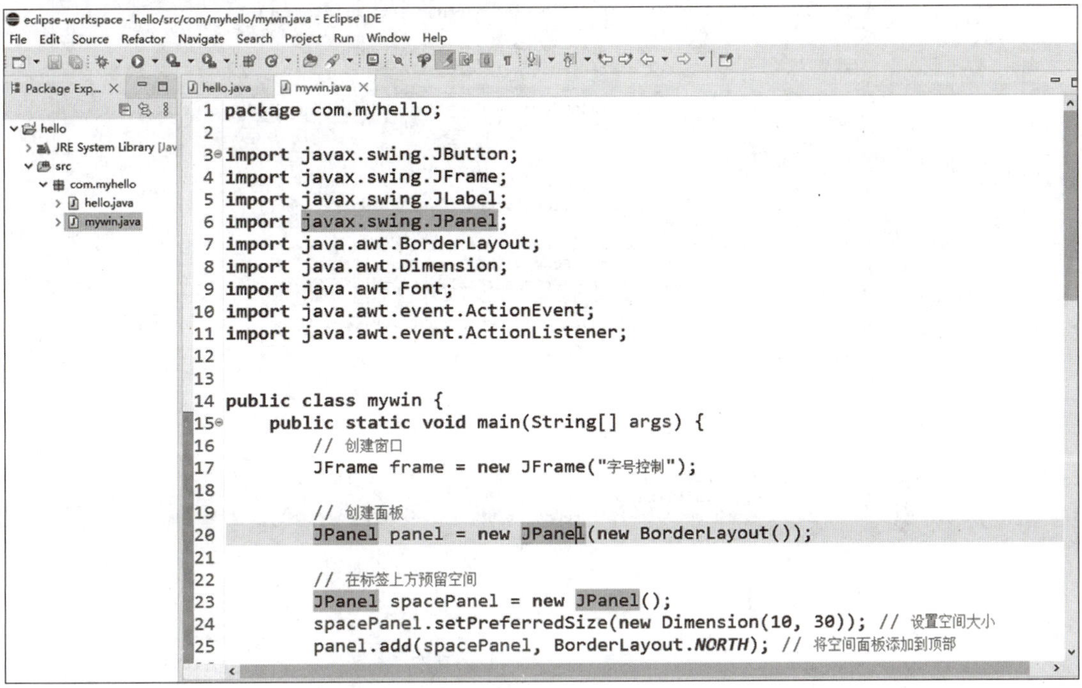

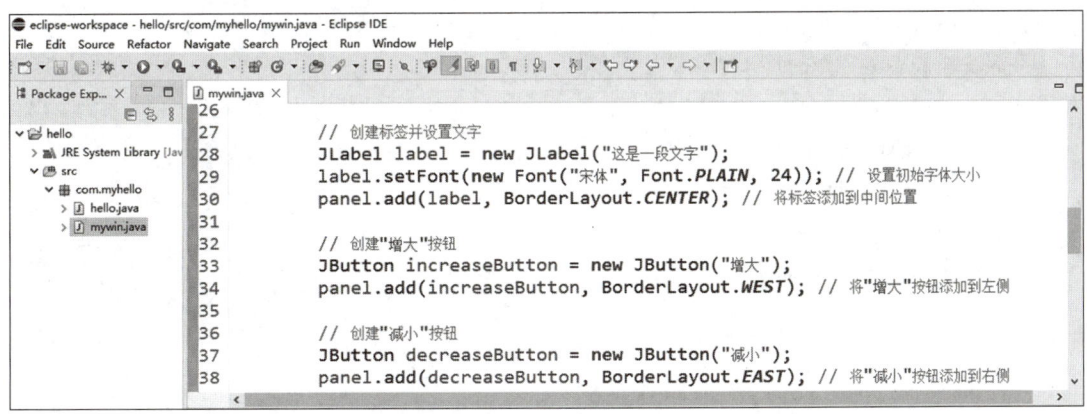

图 5-18　新建 mywin. java 文件

（2）输入代码，在窗口中添加一个标签和两个按钮，其中创建一个标签对象 label，并设置标签的显示文本为"这是一段文字"。创建两个按钮对象"增大"和"减小"，分别置于窗口左、右侧，如图 5-19 所示。

图 5-19　输入代码

（3）输入代码，实现单击"增大"按钮后文本字号增大的功能，单击"减小"按钮后文本字体字号减小的功能，设置窗口大小为宽 600 像素、高 400 像素，如图 5-20 所示。

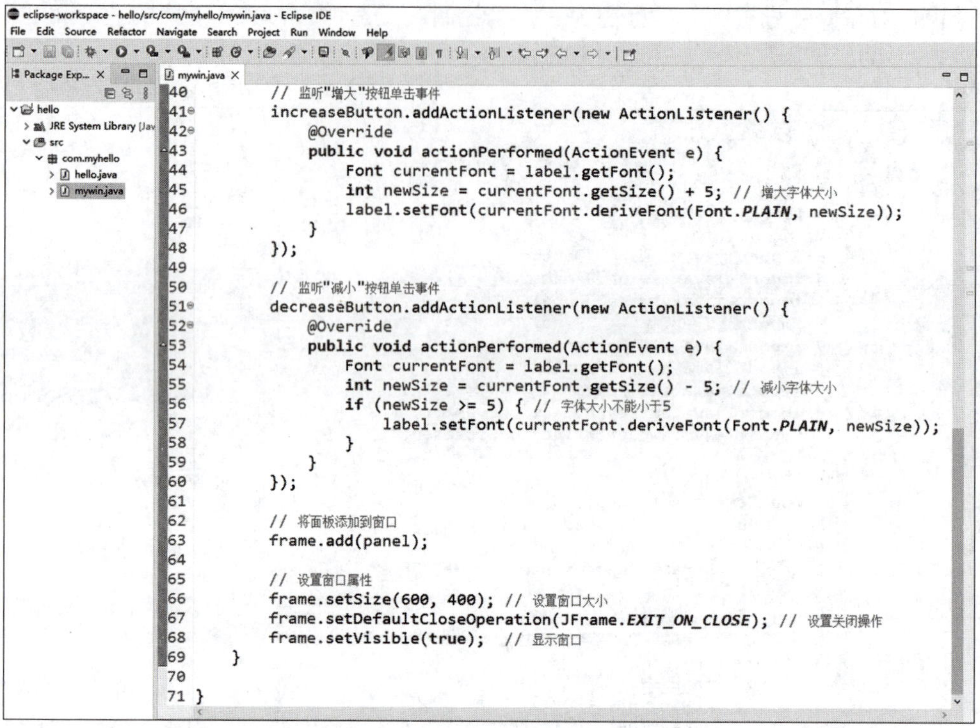

图 5-20　实现增大文本字号的功能

参考代码：

```java
package com. myhello;

import javax. swing. JButton;

import javax. swing. JFrame;

import javax. swing. JLabel;

import javax. swing. JPanel;

import java. awt. BorderLayout;

import java. awt. Dimension;

import java. awt. Font;

import java. awt. event. ActionEvent;

import java. awt. event. ActionListener;


public class mywin {
    public static void main(String[] args) {
        //创建窗口
        JFrame frame = new JFrame("字号控制");


        //创建面板
        JPanel panel = new JPanel(new BorderLayout());
```

```
//在标签上方预留空间
JPanel spacePanel = new JPanel();
spacePanel. setPreferredSize(new Dimension(10, 30));    //设置空间大小
panel. add(spacePanel, BorderLayout. NORTH);            //将空间面板添加到顶部

//创建标签并设置文字
JLabel label = new JLabel("这是一段文字");
label. setFont(new Font("宋体", Font. PLAIN, 24));       //设置初始字体大小
panel. add(label, BorderLayout. CENTER);                //将标签添加到中间位置

//创建"增大"按钮
JButton increaseButton = new JButton("增大");
panel. add(increaseButton, BorderLayout. WEST);         //将"增大"按钮添加到左侧

//创建"减小"按钮
JButton decreaseButton = new JButton("减小");
panel. add(decreaseButton, BorderLayout. EAST);         //将"减小"按钮添加到右侧

//监听"增大"按钮单击事件
increaseButton. addActionListener(new ActionListener() {
    @Override
    public void actionPerformed(ActionEvent e) {
        Font currentFont = label. getFont();
        int newSize = currentFont. getSize() + 5;       //增大字体大小
        label. setFont(currentFont. deriveFont(Font. PLAIN, newSize));
    }
});

//监听"减小"按钮单击事件
decreaseButton. addActionListener(new ActionListener() {
    @Override
    public void actionPerformed(ActionEvent e) {
        Font currentFont = label. getFont();
        int newSize = currentFont. getSize()- 5;        //减小字体大小
        if (newSize >= 5) {                             //字体大小不能小于5
            label. setFont(currentFont. deriveFont(Font. PLAIN, newSize));
        }
    }
});
```

```
            //将面板添加到窗口
            frame. add(panel);


            //设置窗口属性
            frame. setSize(600, 400);   //设置窗口大小
            frame. setDefaultCloseOperation(JFrame. EXIT_ON_CLOSE);   //设置关闭操作
            frame. setVisible(true);    //显示窗口
        }
    }
```

【习题】

1. 在 Java 中，用于创建窗口的类是（   ）。

A. JFrame   B. JButton   C. JPanel   D. JLabel

2. 以下组件用于触发特定操作或响应用户的单击事件的是（   ）。

A. JFrame   B. JButton   C. JPanel   D. JLabel

3. 在 Java 中，通过（   ）方法可以设置窗口的标题。

A. setSize( )   B. setLocationRelativeTo( )

C. setDefaultCloseOperation( )   D. setTitle( )

4. 以下（   ）方法可以将按钮添加到面板中。

A. add(panel)   B. add(button)   C. add(button1)   D. add(button2)

5. 下面（   ）不是 Swing 常用组件。

A. JButton   B. JCheckBox   C. JRadioBox   D. JTextField

6. 下面（   ）布局管理器将组件按照加入的顺序从左到右排列，当一行空间不足时自动换行。

A. BorderLayout   B. GridLayout   C. FlowLayout   D. BoxLayout

7. 下面（   ）面板类可以用于创建多层次的界面，可以控制组件的叠放顺序。

A. JPanel   B. JScrollPane   C. JSplitPane   D. JLayeredPane

8. （   ）布局管理器适用于创建规则的网格布局。

A. BorderLayout   B. GridLayout   C. FlowLayout   D. BoxLayout

9. 下面（   ）组件用于显示文本或图像。

A. JButton   B. JCheckBox   C. JLabel   D. JList

10. 下面（   ）组件用于创建具有选项卡切换功能的界面。

A. JTabbedPane   B. JComboBox   C. JList   D. JTable

11. 在 Java 中，常用的事件监听器接口包括（   ）。

A. ActionListener   B. MouseListener

C. KeyAdapter   D. WindowListener

12. 以下（　　　）可以注册按钮的单击事件监听器。

A. 使用内部类方式

B. 使用匿名内部类方式

C. 使用外部类实现接口方式

D. 使用事件适配器类方式

13. 以下（　　　）事件处理方法可以将事件处理逻辑单独提取到一个类中。

A. 内部类方式

B. 匿名内部类方式

C. 外部类实现接口方式

D. 事件适配器类方式

14. 以下（　　　）事件处理类型用于监听按钮单击事件、菜单单击事件等动作事件。

A. ActionEvent

B. MouseEvent

C. KeyEvent

D. WindowEvent

15. 以下（　　　）事件处理类型用于监听鼠标的单击、移动、进入、退出等事件。

A. ActionEvent

B. MouseEvent

C. KeyEvent

D. WindowEvent

项目 6

Java 多线程与异常处理

任务 1　移动文字动画案例

6.1　线程基础

6.1.1　Java 线程的概念

● Java 线程

Java 线程是 Java 程序中的执行单元。线程可以理解为轻量级的子进程，它在程序内部独立运行，具有自己的执行路径和状态。通过使用线程，可以同时执行多个任务，达到并发执行的效果。

在 Java 中，线程通过创建 Thread 类的实例来实现。

有两种常见的创建线程的方式：

1）继承 Thread 类

创建一个继承自 Thread 类的子类，并重写其 run( ) 方法，将需要并发执行的代码放在 run( ) 方法中，然后通过创建子类的实例来启动线程。

```
class MyThread extends Thread {
    public void run() {
        //并发执行的代码
    }
}
//创建线程并启动
MyThread thread = new MyThread();
thread. start();
```

2）实现 Runnable 接口

创建一个实现了 Runnable 接口的类，并实现其 run( ) 方法。然后通过创建 Thread 类的实例，将实现了 Runnable 接口的对象作为参数传入，并调用 start( ) 方法启动线程。

```
class MyRunnable implements Runnable {
```

```
    public void run() {
        //并发执行的代码
    }
}
//创建线程并启动
MyRunnable runnable = new MyRunnable();
Thread thread = new Thread(runnable);
thread. start();
```

- Java 线程的特点

线程是轻量级的执行单元，可以快速创建和销毁。

线程可以并发执行，多个线程可以同时执行不同的任务。

线程之间共享同一进程的资源，如内存空间、文件等。

可以通过同步机制实现线程间的通信和协调，保证数据的一致性和线程的安全性。

通过使用 Java 线程，可以实现并发执行的程序，提高程序的效率和响应性。

1）线程生命周期

线程的生命周期包括新建（New）、就绪（Runnable）、运行（Running）、阻塞（Blocked）、等待（Waiting）、超时等待（Timed Waiting）和终止（Terminated）等状态。线程在不同的状态之间转换，例如通过调用 start() 方法将线程从新建状态转换为就绪状态，通过执行 run() 方法将线程从运行状态转换为终止状态。

2）线程调度与优先级

Java 线程由线程调度器进行管理和调度。线程调度器决定了哪个线程可以运行以及运行的时间。每个线程都有一个优先级，优先级较高的线程在竞争资源时更有可能被调度执行。可以使用 setPriority() 方法设置线程的优先级，优先级范围为 1~10。

3）线程同步与互斥

在多线程环境下，可能会出现多个线程同时访问共享资源的情况，这时需要保证数据的一致性和正确性。通过使用同步机制，如关键字 synchronized 及 wait()、notify() 和 notifyAll() 方法等，可以实现线程之间的互斥和同步，避免数据竞争和不一致的问题。

4）线程安全性

线程安全是指在多线程环境下，对共享资源的访问和操作不会引起任何问题。为了保证线程安全，可以采用同步机制、使用线程安全的数据结构或使用原子操作等方式。

Java 线程提供了强大而灵活的机制来处理并发编程。合理地使用线程可以充分利用计算资源，提高程序的性能和响应能力。然而，多线程编程也面临着线程安全性、死锁、竞态条件等问题，因此需要谨慎设计和管理线程。

6.1.2 线程的优先级

Java 线程的优先级用于指定线程在竞争 CPU 资源时的相对重要性。每个线程都有一个优先级，优先级较高的线程在竞争资源时更有可能被调度执行。

Java 中线程的优先级由整数表示，范围为 1~10，默认优先级为 5。可以使用以下方法设置和获取线程的优先级。

setPriority(int priority)：设置线程的优先级。参数 priority 表示要设置的优先级，取值范围为 1~10，其中，1 是最低优先级，10 是最高优先级。

getPriority()：获取线程的优先级。

需要注意的是，优先级只是给线程调度器提供了一个提示，不同的操作系统和虚拟机可能会以不同的方式处理线程优先级。因此，不能完全依赖线程优先级来保证线程执行顺序。

另外，还需要注意以下几点：

虽然可以设置线程的优先级，但并不意味着高优先级的线程一定会在低优先级的线程之前执行。这主要取决于操作系统和虚拟机的实际实现。

在默认情况下，新创建的线程将继承其父线程的优先级。可以通过调用 Thread. setDefaultPriority(int priority) 方法设置默认的线程优先级。

优先级较高的线程会更频繁地获得 CPU 时间片，但并不能保证绝对的公平性。因此，在编写多线程程序时，不应过度依赖线程优先级来实现业务逻辑。

在大多数情况下，使用默认的中等优先级即可满足需求。只有在特殊情况下，需要对某些线程进行优先处理时才考虑调整线程优先级。

总之，线程优先级是指定线程相对执行顺序的一种方式，但不应过度依赖线程优先级来保证程序的正确性和性能。在设计多线程程序时，还需要考虑其他因素，如同步机制、共享资源的访问等。

【任务要求】

使用线程编程实现控制文件左右移动的功能，如图 6-1 所示。

（1）单击"开始移动"时，文字"欢迎"开始水平左右移动。

（2）单击"暂停移动"时，移动的文字暂停。

图 6-1 控制文件左右移动

【任务实施】

（1）在包 com. myhello 中执行"New"→"Class"，新建 mywin. java 文件。输入代码，创

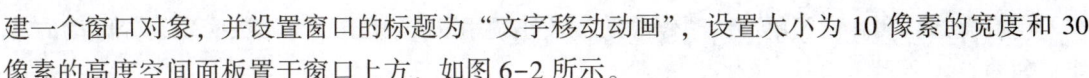

建一个窗口对象，并设置窗口的标题为"文字移动动画"，设置大小为 10 像素的宽度和 30 像素的高度空间面板置于窗口上方，如图 6-2 所示。

```java
1 package com.myhello;
2
3 import javax.swing.JButton;
4 import javax.swing.JFrame;
5 import javax.swing.JLabel;
6 import javax.swing.JPanel;
7 import java.awt.BorderLayout;
8 import java.awt.Dimension;
9 import java.awt.Font;
10 import java.awt.Point;
11 import java.awt.event.ActionEvent;
12 import java.awt.event.ActionListener;
13
14 public class mywin {
15     private static boolean isMoving = true; // 是否正在移动的标志位
16
17     public static void main(String[] args) {
18         // 创建窗口
19         JFrame frame = new JFrame("文字移动动画");
20
21         // 创建面板
22         JPanel panel = new JPanel(new BorderLayout());
23
24         // 在文字上方预留空间
25         JPanel spacePanel = new JPanel();
26         spacePanel.setPreferredSize(new Dimension(10, 30)); // 设置预留空间大小
27         panel.add(spacePanel, BorderLayout.NORTH); // 将空间面板添加到顶部
```

图 6-2　新建 mywin. java 文件

（2）输入代码，建立文字标签，显示"欢迎"文字，创建"开始移动""暂停移动"两个按钮，一个置于窗口左侧，一个置于窗口右侧。设置单击"开始移动"按钮调用 startMoving(label) 函数实现开始移动文字的功能，如图 6-3 所示。

```java
28
29         // 创建标签并设置文字
30         JLabel label = new JLabel("欢迎");
31         label.setFont(new Font("宋体", Font.PLAIN, 24)); // 设置初始字体大小
32         panel.add(label, BorderLayout.CENTER); // 将标签添加到中间位置
33
34         // 创建"开始移动"按钮
35         JButton startButton = new JButton("开始移动");
36         panel.add(startButton, BorderLayout.WEST); // 将开始移动"按钮添加到左侧
37
38         // 创建"暂停移动"按钮
39         JButton pauseButton = new JButton("暂停移动");
40         panel.add(pauseButton, BorderLayout.EAST); // 将"暂停移动"按钮添加到右侧
41
42
43         // 添加按钮单击事件监听
44         startButton.addActionListener(new ActionListener() {
45             @Override
46             public void actionPerformed(ActionEvent e) {
47                 startMoving(label);
48             }
49         });
```

图 6-3　建立文字标签

（3）输入代码，设置单击"暂停移动"按钮调用 pauseMoving( )函数实现暂停移动的功能，如图 6-4 所示。

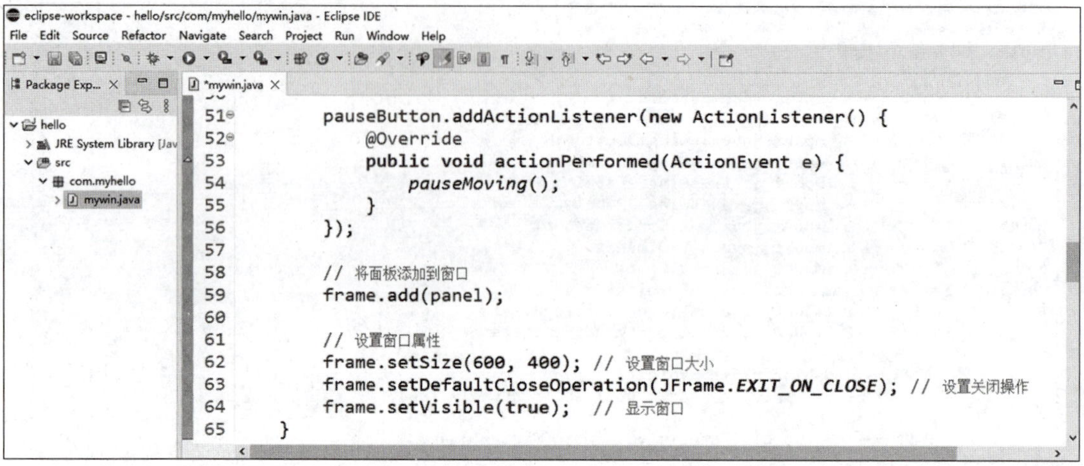

图 6-4　调用 pauseMoving( )函数

（4）输入代码，创建 private static void startMoving(JLabel label)函数，实现当 isMoving 为 true 值时，采用线程的启动时间控制方法开始移动文字的效果，如图 6-5 所示。

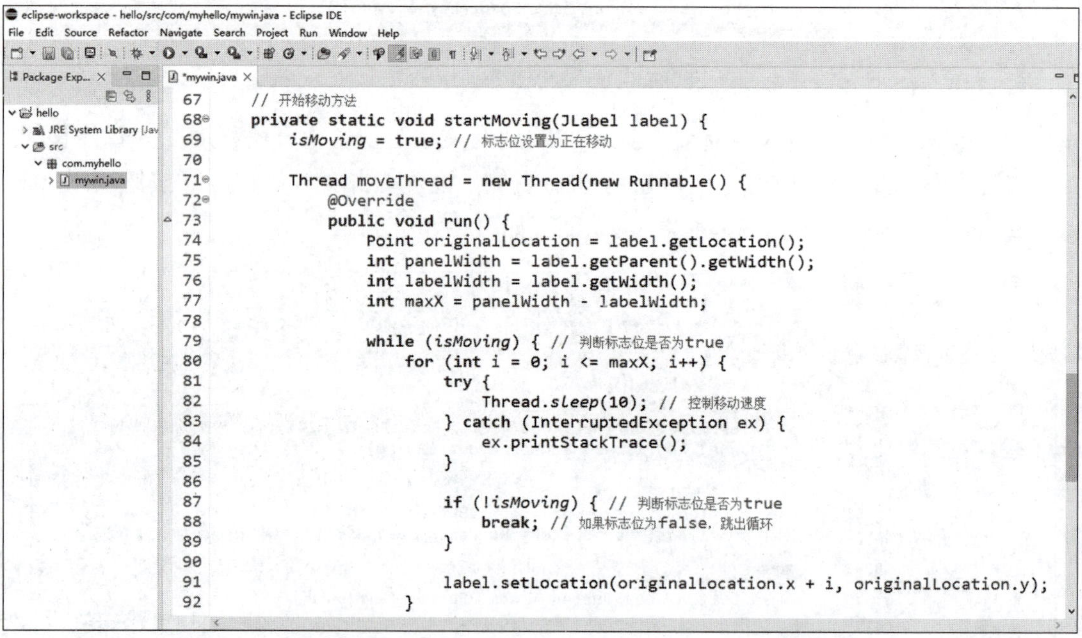

图 6-5　创建 private static void startMoving(JLabel label)函数

（5）输入代码，设置完成移动的效果，调用 moveThread. start( )启动动画移动。最后设置一个函数 pauseMoving( )｛ isMoving = false；｝把值 isMoving 设为 false 值，实现暂停动画的功能，如图 6-6 所示。

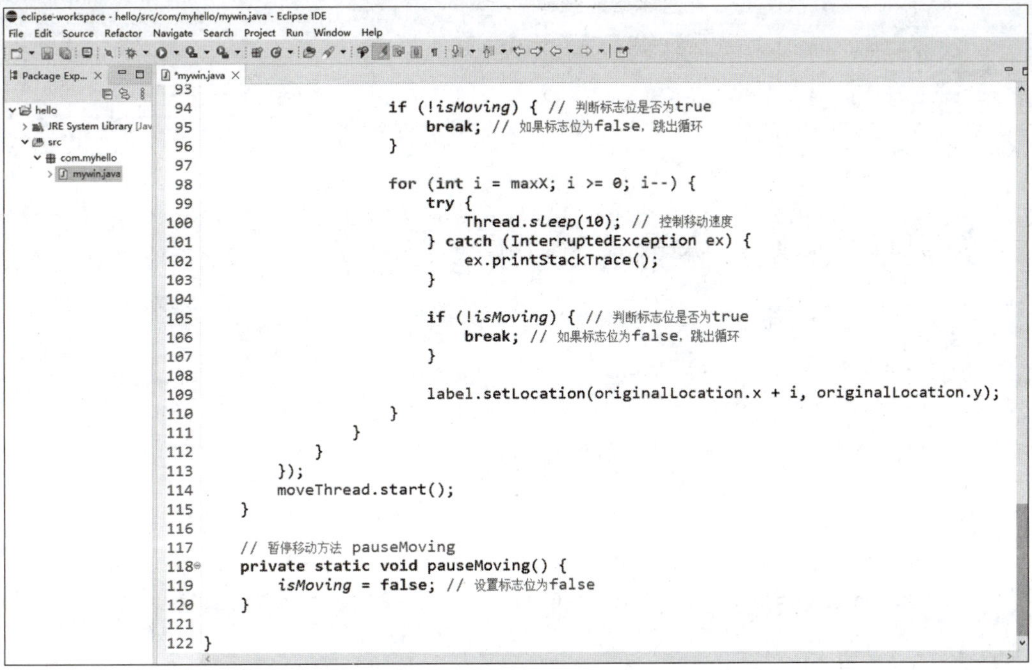

图 6-6　调用 moveThread. start() 启动动画移动

参考代码：

```java
package com. myhello;

import javax. swing. JButton;
import javax. swing. JFrame;
import javax. swing. JLabel;
import javax. swing. JPanel;
import java. awt. BorderLayout;
import java. awt. Dimension;
import java. awt. Font;
import java. awt. Point;
import java. awt. event. ActionEvent;
import java. awt. event. ActionListener;

public class mywin {
    private static boolean is Moving = true;    //是否正在移动的标志位

    public static void main(String[] args) {
        //创建窗口
        JFrameframe = new JFrame("文字移动动画");
```

```java
//创建面板
JPanelpanel = new JPanel(new BorderLayout());

//在文字上方预留空间
JPanelspacePanel = new JPanel();
spacePanel. setPreferredSize(new Dimension(10, 30));    //设置预留空间大小
panel. add(spacePanel, BorderLayout. NORTH);            //将空间面板添加到顶部

//创建标签并设置文字
JLabellabel = new JLabel("欢迎");
label. setFont(new Font("宋体", Font. PLAIN, 24));       //设置初始字体大小
panel. add(label, BorderLayout. CENTER);                //将标签添加到中间位置

//创建"开始移动"按钮
JButtonstartButton = new JButton("开始移动");
panel. add(startButton, BorderLayout. WEST);            //将"开始移动"按钮添加到左侧

//创建"暂停移动"按钮
JButtonpauseButton = new JButton("暂停移动");
panel. add(pauseButton, BorderLayout. EAST);            //将"暂停移动"按钮添加到右侧


//添加按钮单击事件监听
startButton. addActionListener(new ActionListener() {
    @Override
    public void actionPerformed(ActionEvent e) {
        startMoving(label);
    }
});

pauseButton. addActionListener(new ActionListener() {
    @Override
    public void actionPerformed(ActionEvent e) {
        pauseMoving();
    }
});

//将面板添加到窗口
frame. add(panel);

//设置窗口属性
```

```java
        frame. setSize(600, 400);    //设置窗口大小
        frame. setDefaultCloseOperation(JFrame. EXIT_ON_CLOSE);    //设置关闭操作
        frame. setVisible(true);      //显示窗口
    }


    //开始移动方法
    private static void startMoving(JLabel label) {
        is Moving = true;            //标志位设置为正在移动

        ThreadmoveThread = new Thread(new Runnable() {
            @Override
            public void run() {
                PointoriginalLocation = label. getLocation();
                int panelWidth = label. getParent(). getWidth();
                int labelWidth = label. getWidth();
                int maxX = panelWidth- labelWidth;

                while(isMoving) {//判断标志位是否为 true
                    for (int i = 0; i <= maxX; i++) {
                        try {
                            Thread. sleep(10);    //控制移动速度
                        }catch(InterruptedException ex) {
                            ex. printStackTrace();
                        }

                        if (! isMoving) {//判断标志位是否为 true
                            break;    //如果标志位为 false,跳出循环
                        }

                        label. setLocation(originalLocation. x + i, originalLocation. y);
                    }

                    if (! isMoving) {    //判断标志位是否为 true
                        break;    //如果标志位为 false,跳出循环
                    }

                    for (int i = maxX; i >= 0; i- - ) {
                        try {
                            Thread. sleep(10);    //控制移动速度
                        }catch(InterruptedException ex) {
                            ex. printStackTrace();
                        }
```

```
                        if (! isMoving) {//判断标志位是否为 true
                            break;    //如果标志位为 false,跳出循环
                        }

                            label. setLocation(originalLocation. x + i, originalLocation. y);
                        }
                    }
                });
                moveThread. start();
            }


            //暂停移动方法 pauseMoving
            private static void pauseMoving() {
                isMoving = false;    //设置标志位为 false
            }


        }
```

任务 2 银行取款案例

6. 2 线程同步

在 Java 中，线程同步是指多个线程协调它们的行为，以便正确地共享资源的机制。线程同步可以通过使用关键字 synchronized、volatile 及 ReentrantLock、Condition 等来实现。

• synchronized 关键字

synchronized 关键字可以用来修饰方法或代码块，保证同一时刻最多只有一个线程执行被 synchronized 修饰的代码，从而防止多个线程同时访问共享资源。

例：

```
public synchronized void synchronizedMethod() {
    //同步方法体
}
public void someMethod() {
    synchronized(this) {
        //同步代码块
    }
}
```

上述代码实现了两种不同的同步机制，分别是同步方法体和同步代码块。

```
public synchronized void synchronizedMethod() {
//同步方法体
}
```

synchronizedMethod 方法使用了 synchronized 关键字来修饰，表示该方法是一个同步方法。在多线程环境中，只有获得该对象的锁的线程才能执行该方法，其他线程需要等待锁的释放。由于该方法是实例方法，所以使用的锁是当前对象 this。

```
public void someMethod() {
synchronized(this) {
//同步代码块
}
}
```

someMethod 方法包含了一个同步代码块，使用 synchronized 关键字对当前对象 this 进行加锁。在多线程环境中，只有获得该对象的锁的线程才能进入该代码块执行，其他线程需要等待锁的释放。

通过使用同步机制来确保多个线程对共享资源的安全访问，避免数据竞争和并发访问导致的错误及异常。在 Java 中，可以使用 synchronized 关键字来实现同步机制，包括同步方法体和同步代码块。需要注意的是，在使用同步机制时，要避免死锁和性能问题，并且合理地选择锁对象，以确保程序的正确性和效率。

- volatile 关键字

volatile 关键字用于修饰变量，保证了变量的可见性和禁止指令重排序。在多线程环境下，当一个线程修改了 volatile 变量的值时，其他线程能够立即看到这个改动。

例：

```
public class VolatileExample {
    private volatile boolean flag = false;

    public void setFlag(boolean value) {
        flag = value;
    }

    public boolean isFlag() {
        return flag;
    }
}
```

以上代码定义了一个名为 VolatileExample 的类，其中包含了一个私有的 volatile 类型的布尔变量 flag，以及一个 setter 方法和一个 getter 方法用于操作 flag。

在 Java 中，volatile 关键字可以用来确保多线程环境下共享变量的可见性和有序性。具体来说，当一个变量被声明为 volatile 类型时，在每次使用该变量时，都会从主内存中读取最新的值，并将修改后的值立即写回主内存，而不是先在本地线程中缓存一份副本，这样可以避免多线程环境下的数据竞争和内存一致性问题。

在上述代码中，flag 变量被声明为 volatile 类型，表示它能够被多个线程同时访问和修改。如果不使用 volatile 关键字，当一个线程修改了 flag 的值时，其他线程可能无法立即看到这个变化，导致程序出现错误。但是，使用 volatile 关键字可以确保 flag 的值在多个线程间是可见的，任何线程都能够看到 flag 的最新值，从而避免了数据不一致的问题。

使用 volatile 关键字可以很好地解决多线程环境下的共享变量可见性和有序性问题。在需要多个线程同时访问和修改同一个变量时，建议使用 volatile 关键字来确保程序的正确性和可靠性。

- ReentrantLock

ReentrantLock 是显示锁，可以替代 synchronized 关键字。它提供了比 synchronized 更大的灵活性，例如可以实现公平锁和可重入锁。

ReentrantLock 是一种可重入锁的实现，在多线程环境下，可以使用它来保护共享资源的安全访问。通过显式地加锁和释放锁，可以控制对锁保护的代码块的并发访问，确保程序的正确性和可靠性。

例：

```
import java. util. concurrent. locks. Lock;
importjava. util. concurrent. locks. ReentrantLock;

public class ReentrantLockExample {
    private Lock lock = new ReentrantLock();
    public void performTask() {
        lock. lock();
        try {
            //执行需要同步的代码
        } finally {
            lock. unlock();
        }
    }
}
```

以上代码定义了一个名为 ReentrantLockExample 的类，其中包含了一个私有的 ReentrantLock 类型的锁对象 lock，以及一个 performTask 方法用于执行需要同步的代码块。

在 Java 中，ReentrantLock 是一个可重入锁的实现，它提供了与 synchronized 关键字相似的同步机制，但具备更灵活的特性。ReentrantLock 可以用来保护共享资源，确保在多线程环境下对资源的安全访问。

performTask 方法使用了 ReentrantLock 来保护需要同步的代码块。调用 lock. lock( ) 获取锁对象，如果锁对象已经被其他线程获取，则当前线程会被阻塞，直到获得了锁才能继续往下执行。

执行需要同步的代码块，这部分代码将在同一时刻只允许一个线程进入，其他线程需要等待锁的释放才能执行。

在 finally 块中调用 lock. unlock( ) 释放锁对象，确保无论代码块是否发生异常，都能够正确释放锁，避免死锁情况的发生。

这种方式可以保证同一时刻只有一个线程能够执行被锁保护的代码块，其他线程需要等待锁的释放。通过加锁和释放锁的操作，可以保证对共享资源的安全访问，避免数据竞争和并发访问导致的错误及异常。

- Condition 接口

Condition 接口配合 ReentrantLock 使用，可以实现更加精细化的线程等待和唤醒机制。

```java
import java.util.concurrent.locks.Condition;
import java.util.concurrent.locks.ReentrantLock;

public class ConditionExample {
    private ReentrantLock lock = new ReentrantLock();
    private Condition condition = lock.newCondition();

    public void await() throws InterruptedException {
        lock.lock();
        try {
            condition.await();    //线程等待
        } finally {
            lock.unlock();
        }
    }

    public void signal() {
        lock.lock();
        try {
            condition.signal();    //唤醒等待的线程
        } finally {
            lock.unlock();
        }
    }
}
```

以上代码定义了一个名为 ConditionExample 的类，其中包含了一个私有的 ReentrantLock 类型的锁对象 lock，以及一个私有的 Condition 类型的条件变量对象 condition，还包含了两个方法 await() 和 signal() 用于线程的等待和唤醒。

在 Java 中，Condition 是一种线程同步机制，它依赖一个 Lock 对象来实现线程之间的协调。Condition 可以让某些线程等待某个共享状态的变化，并且可以按照某个特定的顺序唤醒等待的线程。

在上述代码中，await() 方法使用了 Condition 来实现线程的等待操作，具体实现如下：

（1）调用 lock.lock() 获取锁对象，如果锁对象已经被其他线程获取，则当前线程会被阻塞，直到获得了锁才能继续往下执行。

（2）调用 condition.await() 方法将线程挂起，等待条件发生变化，线程进入等待队列中，释放锁并阻塞线程，直到被唤醒。

（3）等待条件发生变化后，condition.signal() 方法可以唤醒等待队列中的一个线程，使其从 await() 方法返回并继续执行。

signal 方法用于唤醒等待的线程，具体实现如下：

（1）调用 lock.lock() 获取锁对象，如果锁对象已经被其他线程获取，则当前线程会被阻塞，直到获得了锁才能继续往下执行。

（2）调用 condition.signal() 方法唤醒等待队列中的一个线程，使其从 await() 方法返回并继续执行。

（3）在 finally 块中调用 lock.unlock() 释放锁对象，确保无论是否发生异常，都能够正确释放锁。

（4）这种方式可以让某些线程等待某个共享状态的变化，并且可以按照某个特定的顺序唤醒等待的线程。通过 Condition 的配合使用，可以实现更加灵活和高效的线程同步机制。

Condition 是一种基于 Lock 的线程同步机制，在多线程编程中，可以使用它来实现线程之间的协调和互斥访问。通过 await() 和 signal() 方法的调用，可以实现线程的等待和唤醒，从而实现更加灵活和高效的线程同步。

【任务要求】

编写 Java 程序实现一个取款的功能。在取款时，通过合理使用线程和同步机制，可以改善程序的性能和用户体验。同时，需要注意在多线程编程中避免出现线程安全问题，确保程序的稳定性和正确性。

功能：

（1）显示余额 10 000 元。

（2）可输入取款金额 10 000 元以内。

（3）提供"确定"按钮。

（4）当提取金额超过当前余额时，提示"余额不足"。

（5）单击"确定"按钮，提示取消成功，提示"取款成功"等信息，如图 6-7 所示。余额中减少了对应的金额。

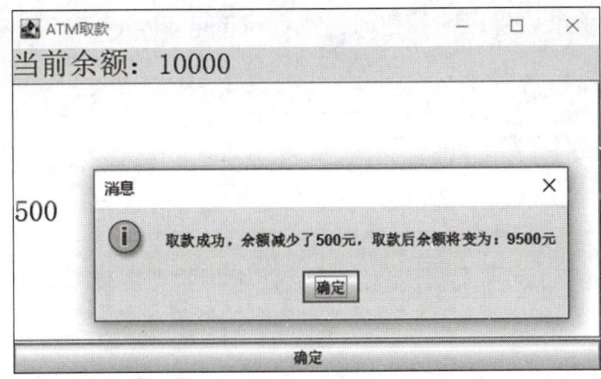

图 6-7　提示"取款成功"等信息

【任务实施】

（1）在包 com. myhello 中执行"New"→"Class"，新建 ATMWithdrawal. java 文件，定义变量 balance 存储初始余额。创建窗体，设置标题为"ATM 取款"，如图 6-8 所示。

```java
package com.myhello;

import javax.swing.*;
import java.awt.*;
import java.awt.event.ActionEvent;
import java.awt.event.ActionListener;

public class ATMWithdrawal {
    private static int balance = 10000; // 初始余额

    public static void main(String[] args) {
        JFrame frame = new JFrame("ATM取款"); // 创建窗口
        JPanel panel = new JPanel(new BorderLayout()); // 创建面板
        frame.add(panel);
```

图 6-8　新建 ATMWithdrawal. java 文件

（2）输入代码，设置标签显示当前余额，设置标签 JTextField 用于输入取款金额，设置"确定"按钮，设置窗体的大小为宽 500 像素、高 300 像素，如图 6-9 所示。

```java
        JLabel balanceLabel = new JLabel("当前余额: " + balance);
        balanceLabel.setFont(new Font("宋体", Font.PLAIN, 24)); // 设置字体大小为24磅
        panel.add(balanceLabel, BorderLayout.NORTH);

        JTextField amountField = new JTextField(10);
        amountField.setFont(new Font("宋体", Font.PLAIN, 24)); // 设置字体大小为24磅
        panel.add(amountField, BorderLayout.CENTER);

        JButton confirmButton = new JButton("确定");
        panel.add(confirmButton, BorderLayout.SOUTH);

        frame.setSize(500, 300);
        frame.setDefaultCloseOperation(JFrame.EXIT_ON_CLOSE);
        frame.setVisible(true);
```

图 6-9　输入代码

（3）实现当用户单击"确定"按钮时，执行 actionPerformed 方法实现取款计算的功能，如图 6-10 所示。

```java
confirmButton.addActionListener(new ActionListener() {
    @Override
    public void actionPerformed(ActionEvent e) {
        String amountStr = amountField.getText();
        int amount = Integer.parseInt(amountStr);
        if (amount <= balance) {
            Thread withdrawalThread = new Thread(new Runnable() {
                @Override
                public void run() {
                    synchronized (ATMWithdrawal.class) {
                        balance -= amount;
                    }
                    SwingUtilities.invokeLater(new Runnable() {
                        @Override
                        public void run() {
                            JOptionPane.showMessageDialog(null, "取款成功，余额减少了"
                                    + amount + "元，取款后余额将变为，" + balance + "元");
                            balanceLabel.setText("当前余额：" + balance);
                        }
                    });
                }
            });
            withdrawalThread.start();
        } else {
            JOptionPane.showMessageDialog(null, "余额不足！");
        }
    }
});
}
```

图 6-10　实现取款计算的功能

提示：

① 从 amountField 文本框中获取输入的金额字符串 amountStr。

② 将 amountStr 转换为整数类型的 amount。

③ 检查 amount 是否小于或等于 balance（当前余额）。

④ 如果 amount 小于或等于 balance，进入 if 语句块。

⑤ 创建一个新的线程 withdrawalThread 来执行取款操作。

⑥ 取款操作被包装在一个 Runnable 接口的实现类中。

⑦ 在取款操作的 run 方法中，使用 synchronized 关键字锁定 ATMWithdrawal. class 对象，确保 balance 的修改是线程安全的。

⑧ 在锁定的代码块中，将 balance 减去 amount，模拟取款操作。

⑨ 使用 SwingUtilities. invokeLater 方法，在事件分发线程中更新界面。

⑩ 在 invokeLater 方法中，弹出一个消息对话框，显示取款成功的信息，并显示更新后的余额。

⑪ 启动 withdrawalThread 线程，开始执行取款操作。

⑫ 如果 amount 大于 balance，进入 else 语句块，弹出一个消息对话框，显示余额不足的信息。

最后实现的功能是程序根据用户输入的金额进行取款操作。如果余额充足，将启动一个新的线程执行取款操作，并在操作完成后更新界面显示；如果余额不足，则弹出提示信息。

通过使用线程和同步机制，程序能够提高用户体验，避免界面卡顿，并确保共享资源的线程
安全访问。

```java
package com. myhello;

import javax. swing. * ;
import java. awt. * ;
import java. awt. event. ActionEvent;
import java. awt. event. ActionListener;

public class ATMWithdrawal {
    private static int balance = 10000;                    //初始余额

    public static void main(String[] args) {
        JFrameframe = new JFrame("ATM 取款");    //创建窗口
        JPanelpanel = new JPanel(new BorderLayout());      //创建面板
        frame. add(panel);

        JLabelbalanceLabel = new JLabel("当前余额:" + balance);
        balanceLabel. setFont(new Font("宋体", Font. PLAIN, 24)); //设置字体大小为 24 磅
        panel. add(balanceLabel, BorderLayout. NORTH);

        JTextFieldamountField = new JTextField(10);
        amountField. setFont(new Font("宋体", Font. PLAIN, 24));  //设置字体大小为 24 磅
        panel. add(amountField, BorderLayout. CENTER);

        JButtonconfirmButton = new JButton("确定");
        panel. add(confirmButton, BorderLayout. SOUTH);

        frame. setSize(500, 300);
        frame. setDefaultCloseOperation(JFrame. EXIT_ON_CLOSE);
        frame. setVisible(true);

        confirmButton. addActionListener(new ActionListener() {
            @Override
            public void actionPerformed(ActionEvent e) {
                StringamountStr = amountField. getText();
                int amount = Integer. parseInt(amountStr);
                if (amount <= balance) {
```

```
ThreadwithdrawalThread = new Thread(new Runnable() {
    @Override
    public void run() {
        synchronized(ATMWithdrawal. class) {
            balance- = amount;
        }
        SwingUtilities. invokeLater(new Runnable() {
            @Override
            public void run() {
                JOptionPane. showMessageDialog(null, "取款成功,余额减少了"
                +amount + "元,取款后余额将变为:" + balance + "元");
                balanceLabel. setText("当前余额:" + balance);
            }
        });
    }
});
withdrawalThread. start();
}else {
    JOptionPane. showMessageDialog(null, "余额不足!");
}
        }
    });
}
}
```

知 识链接

（1）当用户单击"确定"按钮后，会创建一个新的线程执行取款操作。取款操作被包装在一个 Runnable 接口的实现类中，并使用 synchronized 关键字锁定 balance 变量的修改。取款操作执行完成后，通过 SwingUtilities. invokeLater 方法更新界面上的余额显示。这样可以确保界面的刷新在事件分发线程中进行，避免线程安全问题。

（2）通过使用线程来执行取款操作，可以提高程序的响应性和用户体验。同时，需要注意在多线程环境下的线程安全性问题，合理使用同步机制来保护共享资源的访问。

（3）提高用户体验：通过将取款操作放入新的线程中执行，避免了在主界面线程中进行耗时的操作，保证了界面的流畅性和响应性，提高了用户体验。

（4）同步机制：使用 synchronized 关键字对共享变量 balance 进行加锁，确保多个线程不会同时修改该变量，从而避免出现并发访问导致的数据不一致问题。

（5）避免界面卡顿：在单击"确定"按钮后，界面可以立即响应，不会因为执行耗时操作而发生卡顿。

（6）避免线程安全问题：通过合理使用同步机制，确保共享变量的安全访问，避免了多线程环境下可能出现的数据竞争和并发访问问题，保证了程序的稳定性和可靠性。

任务 3　数组越界和除数为零异常案例

6.3　异常处理

6.3.1　异常处理的概念

Java 中的异常处理是一种机制，用于捕获和处理程序运行时可能发生的异常情况，以避免程序崩溃并提供相应的错误处理。

1. 异常的类型

Java 中的异常分为两种类型：受检异常和非受检异常。

- 受检异常

这些异常在代码中必须进行明确的处理，否则编译器会报错。受检异常通常表示外部环境或资源异常，例如文件读写异常、网络连接异常等。处理受检异常的方式包括捕获异常并使用 try-catch 语句块处理，或者在方法声明中使用 throws 关键字声明该异常。

- 非受检异常

这些异常不需要在代码中显式地进行捕获和处理，编译器也不会强制要求进行处理。非受检异常通常表示程序内部错误或逻辑错误，例如空指针异常、数组越界异常等。处理非受检异常的主要方式是通过合理的编码和逻辑判断来避免这些异常的发生。

2. 处理异常的关键字和语句

- try-catch 语句块

用于捕获并处理异常。try 块中包含可能抛出异常的代码，catch 块中包含对异常进行处理的代码。多个 catch 块可以用来捕获不同类型的异常，从而进行针对性的处理。

```
try {
    //可能抛出异常的代码
} catch(ExceptionType1 exception1) {
    //处理异常 1
} catch(ExceptionType2 exception2) {
    //处理异常 2
} finally {
    //可选的 finally 块,用于执行无论是否发生异常都需要执行的代码
}
```

● throw 语句

用于手动抛出异常。可以使用 throw 关键字将自定义的异常对象抛出，然后由上层代码进行捕获和处理。

```
throw new ExceptionType("Exception message");
```

● throws 关键字

用于在方法声明中指定该方法可能抛出的异常。如果一个方法可能会抛出受检异常，但是不想在该方法内部处理异常，可以使用 throws 关键字将异常向上一层方法传递，直到遇到能够处理该异常的代码。

```
public void method() throws ExceptionType {
    //可能抛出异常的代码
}
```

● finally 块

可选的 finally 块用于执行无论是否发生异常都需要执行的代码。无论是否发生异常，finally块中的代码都会被执行。通常 finally 块用于资源的释放，如关闭文件、数据库连接等。

```
try {
    //可能抛出异常的代码
} finally {
    //无论是否发生异常都会执行的代码
}
```

通过合理的异常处理，可以使程序更加健壮和可靠，增加程序的容错性和可维护性。在处理异常时，需要根据具体情况选择合适的处理方式，并遵循异常处理的最佳实践。

6.3.2 异常类

在 Java 中，异常类是用于表示不同类型异常的类。Java 提供了一系列的内置异常类，同时也允许用户自定义异常类来表示特定的异常情况。

1. 内置异常类

Exception（异常）是所有异常类的基类，用于表示通常情况下可以被捕获和处理的异常。Exception 类有许多子类，代表不同类型的异常，例如 RuntimeException、IOException 等。

● RuntimeException（运行时异常）

RuntimeException 是 Exception 的子类，表示在程序运行期间可能出现的异常，通常由程序逻辑错误引起。常见的运行时异常包括 NullPointerException（空指针异常）、IllegalArgumentException（非法参数异常）、ArrayIndexOutOfBoundsException（数组越界异常）等。

● IOException（输入/输出异常）

IOException 是 Exception 的子类，表示输入/输出操作可能出现的异常情况，例如文件读写错误、网络连接异常等。

● FileNotFoundException（文件未找到异常）

FileNotFoundException 是 IOException 的子类，表示在文件操作中无法找到指定的文件。

- ClassNotFoundException（类未找到异常）

ClassNotFoundException 是 Exception 的子类，表示在使用反射机制时无法找到指定的类。

- ArrayIndexOutOfBoundsException（数组越界异常）

ArrayIndexOutOfBoundsException 是 RuntimeException 的子类，表示访问数组时超出了有效索引范围。

2. 自定义异常类

除了这些内置异常类，Java 还允许用户自定义异常类来表示特定的异常情况。用户自定义的异常类通常需要继承自 Exception 或其子类，并根据具体的异常情况添加自定义的属性和方法。

例：自定义异常类。

```
public class MyException extends Exception {
    private int errorCode;

    public MyException(String message, int errorCode) {
        super(message);
        this. errorCode = errorCode;
    }

    public int getErrorCode() {
        return errorCode;
    }
}
```

以上代码定义了一个自定义异常类 MyException，它继承自 Exception 类。

（1）该异常类具有一个私有成员变量 errorCode，表示错误代码。

（2）构造方法 MyException(String message, int errorCode) 接受两个参数，分别是异常的描述信息和错误代码。通过调用父类的构造方法 super(message)，将描述信息传递给父类 Exception。然后使用 this. errorCode = errorCode；将传入的错误代码赋给成员变量 errorCode。

（3）getErrorCode( ) 方法用于获取错误代码。这样，在抛出 MyException 异常时，可以在捕获异常的地方获取到错误代码，以使程序进行进一步处理。

6.3.3 异常处理

异常处理可以分为以下几个步骤。

- 抛出异常（Throwing Exceptions）

当程序中发生异常情况时，可以使用 throw 语句手动抛出异常。

例如：

```
throw new Exception("Something went wrong");
```

- 捕获异常（Catching Exceptions）

为了处理异常，需要使用 try-catch 语句块来捕获可能抛出的异常。try 块中包含可能抛出异常的代码，而 catch 块用于捕获并处理异常。多个 catch 块可以用来捕获不同类型的异常，从而进行针对性的处理。

例如：

```
try {
    //可能抛出异常的代码
} catch(ExceptionType1 exception1) {
    //处理异常 1
} catch(ExceptionType2 exception2) {
    //处理异常 2
}
```

【任务要求】

创建一个窗体，其中包含"触发异常"按钮，如图 6-11 所示。

图 6-11　创建一个窗体

执行以下操作：

（1）定义一个数组变量存储 {10,2,23,44,85}，先显示数组元素。

（2）尝试显示数组越界元素 arr[5] 的值，并获取异常提示信息。

（3）尝试使用第 1 个元素除以零，即执行 arr[0] 除以 0，并获取异常提示信息。

执行的结果：

```
现在数组：
数组数据：10 2 23 44 85

尝试显示数组元素 arr[5]的值：
捕获到数组越界异常：Index 5 out of bounds for length 5
尝试进行 arr[0]除零操作：
捕获到除零异常：/by zero
```

【任务实施】

（1）在包 com. myhello 中执行 "New"→"Class"，新建 mytry. java 文件，创建一个窗口程序，窗口标题设为 "异常处理示例"，创建一个 "触发异常" 按钮位于窗口中间，如图 6-12 所示。

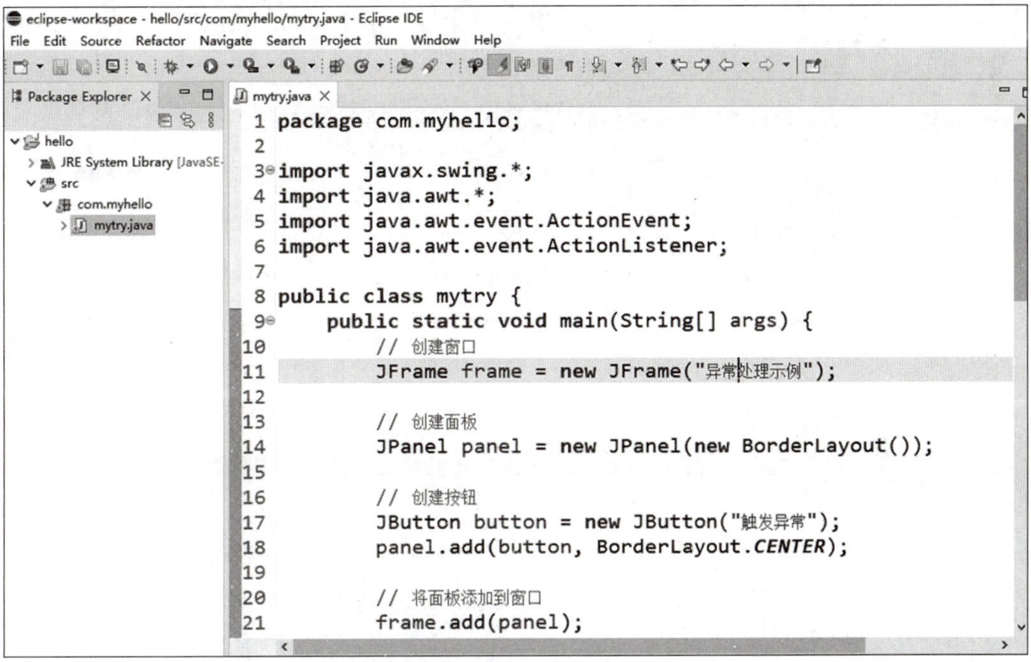

图 6-12　新建 mytry. java 文件

（2）输入代码，设计窗体大小为宽 400 像素、高 300 像素，创建单击按钮事件监听，单击按钮实现功能：定义数组 arr={10,2,23,44,85}，输出数组元素数据，如图 6-13 所示。

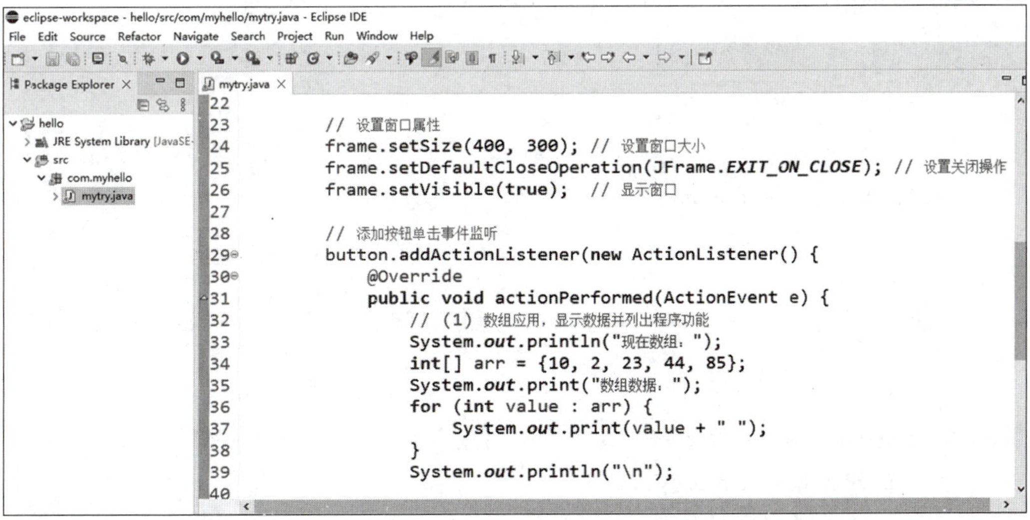

图 6-13　输入代码

（3）输入代码，用 try 语句执行输出 arr［5］元素，捕获并打印数组越界异常的信息，用 try 语句执行 arr［0］/0 的结果，捕获并打印异常的信息，如图 6-14 所示。

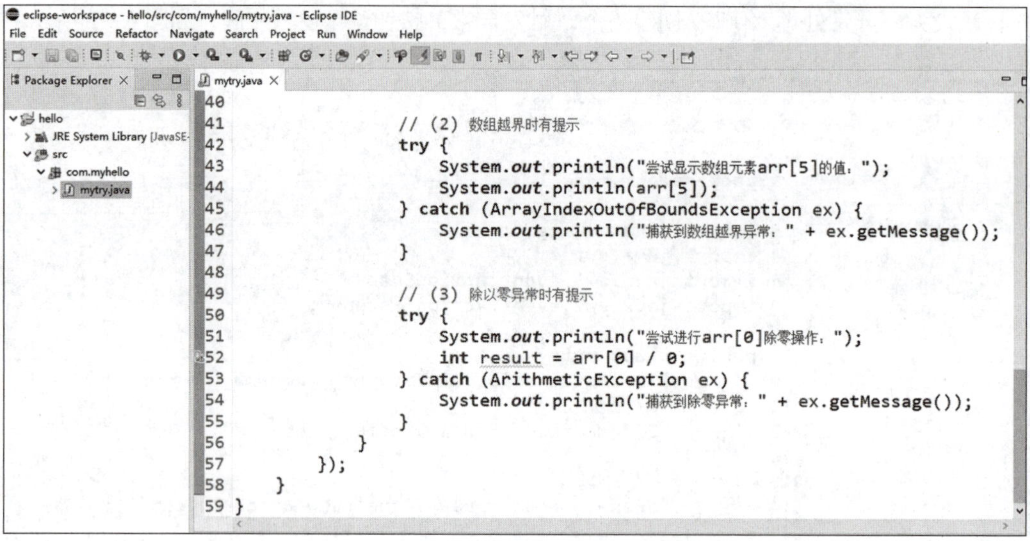

图 6-14　用 **try** 语句执行输出 **arr**［5］ 元素

参考代码：

```
package com. myhello;

import javax. swing. *;
import java. awt. *;
import java. awt. event. ActionEvent;
import java. awt. event. ActionListener;

public class mytry {
    public static void main(String[] args) {
        //创建窗口
        JFrameframe = new JFrame("异常处理示例");

        //创建面板
        JPanelpanel = new JPanel(new BorderLayout());

        //创建按钮
        JButtonbutton = new JButton("触发异常");
        panel. add(button, BorderLayout. CENTER);

        //将面板添加到窗口
        frame. add(panel);
```

```
//设置窗口属性
frame. setSize(400, 300);//设置窗口大小
frame. setDefaultCloseOperation(JFrame. EXIT_ON_CLOSE);　//设置关闭操作
frame. setVisible(true);　//显示窗口


//添加按钮单击事件监听
button. addActionListener(new ActionListener() {
    @Override
    public void actionPerformed(ActionEvent e) {
        //(1) 数组应用,显示数据并列出程序功能
        System. out. println("现在数组:");
        int[] arr = {10, 2, 23, 44, 85};
        System. out. print("数组数据:");
        for (int value : arr) {
            System. out. print(value + " ");
        }
        System. out. println("\n");

        //(2) 数组越界时有提示
        try {
            System. out. println("尝试显示数组元素 arr[5]的值:");
            System. out. println(arr[5]);
            }catch(ArrayIndexOutOfBoundsException ex) {
            System. out. println("捕获到数组越界异常:" + ex. getMessage());
        }
        //(3) 除以零异常时有提示
        try {
            System. out. println("尝试进行 arr[0]除零操作:");
            int result = arr[0]/0;
        }catch(ArithmeticException ex) {
            System. out. println("捕获到除零异常:" + ex. getMessage());
        }
    }
});
}
}
```

【习题】

1. Java 线程的概念是（　　　　）。

A. Java 线程是 Java 程序中的执行单元　　B. Java 线程是 Java 程序中的编译单元

C. Java 线程是 Java 程序中的存储单元　　D. Java 线程是 Java 程序中的语句单元

2. Java 中创建线程的两种方式是（　　　　）。

A. 继承 Thread 类　　　　　　　　　　B. 实现 Runnable 接口

C. 继承 Runnable 类　　　　　　　　　D. 实现 Thread 接口

3. Java 中线程的生命周期包括的状态有（　　　　）。

A. 新建（New）　　　　　　　　　　　B. 就绪（Runnable）

C. 运行（Running）　　　　　　　　　D. 阻塞（Blocked）

E. 等待（Waiting）　　　　　　　　　F. 超时等待（Timed Waiting）

G. 终止（Terminated）

4. Java 中设置线程优先级的方法为（　　　）。

A. setPriority(int priority)　　　　　　B. getPriority( )

C. setThreadPriority(int priority)　　　D. getThreadPriority( )

5. 在 Java 中，可以依靠线程优先级来保证程序的正确性和性能吗？（　　　　）

A. 可以，线程优先级是最重要的因素

B. 不可以，线程优先级只是给线程调度器提供了一个提示

C. 可以，线程优先级是保证程序正确性和性能的唯一途径

D. 不可以，线程优先级并不影响程序的执行顺序

6. 在 Java 中，以下关键字可以用来保证同一时刻最多只有一个线程执行被修饰的代码的是（　　　　）。

A. synchronized　　　　　　　　　　B. volatile

C. ReentrantLock　　　　　　　　　　D. Condition

7. 下列关于同步方法的描述中，正确的是（　　　　）。

A. 使用 synchronized 关键字修饰的方法在多线程环境下可以同时被多个线程执行

B. 同步方法使用 synchronized 关键字来实现对共享资源的安全访问

C. 同步方法使用 ReentrantLock 对象来实现对共享资源的安全访问

D. 同步方法只能被同一个类内的线程调用

8. 在 Java 中，（　　　）关键字可以用来保证共享变量的可见性和禁止指令重排序。

A. synchronized　　　B. volatile　　　C. ReentrantLock　　　D. Condition

9. ReentrantLock 是一种（　　　　）。

A. 公平锁　　　　　B. 可重入锁　　　　C. 读写锁　　　　D. 乐观锁

10. 以下（　　　）接口配合 ReentrantLock 使用，可以实现更加精细化的线程等待和唤醒机制。

A. Runnable 接口　　B. Callable 接口　　C. Condition 接口　　D. Lock 接口

11. 在使用 Condition 接口时，（　　　）方法可以使当前线程进入等待状态。

A. await(　)　　　　　B. signal(　)　　　　C. lock(　)　　　　D. unlock(　)

12. 下列（　　　）在代码中必须进行明确的处理，否则编译器会报错。

A. 非受检异常　　　B. 受检异常　　　C. 运行时异常　　　D. IO 异常

13. 以下（　　　）关键字用于在方法声明中指定该方法可能抛出的异常。

A. try　　　　　　　B. catch　　　　　C. throws　　　　　D. finally

14. 对于可能抛出异常的代码，以下（　　　）语句块用于捕获并处理异常。

A. catch　　　　　　B. try　　　　　C. throws　　　　　D. finally

15. 下列关键字用于手动抛出异常的是（　　　）。

A. throw　　　　　　B. throws　　　　C. try　　　　　D. catch

输入/输出流

任务 1 文件管理操作

文件管理操作涉及对文件和目录进行创建、读取、写入、删除等操作。在 Java 中，可以使用 File 类或者 NIO 的 Path 类来进行文件管理操作。

Java 中的 File 类和 NIO 的 Path 类都用于表示文件或目录的路径，但它们存在一些区别。

1. File 类

File 类提供了对文件系统中文件和目录的操作，易用性较强，可以直接进行文件和目录的创建、删除、重命名等操作。File 类提供了丰富的方法来操作文件和目录，包括获取文件信息、遍历目录等。

例：File 类新建文件 file. txt 的用法。

```
File file = newFile("path/to/file. txt");
if (file. exists()) {
    //文件存在,进行操作
} else {
    //文件不存在,进行处理
}
```

2. NIO 的 Path 类

Path 类是 Java NIO(New I/O) 包中引入的，用于表示文件路径，是 NIO 中操作文件和目录的核心类之一。

Path 类提供了丰富的方法来操作文件路径，包括解析路径、合并路径、获取文件信息等，同时支持相对路径和绝对路径。Path 类比 File 类更加灵活，支持更多高级的文件操作。

例：Path 类新建文件 file. txt 的用法。

```
Path path = Paths. get("path/to/file. txt");
```

```
if (Files. exists(path)) {
    //文件存在,进行操作
} else {
    //文件不存在,进行处理
}
```

3. 常见的文件管理操作

- 创建文件和目录

使用 File 类或 NIO 的 Path 类可以创建新的文件和目录。可以使用 createNewFile( ) 方法创建文件，使用 mkdir( ) 方法创建单层目录，使用 mkdirs( ) 方法创建多层目录。

Java 中的 createNewFile( ) 方法是 File 类提供的一个方法，用于创建一个新的空文件。如果文件已经存在，则不会创建新文件，而是返回 false。

例：使用 createNewFile( ) 方法来创建 newfile. txt 文件。

```
import java. io. File;
import java. io. IOException;

public class CreateNewFile{
    public static void main(String[] args) {
        File file = new File("newfile. txt");
        try {
            if (file. createNewFile()) {
                System. out. println("文件创建成功!");
            } else {
                System. out. println("文件已经存在,无须创建。");
            }
        } catch(IOException e) {
            e. printStackTrace();
        }
    }
}
```

在上述代码中，使用 createNewFile( ) 方法创建了一个名为 newfile. txt 的文件。如果文件已经存在，则输出"文件已经存在，无须创建。"的信息；否则，输出"文件创建成功！"的信息。

注意，createNewFile( ) 方法可能会抛出 IOException 异常，因此需要进行异常处理，代码中应用了 try{}catch( ){} 实现。

- 复制文件和目录

使用 NIO 的 Files 类可以复制现有的文件和目录。可以使用 copy( ) 方法复制文件，使用 copyDirectory( ) 方法复制目录。

在 Java 的 NIO（New I/O）包中，Files 类提供了 copy( ) 方法来复制文件。该方法可以将一个文件复制到另一个位置。

例：使用 Files. copy( ) 方法将 sourcefile. txt 的源文件复制到 targetfile. txt 的目标文件中。

```
import java. nio. file. Path;
import java. nio. file. Paths;
importjava. nio. file. Files;
import java. nio. file. StandardCopyOption;
import java. io. IOException;

public class FileCopyExample {
    public static void main(String[] args) {
        Path sourcePath = Paths. get("sourcefile. txt");
        Path targetPath = Paths. get("targetfile. txt");

        try {
            Files. copy(sourcePath, targetPath, StandardCopyOption. REPLACE_EXISTING);
            System. out. println("文件复制成功!");
        } catch(IOException e) {
            e. printStackTrace();
        }
    }
}
```

在上述示例中，使用 Files. copy( ) 方法将名为 sourcefile. txt 的源文件复制到名为 target-file. txt 的目标文件中。如果目标文件已经存在，则替换它。如果复制操作成功，则输出"文件复制成功!"的信息。

注意，Files. copy( ) 方法可能会抛出 IOException 异常，因此需要进行异常处理。

● 删除文件和目录

使用 File 类或 NIO 的 Path 类可以删除现有的文件和目录。可以使用 delete( ) 方法删除文件或目录，使用 deleteOnExit( ) 方法在虚拟机终止时删除文件或目录。

● 重命名文件和目录

使用 File 类或 NIO 的 Path 类可以对文件和目录进行重命名。可以使用 renameTo( ) 方法将文件或目录重命名为指定的名称。

● 判断文件和目录是否存在

使用 File 类或 NIO 的 Path 类可以判断文件或目录是否存在。可以使用 exists( ) 方法检查文件或目录是否存在。

● 获取文件信息

使用 File 类或 NIO 的 Path 类可以获取文件的各种信息，如文件名、路径、大小、最后修改时间等。

● 遍历目录

使用 File 类或 NIO 的 Path 类可以遍历目录中的文件和子目录。可以使用 list( ) 方法获取目录中的文件和目录列表，使用 listFiles（ ）方法获取目录中的文件和目录对象。

● 移动文件和目录

使用 NIO 的 Files 类可以移动现有的文件和目录。可以使用 move（ ）方法移动文件或目录到指定位置。

● 文件读写操作

使用经典 IO 类或 NIO 的 Files 类可以进行文件的读写操作。可以使用 FileInputStream 和 FileOutputStream 类、BufferedReader 和 BufferedWriter 类、Files 类中的方法来读取和写入文件内容。

7.1.1 File 类

Java 中的 File 类提供了对文件和目录进行操作的功能。它可以用于创建、删除、重命名文件或目录，以及查询文件和目录的属性信息。

● File 类的一些常用方法（表 7-1~表 7-5）

表 7-1 创建文件或目录

命令	功能说明
boolean createNewFile（ ）	创建一个新的空文件
boolean mkdir（ ）	创建一个新的目录
boolean mkdirs（ ）	创建一个新的目录，包括任何必需但不存在的父目录

表 7-2 删除文件或目录

命令	功能说明
boolean delete（ ）	删除文件或目录

表 7-3 重命名文件或目录

命令	功能说明
boolean renameTo（File dest）	将文件或目录重命名为指定的目标文件或目录

表 7-4 查询文件或目录属性

命令	功能说明
boolean exists（ ）	判断文件或目录是否存在
String getName（ ）	获取文件或目录的名称
String getPath（ ）	获取文件或目录的路径
boolean isFile（ ）	判断是否为文件
boolean isDirectory（ ）	判断是否为目录
long lastModified（ ）	获取文件或目录的最后修改时间
long length（ ）	获取文件的长度（字节数）

表 7-5 获取目录内容

命令	功能说明
String[ ] list( )	返回目录中的文件和目录的名称数组
File[ ] listFiles( )	返回表示目录中的文件和目录的 File 对象数组

使用 File 类时，需要注意文件路径的表示方法，可以使用相对路径或绝对路径来创建 File 对象。

例：

```
//使用相对路径创建 File 对象
File file = new File("file1. txt");

//使用绝对路径创建 File 对象
File file = new File("D:\\files\\file2. txt");
```

File 类提供了丰富的文件和目录操作功能，能够满足日常开发中对文件系统的基本需求。

7.1.2 文件选择对话框

在 Java 中，可以使用 JFileChooser 类来创建文件选择对话框，让用户选择文件或目录。文件选择对话框通常用于打开文件、保存文件或选择目录等操作。

例：弹窗打开文件选择对话框。

```
package com. myhello;

import javax. swing. *;
import java. awt. event. ActionEvent;
import java. awt. event. ActionListener;

public class myFileChooser {
    public static void main(String[] args) {
        //创建一个新的文件选择对话框
        JFileChooserfileChooser = new JFileChooser();

        //创建一个按钮来触发文件选择对话框
        JButtonbutton = new JButton("打开文件选择对话框");

        //添加按钮单击事件监听
        button. addActionListener(new ActionListener() {
            @Override
            public void actionPerformed(ActionEvent e) {
                //显示文件选择对话框,并获取用户的操作结果
```

```
int result = fileChooser. showOpenDialog(null);

//判断用户是否单击了"打开"按钮
if (result == JFileChooser. APPROVE_OPTION) {
    //用户选择了文件
    JOptionPane. showMessageDialog(null, "选择的文件是:" + fileChooser. getSelectedFile());
    }
}
});

//创建窗口并添加按钮
JFrameframe = new JFrame("文件选择对话框");
frame. setDefaultCloseOperation(JFrame. EXIT_ON_CLOSE);
frame. getContentPane(). add(button);
frame. setSize(400, 300);

frame. setVisible(true);
}
}
```

程序运行结果如图 7-1 和图 7-2 所示。

图 7-1 程序运行结果（1）

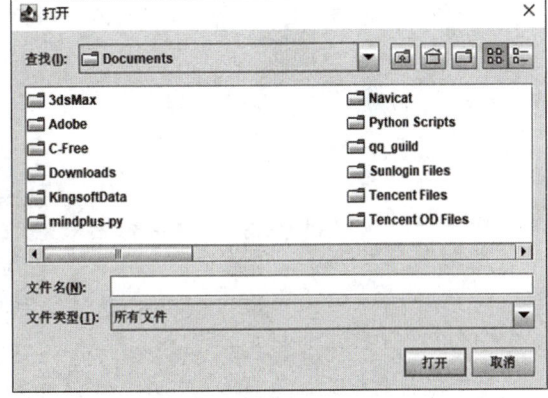

图 7-2 程序运行结果（2）

在这个示例中，当用户单击按钮时，会弹出文件选择对话框，用户可以选择文件并单击"打开"按钮。选择完毕后，程序会获取用户选择的文件，并显示在消息框中。

除了打开文件选择对话框，JFileChooser 还提供了其他方法来实现保存文件、选择目录等操作。根据具体需求，可以设置文件选择对话框的标题、默认路径、文件类型过滤器等属性，以满足不同的应用场景。

【任务要求】

（1）在 d:\根目录下创建一个文件夹 mytxt，在目录 mytxt 下创建文件 file1. txt、file2. txt、file3. txt。

（2）向 file1. txt 文件写入"这是第一个文件的内容"。

（3）向 file2. txt 文件写入"这是第二个文件的内容"。

（4）向 file3. txt 文件写入"这是第三个文件的内容"。

（5）执行程序后，显示执行信息。

例如：执行程序后，显示结果如下。

```
目录 d:\mytxt 创建成功
文件 file1. txt 写入成功
文件 file2. txt 写入成功
文件 file3. txt 写入成功
```

程序执行后，在 d:\mytxt 目标下查看到的文件如图 7-3 所示。

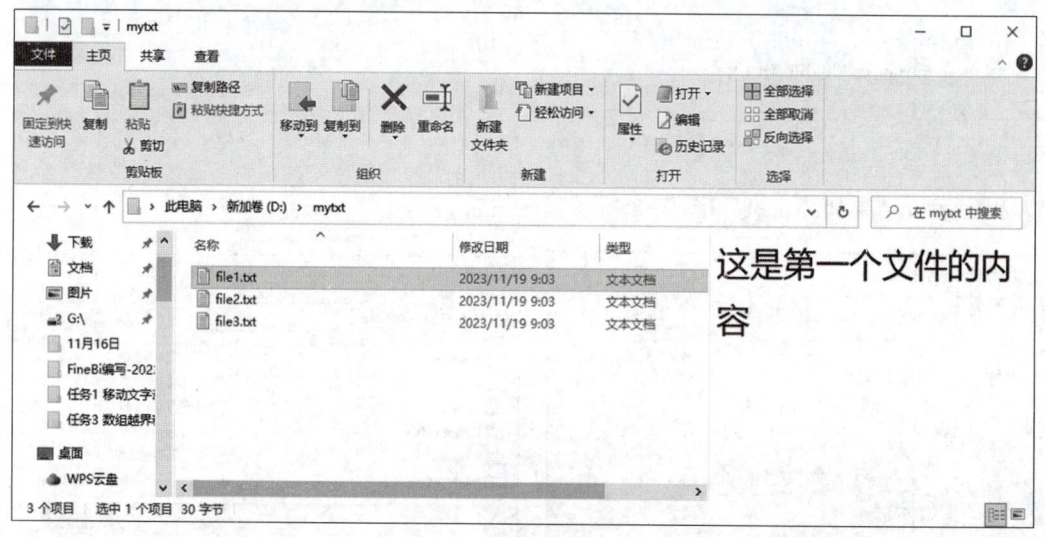

图 7-3　查看到的文件

【任务实施】

（1）在包 com. myhello 中执行"New"→"Class"，新建 FileCreateWrite.java 文件，定义字符串变量 directoryPath，存储要创建的目录的路径为 d:\mytxt。调用 mkdir( ) 方法创建目录 d:\mytxt，并输出信息来提示创建情况，如图 7-4 所示。

（2）输入代码，创建三个文件 file1. txt、file2. txt、file3. txt，并依次向三个文件中写入"这是第一个文件的内容""这是第二个文件的内容""这是第三个文件的内容"等文字内容，如图 7-5 所示。

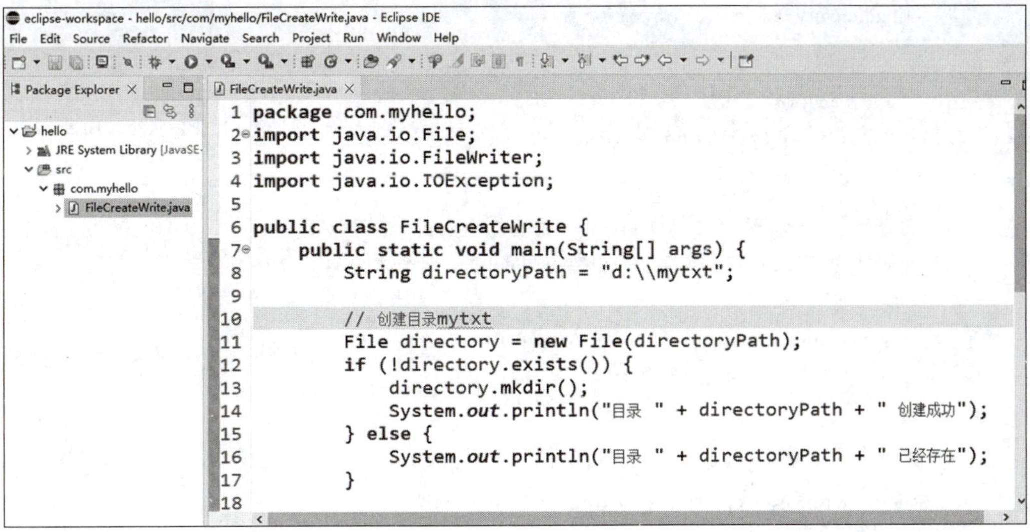

图 7-4　新建 FileCreateWrite. java 文件

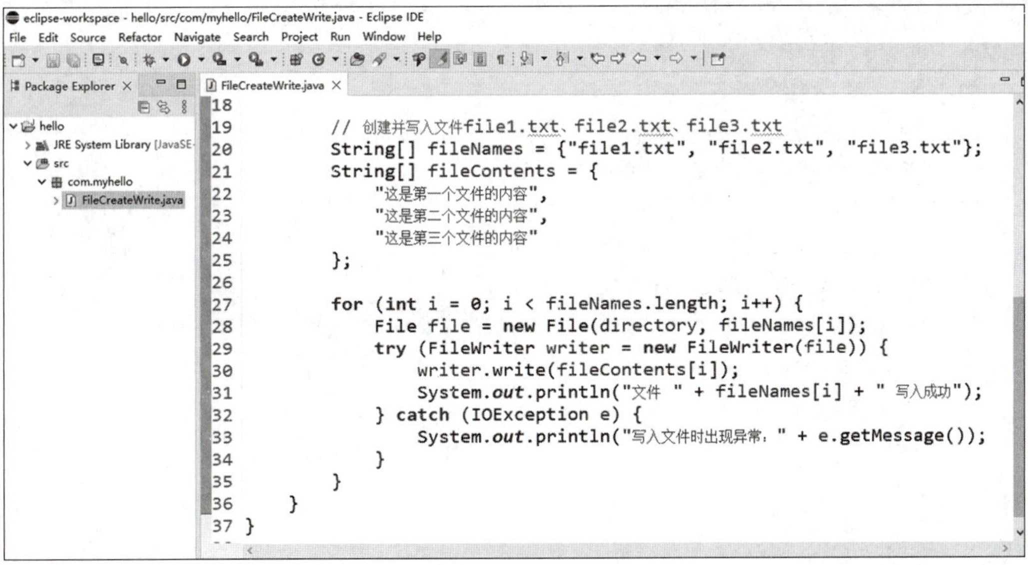

图 7-5　输入代码

参考代码：

```java
package com. myhello;
import java. io. File;
import java. io. FileWriter;
import java. io. IOException;

public class FileCreateWrite {
    public static void main(String[] args) {
```

```
StringdirectoryPath = "d:\\mytxt";

//创建目录 mytxt
Filedirectory = new File(directoryPath);
if (! directory. exists()) {
    directory. mkdir();
    System. out. println("目录 " + directoryPath + " 创建成功");
}else {
    System. out. println("目录 " + directoryPath + " 已经存在");
}

//创建并写入文件 file1. txt、file2. txt、file3. txt
String[]fileNames = {"file1. txt", "file2. txt", "file3. txt"};
String[]fileContents = {
    "这是第一个文件的内容",
    "这是第二个文件的内容",
    "这是第三个文件的内容"
};

for (int i = 0; i < fileNames. length; i++) {
    Filefile = new File(directory, fileNames[i]);
    try(FileWriter writer = new FileWriter(file)) {
        writer. write(fileContents[i]);
        System. out. println("文件 " + fileNames[i] + " 写入成功");
    }catch(IOException e) {
        System. out. println("写入文件时出现异常:" + e. getMessage());
    }
}
}
```

任务 2 文件编辑器

7.2 字节流

7.2.1 流的概念

在 Java 中，流（Stream）是一种用于处理输入/输出操作的抽象概念。它可以看作一个数据的序列，数据可以是字节、字符、基本数据类型等。流提供了统一的方式来处理不同来源和去向的数据，包括文件、网络连接、内存中的数据等。

1. 流的分类

在 Java 中，流可以按照方向和数据类型进行分类。主要分为输入流和输出流，以及字节流和字符流。

- 输入流和输出流

输入流用于从数据源（如文件、键盘、网络连接等）读取数据，而输出流用于向数据目标（如文件、屏幕、网络连接等）写入数据。

- 字节流和字符流

字节流以字节为单位进行读写操作，适用于处理二进制数据和字节数据；字符流以字符为单位进行读写操作，适用于处理文本数据。

2. 流的体系结构

Java 的流是输入/输出（I/O）操作的核心部分，它们是用于读取和写入数据的一组类。

Java 流体系结构包括 InputStream、OutputStream、Reader 和 Writer 四个抽象类。InputStream 和 OutputStream 用于处理字节流，Reader 和 Writer 用于处理字符流。

其中，InputStream 和 OutputStream 是所有字节流的基类，Reader 和 Writer 是所有字符流的基类。这些类都是抽象类，不能直接实例化，只能通过它们的子类来实现具体的功能。

在流的体系结构中，还有两个概念：节点流和处理流。

- 节点流

节点流可以直接从一个数据源（如文件）中读取数据或将数据写入目标（如文件）中，是流的"原材料"，也称为低级流。

- 处理流

处理流是对节点流进行包装后得到的新流，提供了更高级别的数据处理功能，可以进行过滤、缓存等操作，也称为高级流。

还有许多其他类型的流，比如数据流（DataInputStream/DataOutputStream）、对象流（ObjectInputStream/ObjectOutputStream）等，它们提供了更高级别的数据处理功能。

3. 流的特点

流的处理通常是顺序的，即数据会依次经过流进行处理，这种方式适用于大部分输入/输出操作。此外，Java 的流操作通常通过装饰器模式来实现各种功能的组合，使流的处理变得灵活，并且可以方便地扩展功能。

7.2.2　字节流

在 Java 中，字节流（Byte Stream）用于以字节为单位进行输入和输出操作。它主要处理的是字节数据，适用于处理二进制文件或者文本文件中的原始字节数据。Java 提供了一系列用于处理字节流的类，主要包括 InputStream 和 OutputStream 的子类。

- 字节输入流

在 Java 中，主要的字节输入流包括以下几种。

InputStream：是所有字节输入流类的抽象父类，定义了字节输入流的基本操作。

FileInputStream：用于从文件中读取数据的输入流。

BufferedInputStream：提供了缓冲机制，能够提高读取文件数据的效率。

DataInputStream：可以方便地读取基本数据类型数据。

使用字节输入流可以从文件或其他数据源中读取字节数据，并进行相应的处理。

- 字节输出流

在 Java 中，常见的字节输出流包括以下几种。

OutputStream：是所有字节输出流类的抽象父类，定义了字节输出流的基本操作。

FileOutputStream：用于向文件中写入数据的输出流。

BufferedOutputStream：提供了缓冲机制，能够提高向文件写入数据的效率。

DataOutputStream：可以方便地写入基本数据类型数据。

使用字节输出流可以将字节数据写入文件或其他数据目标中。

7.2.3　文件字节流

文件字节流是一种用于读写文件的字节流，它以字节为单位进行读写操作。Java 中提供了两个常用的文件字节流类：FileInputStream 和 FileOutputStream。

- FileInputStream

FileInputStream 用于从文件中读取数据，它继承自 InputStream 类。

创建 FileInputStream 对象的语法：

```
FileInputStream fis = new FileInputStream("path/to/file");
```

其中，"path/to/file" 表示要读取的文件路径。可以使用该对象调用 read( ) 方法来读取文件中的字节数据，并存储到一个字节数组中。

例：

```
byte[] buffer = new byte[1024];
int len;
while((len = fis. read(buffer)) ! = - 1) {
    //处理读取到的字节数据
}
```

以上代码使用一个大小为 1 024 字节的字节数组 buffer 来存储从文件中读取到的字节数据，fis. read(buffer) 方法会将数据读取到 buffer 数组中，并返回实际读取的字节数。如果读取到文件末尾，则返回-1。

- FileOutputStream

FileOutputStream 用于向文件中写入数据，它继承自 OutputStream 类。

创建 FileOutputStream 对象的语法：

```
FileOutputStream fos = new FileOutputStream("path/to/file");
```

其中,"path/to/file" 表示要写入的文件路径。可以使用该对象调用 write( ) 方法来向文件中写入字节数据。

例:

```
byte[] data = "abc,abc". getBytes();
fos. write(data);
```

以上代码向文件中写入了一个字符串"abc,abc" 的字节表示。可以通过 getBytes( ) 方法将字符串转换为字节数组，然后使用 write( ) 方法将数据写入文件中。

注意：在使用完文件字节流后，应该及时关闭流，释放资源。

● 文件数据的读取与写入

FileInputStream 和 FileOutputStream 类可以用来操作各种类型的文件，包括文本文件、图像文件等。

例：使用 FileInputStream 和 FileOutputStream 来实现文件的复制操作。

程序代码:

```
import java. io. FileInputStream;
import java. io. FileOutputStream;
import java. io. IOException;

public class FileCopy {
    public static void main(String[] args) {
        String sourceFile = "source. txt";  //源文件
        String targetFile = "target. txt";  //目标文件

        try(FileInputStream inputStream = new FileInputStream(sourceFile);
            FileOutputStream outputStream = new FileOutputStream(targetFile)) {
            byte[] buffer = new byte[1024];  //用于 buffer 存储从源文件中读取的数据
            int bytesRead;
            while((bytesRead = inputStream. read(buffer)) ! =-1) {  //直到读取到文件末尾
                outputStream. write(buffer, 0, bytesRead);
            }
            System. out. println("文件复制完成");
        } catch(IOException e) {
            System. out. println("文件复制时出现异常:" + e. getMessage());
        }
    }
}
```

这段程序是一个文件复制的示例，它会将一个源文件中的内容复制到目标文件中。

（1）首先定义了两个字符串变量 sourceFile 和 targetFile，分别表示源文件和目标文件的路径。

（2）在 try 语句块中创建了一个 FileInputStream 对象和一个 FileOutputStream 对象。FileInputStream 用于读取源文件的内容，FileOutputStream 用于写入目标文件的内容。

（3）创建了一个大小为 1 024 字节的字节数组 buffer，用于存储从源文件中读取的数据。

（4）进入 while 循环，条件为（bytesRead = inputStream. read(buffer))! = -1，表示不断读取源文件中的数据，直到读取到文件末尾。inputStream. read(buffer) 方法会将数据读取到 buffer 数组中，并返回实际读取的字节数，如果返回值为-1，则表示已经到达文件末尾。

（5）在循环内部，使用 outputStream. write(buffer, 0, bytesRead) 方法将从源文件读取的数据写入目标文件中。其中，buffer 是要写入的数据，0 表示写入数据的起始位置，bytesRead 表示要写入的数据长度。

（6）循环继续执行，直到源文件的数据全部被复制到目标文件中。

（7）当文件复制完成后，程序输出"文件复制完成"。

（8）如果在文件复制过程中出现异常，会跳转到 catch 语句块，输出"文件复制时出现异常："并打印异常信息。

【任务要求】

实现一个文本文件编辑器，如图 7-6~图 7-8 所示。

（1）设置菜单"打开"和"保存"，以及文本文件内容显示框。

（2）执行"打开"命令，可以选择打开文本文件，打开后，所选的文本文件内容显示在"内容显示框"内。

（3）可以在内容显示框中编辑内容。

（4）执行"保存"命令，可以把在内容显示框中编辑的内容保存为文件，保存时提示命名文件。

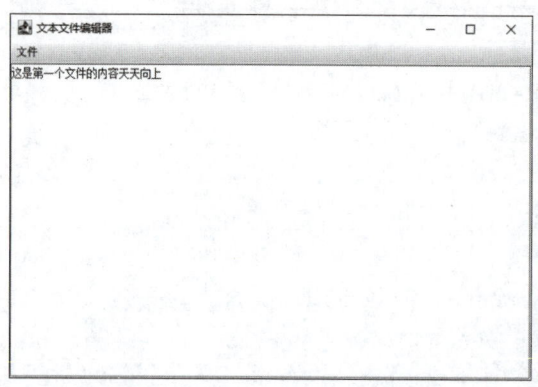

图 7-6　实现一个文本文件编辑器

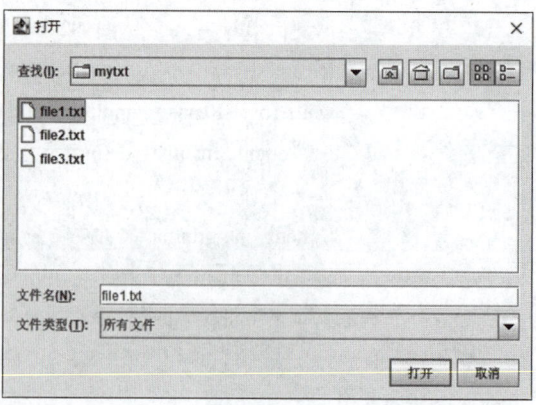

图 7-7　执行"打开"命令

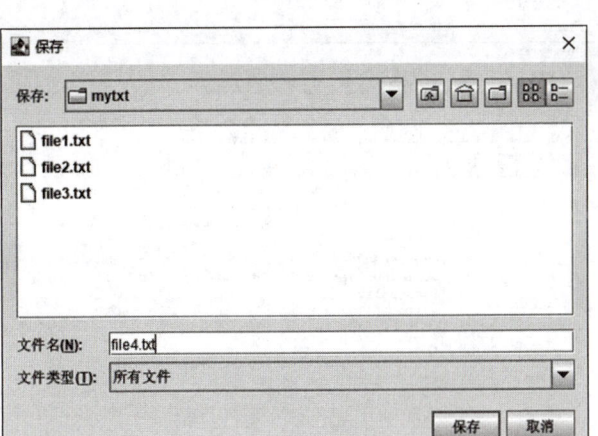

图 7-8　执行"保存"命令

【任务实施】

（1）在包 com. myhello 中执行"New"→"Class"，新建 myediter. java 文件。创建"文本文件编辑器"窗体，在窗体内添加一个文本框，创建"文件"→"打开"和"文件"→"保存"菜单，如图 7-9 所示。

```java
 1 package com.myhello;
 2
 3 import javax.swing.*;
 4 import java.awt.*;
 5 import java.awt.event.ActionEvent;
 6 import java.awt.event.ActionListener;
 7 import java.io.*;
 8
 9 public class myediter {
10     public static void main(String[] args) {
11         JFrame frame = new JFrame("文本文件编辑器"); // 创建窗口
12         JPanel panel = new JPanel(new BorderLayout()); // 创建面板
13
14         JTextArea textArea = new JTextArea(); // 创建文本显示框
15         JScrollPane scrollPane = new JScrollPane(textArea);
16         // 创建滚动窗格，用于显示文本框中的内容
17         panel.add(scrollPane, BorderLayout.CENTER);
18         // 将滚动窗格添加到面板的中间位置
19
20         JMenuBar menuBar = new JMenuBar(); // 创建菜单栏
21         JMenu fileMenu = new JMenu("文件"); // 创建文件菜单
22         JMenuItem openItem = new JMenuItem("打开"); // 创建"打开"菜单项
23         JMenuItem saveItem = new JMenuItem("保存"); // 创建"保存"菜单项
```

图 7-9　新建 myediter. java 文件

（2）输入代码，创建"打开"菜单的事件功能，实现打开文件并把文件内容读入文本框中的功能，如图 7-10 所示。

（3）输入代码，创建"保存"菜单的事件功能，实现把文本框中的内容写入文件的功能，如图 7-11 所示。

Java 程序设计基础

图 7-10　输入代码

图 7-11　输入代码，创建"保存"菜单的事件功能

参考代码：

```
package com. myhello;


import javax. swing. *;

import java. awt. *;

import java. awt. event. ActionEvent;

import java. awt. event. ActionListener;

import java. io. *;
```

```java
public class myediter {
    public static void main(String[] args) {
        JFrameframe = new JFrame("文本文件编辑器");      //创建窗口
        JPanelpanel = new JPanel(new BorderLayout());      //创建面板

        JTextAreatextArea = new JTextArea();                //创建文本显示框
        JScrollPanescrollPane = new JScrollPane(textArea);
        //创建滚动窗格,用于显示文本框中的内容
        panel. add(scrollPane, BorderLayout. CENTER);
        //将滚动窗格添加到面板的中间位置

        JMenuBarmenuBar = new JMenuBar();                   //创建菜单栏
        JMenufileMenu = new JMenu("文件");                   //创建文件菜单
        JMenuItemopenItem = new JMenuItem("打开");           //创建"打开"菜单项
        JMenuItemsaveItem = new JMenuItem("保存");           //创建"保存"菜单项

        openItem. addActionListener(new ActionListener() {
            @Override
            public void actionPerformed(ActionEvent e) {
                JFileChooserfileChooser = new JFileChooser();       //创建文件选择器
                int returnValue = fileChooser. showOpenDialog(null); //显示打开文件对话框
                if (returnValue == JFileChooser. APPROVE_OPTION) {
                    FileselectedFile = fileChooser. getSelectedFile();   //获取用户选择的文件
                    try(BufferedReader reader = new BufferedReader(new FileReader(selectedFile))) {
                        StringBuildertext = new StringBuilder();
                        Stringline;
                        while((line = reader. readLine()) != null) {
                            text. append(line). append("\n");      //读取文件内容并添加到文本框中
                        }
                        textArea. setText(text. toString());       //在文本框中显示文件内容
                    }catch(IOException ex) {
                        ex. printStackTrace();
                    }
                }
            }
        });

        saveItem. addActionListener(new ActionListener() {
            @Override
            public void actionPerformed(ActionEvent e) {
```

```
                JFileChooser fileChooser = new JFileChooser();         //创建文件选择器
                int returnValue = fileChooser. showSaveDialog(null);    //显示保存文件对话框
                if (returnValue == JFileChooser. APPROVE_OPTION) {
                    FileselectedFile = fileChooser. getSelectedFile();      //获取用户选择的文件
                    try(BufferedWriter writer = new BufferedWriter(new FileWriter(selectedFile))) {
                        writer. write(textArea. getText());                    //将文本框中的内容写入文件
                    }catch(IOException ex) {
                        ex. printStackTrace();
                    }
                }
            }
        });


        fileMenu. add(openItem);        //将"打开"菜单项添加到"文件"菜单
        fileMenu. add(saveItem);        //将"保存"菜单项添加到"文件"菜单
        menuBar. add(fileMenu);         //将"文件"菜单添加到菜单栏

        frame. setJMenuBar(menuBar);    //将菜单栏添加到窗口

        frame. add(panel);              //将面板添加到窗口
        frame. setSize(600, 400);       //设置窗口大小
        frame. setDefaultCloseOperation(JFrame. EXIT_ON_CLOSE);//设置关闭操作
        frame. setVisible(true);        //显示窗口
    }
}
```

任务 3　文件复制

7.3　字符流

7.3.1　字符流

Java 字符流是用于读写字符数据的流，以字符为单位进行读写操作。与字节流不同，字符流以字符为基本单位，更适合处理文本数据。

在 Java 中，提供了两个常用的字符流类：FileReader 和 FileWriter，它们分别用于从文件中读取字符数据和向文件中写入字符数据。

- FileReader

FileReader 用于从文件中读取字符数据。

创建 FileReader 对象的语法：

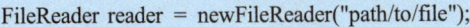

```
FileReader reader = newFileReader("path/to/file");
```

其中，"path/to/file" 表示要读取的文件路径。可以使用该对象调用 read( ) 方法来读取文件中的字符数据，并存储到一个字符数组中。

例：

```
char[] buffer = new char[1024];
int len;
while((len = reader. read(buffer)) ! =- 1) {
    //处理读取到的字符数据
}
```

以上代码使用一个大小为 1 024 的字符数组 buffer 来存储从文件中读取到的字符数据，reader. read(buffer) 方法会将数据读取到 buffer 数组中，并返回实际读取的字符数。如果读取到文件末尾，则返回-1。

- FileWriter

FileWriter 用于向文件中写入字符数据。

创建 FileWriter 对象的语法：

```
FileWriter writer = new FileWriter("path/to/file");
```

其中，"path/to/file" 表示要写入的文件路径。可以使用该对象调用 write( ) 方法来向文件中写入字符数据。

例：

```
String data = "abc, abc";
writer. write(data);
```

以上代码向文件中写入了一个字符串"abc,abc"的字符表示。可以直接使用 write( ) 方法将字符串写入文件中。

需要注意的是，在使用完字符流后，应该及时关闭流，释放资源。可以在 finally 块中使用 close( ) 方法来完成流的关闭操作。

例：

```
try(FileReader reader = new FileReader("path/to/file");
    FileWriter writer = new FileWriter("path/to/file")) {
    //使用字符流进行读写操作
} catch(IOException e) {
    e. printStackTrace();
}
```

以上代码使用了 Java 7 引入的 try-with-resources 语法，可以自动关闭资源，无须显式地调用 close( ) 方法来关闭流。在程序结束后，会自动关闭 FileReader 和 FileWriter 对象。

7.3.2 文件字符流

Java 中的文件字符流是用于读写文本文件的字符流。字符流以字符为单位进行读写操作，更适合处理文本数据。

Java 提供了两个主要的文件字符流类：FileReader 和 FileWriter。它们都属于 Reader 和 Writer 抽象类的子类，用于读取和写入字符数据。

● FileReader

FileReader 用于从文件中读取字符数据。

创建 FileReader 对象的语法：

```
FileReader reader = new FileReader("path/to/file");
```

其中，"path/to/file" 表示要读取的文件路径。可以使用该对象调用 read( ) 方法来读取文件中的字符数据，并存储到一个字符数组中。

例：

```
char[] buffer = new char[1024];
int len;
while((len = reader. read(buffer)) ! =- 1) {
    //处理读取到的字符数据
}
```

以上代码使用一个大小为 1 024 的字符数组 buffer 来存储从文件中读取到的字符数据，reader. read(buffer) 方法会将数据读取到 buffer 数组中，并返回实际读取的字符数。如果读取到文件末尾，则返回-1。

FileWriter 用于向文件中写入字符数据。

创建 FileWriter 对象的语法：

```
FileWriter writer = new FileWriter("path/to/file");
```

其中，"path/to/file" 表示要写入的文件路径。可以使用该对象调用 write( ) 方法来向文件中写入字符数据：

```
String data = "abc, abc";
writer. write(data);
```

以上代码向文件中写入了一个字符串"abc,abc"的字符表示。可以直接使用 write( ) 方法将字符串写入文件中。

需要注意的是，在使用完文件字符流后，应该及时关闭流，释放资源。可以在 finally 块中使用 close( ) 方法来完成流的关闭操作。

例：

```
try(FileReader reader = new FileReader("path/to/file");
    FileWriter writer = new FileWriter("path/to/file")) {
    //使用文件字符流进行读写操作
```

```
        } catch(IOException e) {
            e. printStackTrace();
        }
```

以上代码使用了 Java 7 引入的 try-with-resources 语法，可以自动关闭资源，无须显式地调用 close( ) 方法来关闭流。在程序结束后，会自动关闭 FileReader 和 FileWriter 对象。

● 字符流进行文件复制

在 Java 中实现文件复制的常见方法包括使用字节流和字符流。

例：使用字符流进行文件复制。

程序代码：

```
package com. myhello;
import java. io. * ;

public class FileCopybyFileReader {
    public static void main(String[] args) {
        StringsourceFile = "homeurl. txt";
        StringdestinationFile = "targettest. txt";

        try(Reader reader = new FileReader(sourceFile);
            Writerwriter = new FileWriter(destinationFile)) {
            char[] buffer = new char[1024];
            int length;
            while((length = reader. read(buffer))>0) {
                writer. write(buffer, 0, length);
            }
            System. out. println("文件复制完成");
        }catch(IOException e) {
            e. printStackTrace();
        }
    }
}
```

这段程序使用了 Java 的 IO 流来实现文件的复制操作。具体来说，使用了 FileReader 和 FileWriter 来分别读取源文件和写入目标文件。

（1）Reader reader = new FileReader(sourceFile) 使用 FileReader 打开需要复制的源文件。FileReader 是用于读取字符流的便捷类，它利用指定的字符编码读取文件内容。

（2）Writer writer = new FileWriter(destinationFile) 使用 FileWriter 创建用于写入数据的目标文件。FileWriter 是用于写入字符流的便捷类，它利用指定的字符编码向文件写入数据。

（3）int length; while((length = reader. read(buffer))>0){writer. write(buffer, 0, length);}在循环中，通过调用 reader 的 read 方法将源文件中的内容读取到缓冲区 buffer 中，然后通过

209

writer 的 write 方法将缓冲区中的内容写入目标文件。

（4）使用 try-with-resources 语句管理流的关闭：在 try 语句的括号中，初始化的 Reader 和 Writer 会在 try 块执行完毕后自动关闭，无须手动调用 close 方法。

7.3.3 RandomAccessFile 随机访问类

Java 中的 RandomAccessFile 类允许以随机访问的方式读取和写入文件数据。与普通的输入流和输出流不同，RandomAccessFile 可以在文件中任意位置进行读写操作，而无须从开始到目标位置顺序读取或写入数据。

例：使用 RandomAccessFile 写入文件 test. txt。

```
package com. myhello;
import java. io. RandomAccessFile;

public class RandomWriteToFile {
    public static void main(String[] args) {
        StringfileName = "test. txt";
        Stringdata1 = "abcabcabc";
        Stringdata2 = "123";
        Stringdata3 = "ABC";
        try(RandomAccessFile file = new RandomAccessFile(fileName, "rw")) {
            //将文件指针移动到文件末尾
            file. seek(file. length());
            //写入数据
            file. write(data1. getBytes());

            //将文件指针移动到 0,即文件最开始
            file. seek(0);
            file. write(data2. getBytes());   //写入 123

            //将文件指针移动到 3,即文件的第 4 个字符位置
            file. seek(3);
            file. write(data3. getBytes());   //写入 ABC

            System. out. println("写入成功!");
        }catch(Exception e) {
            e. printStackTrace();
        }
    }
}
```

第 1 次运行程序后 test. txt 文件的内容是：

123ABCabc

第2次运行程序后 test. txt 文件的内容是：

123ABCabcabcabcabc

这段程序是一个 Java 程序，使用了 RandomAccessFile 类来对文件进行随机访问并进行写操作。

（1）import java. io. RandomAccessFile；导入了 RandomAccessFile 类，以便在程序中使用该类。

（2）设置拟写入的目标文件名和拟写入的内容。

```
String fileName = "test. txt";
String data1 = "abcabcabc";
String data2 = "123";
String data3 = "ABC";
```

（3）try(RandomAccessFile file = new RandomAccessFile(fileName，"rw"))

创建了一个 RandomAccessFile 对象 file，打开文件 test. txt 进行读写操作。

（4）file. seek(file. length( ))；

这行代码将文件指针移动到文件末尾，准备进行数据追加操作。

（5）file. write(data1. getBytes( ))；

这行代码向文件中写入 data1 字符串的字节表示，即"abcabcabc"。

（6）file. seek(0)；

```
file. write(data2. getBytes());   //写入 123
```

这几行代码将文件指针移动到文件开头，然后向文件中写入 data2 字符串的字节表示，即"123"。

（7）file. seek(3)；

```
file. write(data3. getBytes());   //写入 ABC
```

这几行代码将文件指针移动到文件的第 4 个字符位置处，然后向文件中写入 data3 字符串的字节表示，即"ABC"。

- RandomAccessFile 类的特点

（1）seek( ) 方法设置文件指针的位置。

RandomAccessFile 支持通过文件指针（offset）定位到文件的任意位置，并进行读取或写入操作。

RandomAccessFile 类中的 seek(long pos) 方法用于将文件指针移动到指定位置，以便进行读写操作。该方法接受一个 long 类型的参数 pos，表示要移动到的文件位置，单位是字节。

例：

```
file. seek(0);            //将文件指针移动到文件开头
file. seek(3);            //将文件指针移动到文件的第 4 个字符位置处
file. seek(file. length()); //将文件指针移动到文件末尾,一般用于准备进行数据追加操作
```

（2）读写操作。

可以使用 RandomAccessFile 进行文件的读取和写入操作，包括读取字节、字符、基本数

据类型等。

例：

```
String data = "ABC";
file. write(data. getBytes());    //向文件写入 "ABC"
file. read(data);                 //读取文件内容到 data
```

（3）读写模式。

RandomAccessFile 可以只读、只写或读写的模式打开文件。

```
RandomAccessFile(fileName, "r")     //只读的模式打开文件
RandomAccessFile(fileName, "rw")    //读写的模式打开文件
```

RandomAccessFile（fileName，"r"）和 RandomAccessFile（fileName，"rw"）这两个语句都是用于创建 RandomAccessFile 对象的，其中 fileName 是文件名。

RandomAccessFile（fileName，"r"）语句创建了一个 RandomAccessFile 对象，并以只读模式打开指定的文件。在只读模式下，只能读取文件内容，不能对文件进行写操作。如果尝试对文件进行写入操作，将会抛出出错信息。

RandomAccessFile（fileName，"rw"）语句创建了一个 RandomAccessFile 对象，并以读写模式打开指定的文件。在读写模式下，可以随意读取文件内容并进行写入操作，即可以对文件进行读取和写入操作。

（4）关闭文件。

使用 close（）方法关闭 RandomAccessFile 对象，释放资源。

例：使用 RandomAccessFile 读取文件 test. txt 并打印输出。

```
package com. myhello;
import java. io. RandomAccessFile;

public class RandomReadFromFile {
    public static void main(String[] args) {
        StringfileName = "test. txt";
        try(RandomAccessFile file = new RandomAccessFile(fileName,"r")) {
            byte[] data = new byte[(int) file. length()];   //读取整个文件内容到字节数组
            file. read(data);                               //读取文件内容到字节数组
            Stringcontent = new String(data, "UTF- 8");
            //将字节数组转换为 UTF- 8 编码字符串,解决乱码问题
            System. out. println("文件内容：" + content);

        }catch(Exception e) {
            e. printStackTrace();
        }
    }
}
```

这段代码的功能是从名为 test. txt 的文件中读取全部内容, 并将其以 UTF-8 编码的字符串形式输出到控制台。

(1) 使用 RandomAccessFile 以只读模式打开名为 test. txt 的文件。

(2) 通过 file. length() 方法获取文件的长度, 并根据文件长度创建一个相应大小的字节数组 data。

(3) 使用 file. read(data) 方法将文件中的内容读取到 data 字节数组中。

(4) 将字节数组 data 按照 UTF-8 编码转换为字符串 content, 以解决可能存在的乱码问题。

将最终的文件内容字符串输出到控制台。

(5) 在代码的 try 块中使用了 try-with-resources 语句, 这样可以确保在代码执行完毕后自动关闭 RandomAccessFile, 无须手动调用 close() 方法释放资源。

(6) 在 catch 块中, 如果发生任何异常, 将会打印异常信息。然而, 这里的异常处理方式比较简单粗暴, 实际生产环境中可能需要更加细致的异常处理逻辑。

【任务要求】

D:\javaimgs 目录下有一些命名杂乱的图片文件需整理, 如图 7-12 所示。

要求:

(1) 用 Java 编写程序读取该目录中的所有 . png 图片, 复制到 D:\javaimgs\newimgs 目录下。

(2) 把图片依次按 t1. png、t2. png、t3. png、…命名保存。

图 7-12 命名杂乱的图片

【任务实施】

(1) 在包 com. myhello 中执行 "New"→"Class", 新建 ImageCopy. java 文件。输入代码, 定义变量指定源目录和目标目录, 并创建目标目录, 读取源目录的所有文件, 如图 7-13 所示。

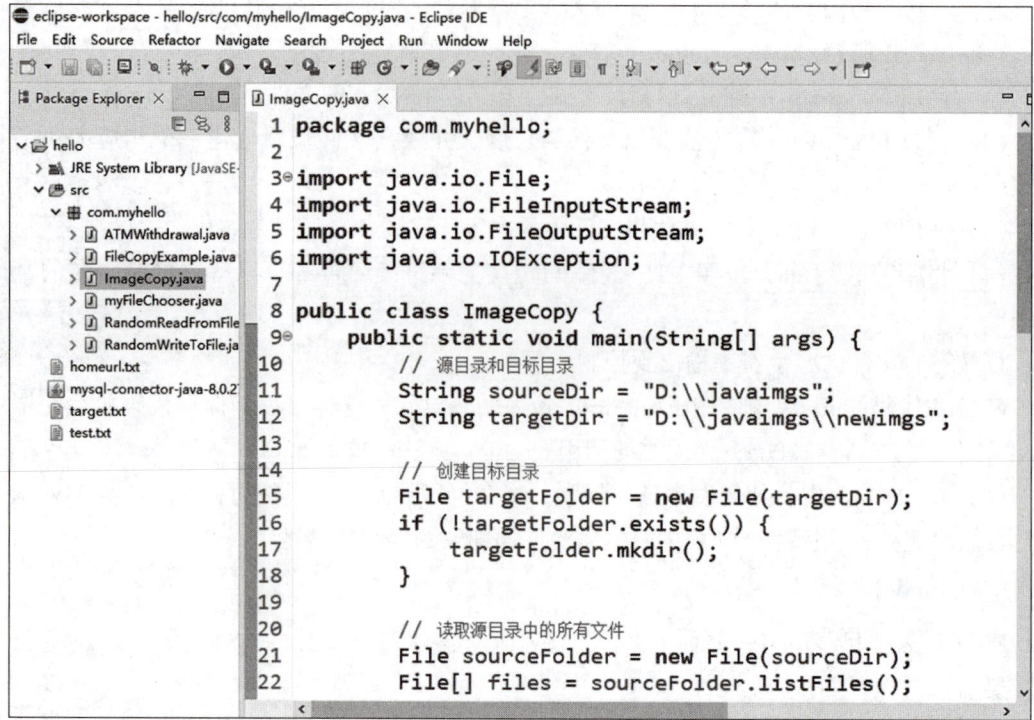

图 7-13 新建 ImageCopy. java 文件

（2）输入代码，检测文件，如果不为空，则读取所有文件，以 t 字母开头命名并另存在目标目录中，如图 7-14 所示。

图 7-14 输入代码

（3）输入代码，实现关闭资源，并提示复制成功的功能，如图 7-15 所示。

（4）程序运行后得到结果，打开目标目录，看到复制到目录的文件已按要求命名，如图 7-16 所示。

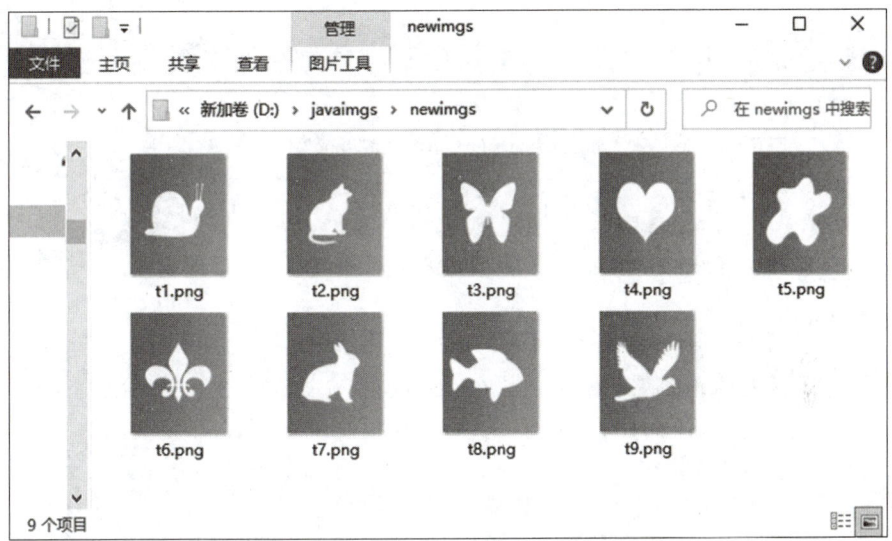

```
44
45                    // 关闭流
46                    fis.close();
47                    fos.close();
48
49                    System.out.println("成功复制文件: " + file.getName());
50                    count++;
51                } catch (IOException e) {
52                    e.printStackTrace();
53                }
54            }
55        }
56    } else {
57        System.out.println("源目录为空或不存在");
58    }
59  }
60 }
```

图 7-15　输入代码实现关闭资源

图 7-16　程序运行后得到结果

程序代码：

```
package com. myhello;

import java. io. File;
import java. io. FileInputStream;
import java. io. FileOutputStream;
import java. io. IOException;

public class ImageCopy {
    public static void main(String[] args) {
```

```java
//源目录和目标目录
StringsourceDir = "D:\\javaimgs";
String targetDir = "D:\\javaimgs\\newimgs";

//创建目标目录
FiletargetFolder = new File(targetDir);
if (! targetFolder. exists()) {
    targetFolder. mkdir();
}

//读取源目录中的所有文件
FilesourceFolder = new File(sourceDir);
File[]files = sourceFolder. listFiles();

if (files ! = null) {
    int count = 1;
    for (File file : files) {
        if (file. isFile() && file. getName(). endsWith(". png")) {
            try {
                //读取源文件
                FileInputStreamfis = new FileInputStream(file);

                //构造目标文件路径和名称
                StringtargetFileName = "t" + count + ". png";
                StringtargetFilePath = targetDir + File. separator + targetFileName;

                //写入目标文件
                FileOutputStreamfos = new FileOutputStream(targetFilePath);

                byte[] buffer = new byte[1024];
                int len;
                while((len = fis. read(buffer)) ! =- 1) {
                    fos. write(buffer, 0, len);
                }

                //关闭流
                fis. close();
                fos. close();
                System. out. println("成功复制文件:" + file. getName());
                count++;
```

```
        }catch(IOException e) {
            e. printStackTrace();
        }
      }
    }
  }else {
    System. out. println("源目录为空或不存在");
  }
 }
}
```

【习题】

1. 在 Java 中，可以使用（   ）进行文件管理操作。

A. File 类和 Path 类   B. File 类和 Files 类

C. Path 类和 Files 类   D. File 类、Path 类和 Files 类

2. 在 Java 中，使用（   ）方法可以创建一个新的空文件。

A. createNewFile( )   B. mkdir( )   C. mkdirs( )   D. exists( )

3. 使用 NIO 的 Files 类可以复制文件和目录吗？（   ）

A. 可以，使用 copy( ) 方法和 copyDirectory( ) 方法

B. 不可以，只能复制文件

C. 不可以，只能复制目录

D. 可以，使用 move( ) 方法

4. 使用 File 类或 NIO 的 Path 类可以删除文件或目录吗？（   ）

A. 不可以，只能删除文件   B. 可以，使用 delete( ) 方法

C. 不可以，只能删除目录   D. 可以，使用 renameTo( ) 方法

5. 使用 File 类或 NIO 的 Path 类可以判断文件或目录是否存在吗？（   ）

A. 不可以，只能判断目录是否存在   B. 不可以，只能判断文件是否存在

C. 可以，使用 exists( ) 方法   D. 可以，使用 lastModified( ) 方法

6. 使用 File 类或 NIO 的 Path 类可以获取文件的（   ）。

A. 文件名、路径、大小、最后修改时间等

B. 文件名、路径、创建时间、权限等

C. 文件名、路径、文件类型、所属用户等

D. 文件名、路径、字节数、访问时间等

7. 输入流和输出流的区别在于（   ）。

A. 输入流用于写入数据，输出流用于读取数据

B. 输入流用于从数据源读取数据，输出流用于向数据目标写入数据

C. 输入流用于处理文本数据，输出流用于处理二进制数据

D. 输入流和输出流没有区别

8. 字节流和字符流的区别在于（　　）。

A. 字节流以字符为单位进行读写操作，字符流以字节为单位进行读写操作

B. 字节流用于处理文本数据，字符流用于处理二进制数据

C. 字节流适用于处理二进制数据和字节数据，字符流适用于处理文本数据

D. 字节流和字符流没有区别

9. 下列不属于 Java 流体系结构中的抽象类的是（　　）。

A. InputStream　　　　B. OutputStream　　　　C. FileReader　　　　D. Writer

10. 下列（　　）类提供了缓冲机制，能够提高读取文件数据的效率。

A. FileInputStream　　　　　　　　B. BufferedInputStream

C. DataInputStream　　　　　　　　D. OutputStream

11. 下列（　　）类可以方便地读取基本数据类型的数据。

A. InputStream　　　　　　　　B. FileOutputStream

C. DataInputStream　　　　　　　　D. Reader

12. 以下（　　）方法用于向文件中写入字节数据。

A. write( )　　　　B. read( )　　　　C. copy( )　　　　D. close( )

13. FileReader 和 FileWriter 分别用于（　　）。

A. 读取字节数据和写入字符数据　　　　B. 读取字符数据和写入字节数据

C. 读取和写入字符数据　　　　D. 读取和写入二进制数据

14. 在 Java 中，可以使用（　　）方法来关闭字符流。

A. closeStream( )　　　　　　　　B. releaseResource( )

C. close( )　　　　　　　　D. shutdown( )

15. RandomAccessFile 类的特点包括（　　）。

A. 只支持顺序读写操作　　　　B. 可以在文件中任意位置进行读写操作

C. 只能以只读模式打开文件　　　　D. 不能读取基本数据类型

项目 8

数据库编程

任务 1 创建商品信息数据表

8.1 MySQL 数据库

8.1.1 MySQL 数据库的下载

MySQL 是一个流行的开源关系型数据库管理系统，具有高性能、可靠性和易用性的特点。可以从 MySQL 官方网站上下载 MySQL 数据库的各种版本，包括社区版（MySQL Community Edition）和企业版（MySQL Enterprise Edition）。

MySQL 数据库的下载可以搜索 MySQL 官网，选择对应的操作环境版本进行下载，如图 8-1 所示。

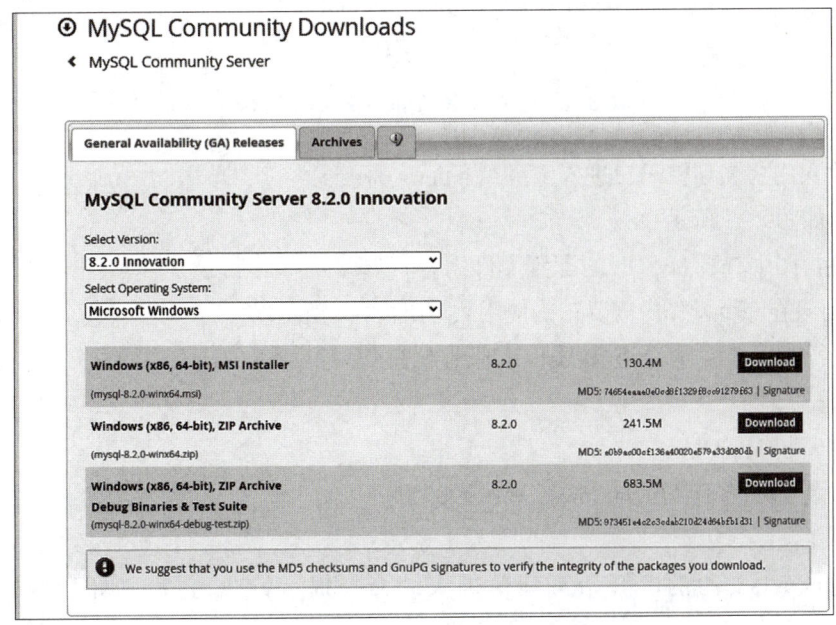

图 8-1 选择对应的操作环境版本进行下载

8.1.2 MySQL 数据库的配置

配置 MySQL 数据库首先要下载 MySQL 软件。可以从官网下载 MySQL 软件进行安装，也可以通过第三方的网站管理工具。如 PhPStudy 或 bt 宝塔，实现远程管理数据库。

- 用 bt 宝塔安装 MySQL 的过程

（1）安装 bt 宝塔后进入宝塔 Windows 面板工具箱，自行输入用户名和密码，保存配置，单击"打开面板"按钮，如图 8-2 所示。

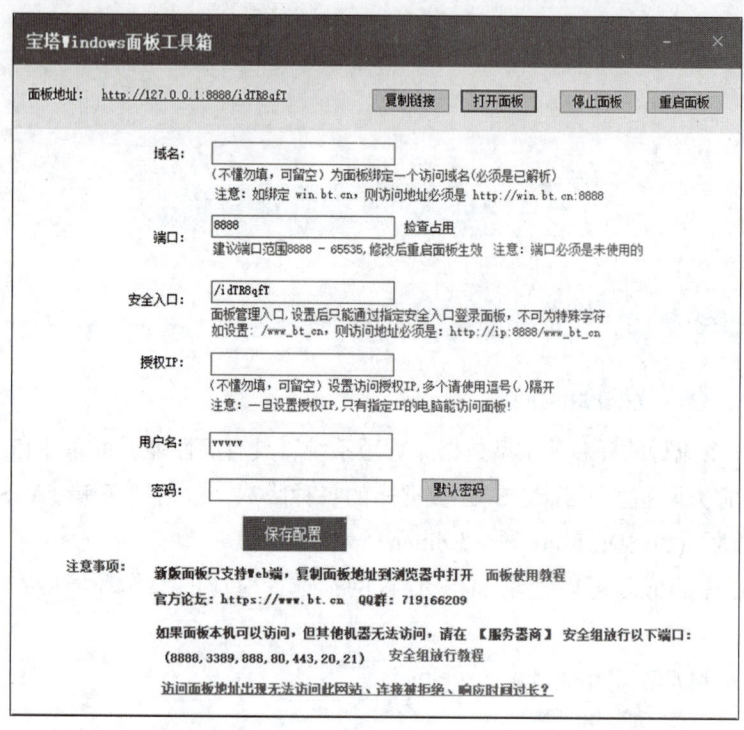

图 8-2　进入宝塔 Windows 面板工具箱

（2）输入用户名和密码，进入宝塔 Windows 面板主界面，单击 MySQL 5.5.62 后的"设置"选项，如图 8-3 所示。

（3）在视图中查看 MySQL 的配置文件内容，掌握 basedir 目录（提示：D:\BtSoft\mysql\MySQL5.5 目录在命令操作中需要正确使用），如图 8-4 所示。

例：执行 mysql -v 命令查看 MySQL 版本信息。

执行前提：

（1）已安装 MySQL。

（2）安装目录为 D:\BtSoft\mysql\MySQL5.5。

操作步骤：

（1）通过 Windows 的"开始"菜单进入"命令提示符"窗口，如图 8-5 和图 8-6 所示。

（2）输入 mysql -v 命令，查看到当前的 MySQL 版本是 5.5.62，如图 8-7 所示。

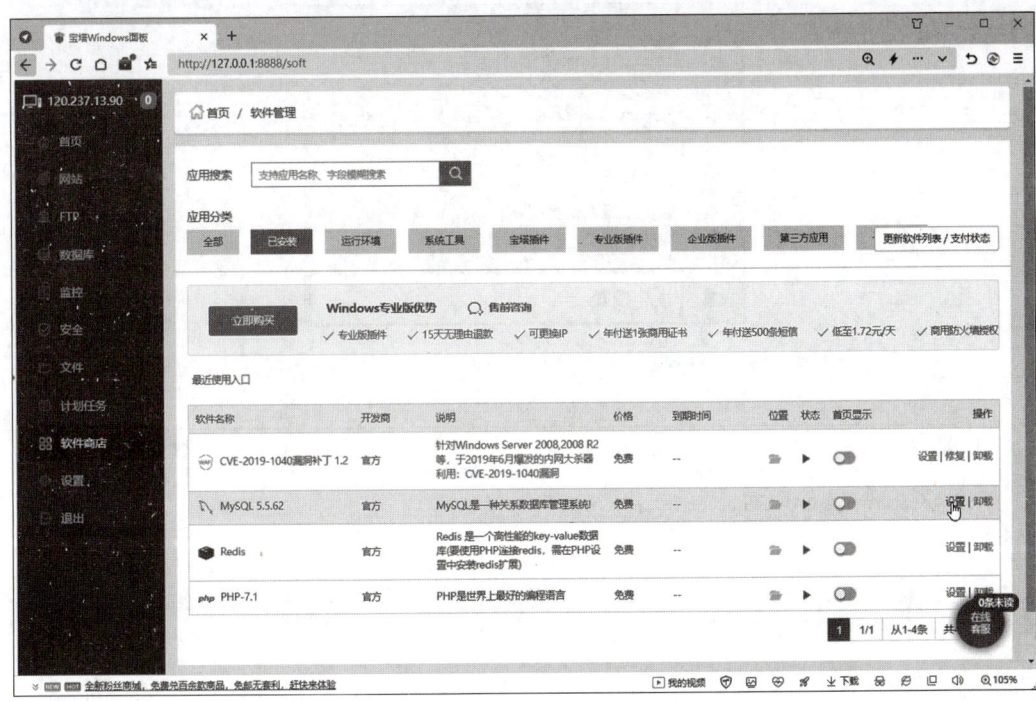

图 8-3　进入宝塔 Windows 面板主界面

图 8-4　查看 MySQL 的配置文件内容

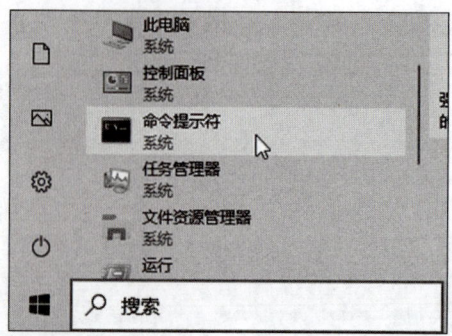

图 8-5　通过 Windows 的"开始"菜单进入"命令提示符"窗口

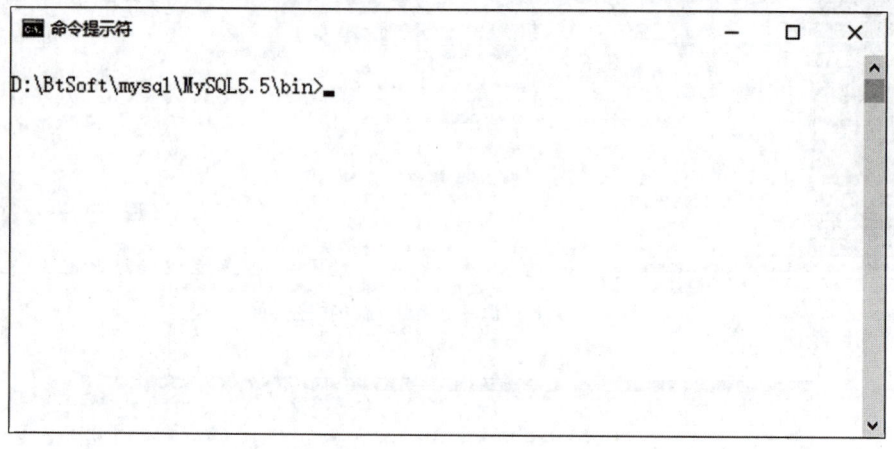

图 8-6　"命令提示符"窗口

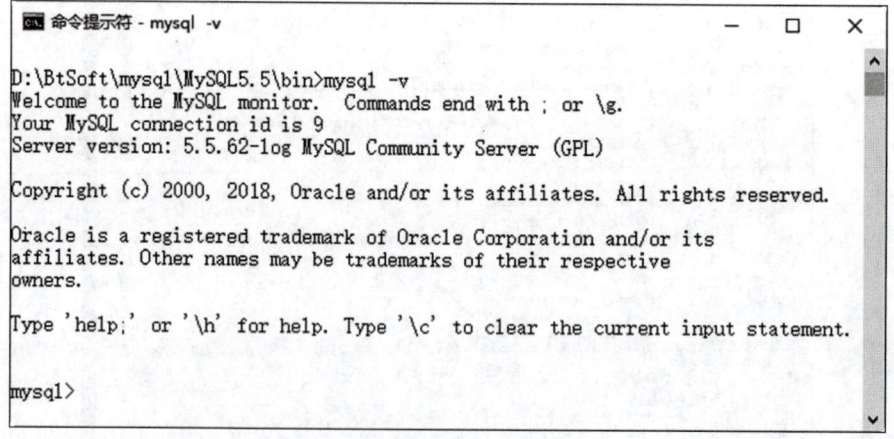

图 8-7　输入 mysql −v 命令

例：登录 MySQL 创建数据库 sdetc。

（1）在"命令提示符"窗口命令行下，执行 mysql -u root-p，提示"Enter password:"，输入数据库密码，可以登录 MySQL，进入 mysql>命令的提示状态。

（2）在 mysql>命令状态下，输入命令 CREATE DATABASE sdetc；可建立 sdetc 数据库，如图 8-8 所示。

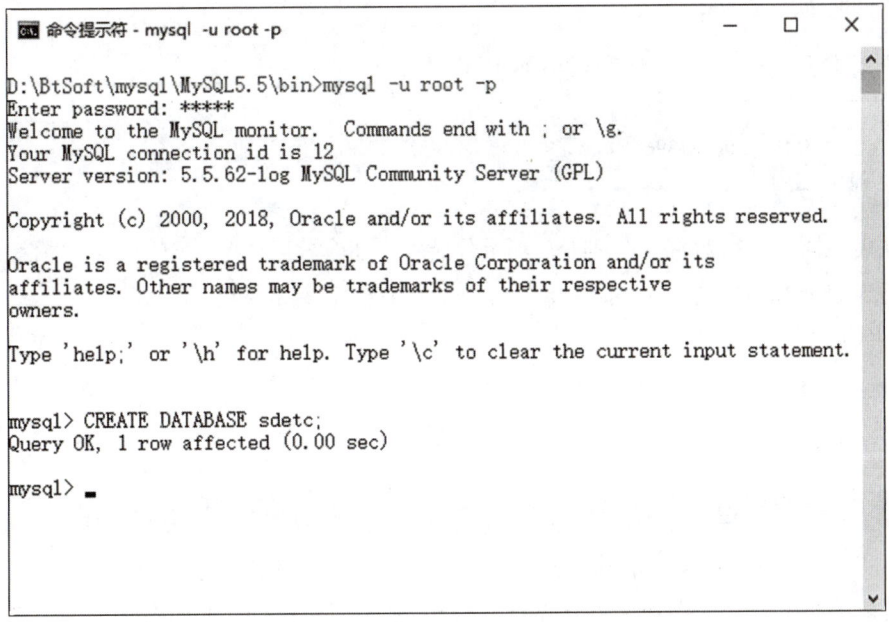

图 8-8　执行 mysql –u root –p

在 mysql>命令状态下，继续执行以下 MySQL 命令：

（1）选择数据库 sdetc。

```
use sdetc;
```

（2）创建数据表 stores。

```
CREATE TABLE stores(
    id INT AUTO_INCREMENT PRIMARY KEY,
    name VARCHAR(50),
    number INT,
    income VARCHAR(11)
);
```

8.1.3　MySQL 的常用命令

MySQL 是一个功能强大的关系型数据库管理系统，提供了丰富的命令行工具和 SQL 命令来管理与操作数据库。要熟练应用 MySQL，必须掌握部分常用的 MySQL 命令。

1. 插入数据

要插入一条记录到 MySQL 数据库中的 stores 表中，可以使用以下命令：

```
INSERT INTO stores(name, number, income) VALUES(' 红星分店 ', 25, ' 18848' );
```

这将在表格中插入一行数据，其中，name 列的值为 '红星分店'，number 列的值为 25，income 列的值为 '18848'。

例：同时插入多条记录。

```
INSERT INTO stores(name, number, income) VALUES
    ('红星分店', 25, '18848'),
    ('红旗分店', 30, '81396'),
    ('龙门分店', 35, '36665');
```

将在表中插入三行数据，分别是 '红星分店'、'红旗分店' 和 '龙门分店' 的信息。

在插入记录时，自增列 id 不需要在插入命令中指定，MySQL 将自动为每个新插入的行分配唯一的自增 ID 值。

2. 从数据表中删除记录

例：要删除名为 "红旗分店" 的记录，可以使用以下命令：

```
DELETE FROM stores WHERE name = '红旗分店';
```

命令将从数据表 stores 中删除满足条件 name = '红旗分店' 的记录。

执行删除操作时，务必小心确认条件，以免意外删除了不正确的数据。为避免误操作，建议在执行删除操作之前先进行备份或确认操作。

3. 选择数据库

选择要操作的数据库 database_name：

```
USE database_name;
```

4. 执行 SQL 查询

例 1：模糊匹配字符串查询。

```
SELECT * FROM stores WHERE name LIKE '红%';
```

这将返回表中所有满足条件 name 以 "红" 开头的记录。

请注意，LIKE 操作符用于模糊匹配字符串，% 通配符表示任意字符序列。因此，'红%' 表示以 "红" 开头的任何字符串。如果需要进行更复杂的模糊匹配，可以参考 MySQL 官方文档或相关教程了解更多信息。

例 2：比较运算符查询。

```
SELECT * FROM stores WHERE number>24;
```

这将返回表中所有满足条件 number>24 的记录。

命令中>是比较运算符，用于判断左侧的值是否大于右侧的值。根据条件 number>24，只有 number 大于 24 的记录才会被选中返回。

如果需要选择其他 number 范围的记录，可以根据需要使用不同的比较运算符（如 <、

>=、<= 等）和逻辑运算符（如 AND、OR）进行组合。

例3：前10条记录查询。

```
SELECT * FROM stores WHERE number>24 LIMIT 10;
```

这将返回表中满足条件 number> 24 的前 10 条记录。

在命令中，LIMIT 关键字用于限制查询结果的行数。通过指定 LIMIT 10，只有前 10 条满足条件的记录会被返回。

如果表格中满足条件的记录少于 10 条，那么将返回所有满足条件的记录。

5. 选择数据库

选择要操作的数据库：

```
USE database_name;
```

6. 更新数据

例：将'红旗分店' 的 income 值增加 10 000。

```
UPDATE stores SET income = income + 10 000 WHERE name = '红旗分店';
```

这条命令将会更新 stores 表中' name' 为'红旗分店' 的记录，将其' income' 值增加 10 000。

7. 其他命令

除了已经提到的 SQL 命令，还有许多其他常用的 SQL 命令，在应用中可以查找相关的 MySQL 命令知识。

- 创建数据表：用于创建数据库中的数据表。

```
CREATE TABLE table_name(
    column1 datatype,
    column2 datatype,
    column3 datatype,
    …
);
```

- 修改数据表：用于修改已存在的数据表结构。

```
ALTER TABLE table_name
ADD column_name datatype;
```

- 删除表格：用于删除数据库中的数据表。

```
DROP TABLE table_name;
```

- 排序数据：用于按照指定的列对查询结果进行排序。

```
SELECT column1, column2, …
FROMtable_name
ORDER BY column_name ASC|DESC;
```

- 聚合函数：用于对数据进行聚合计算，如求和、平均值、最大值、最小值等。

```
SELECT aggregate_function(column_name)
FROM table_name
WHERE condition;
```

这些是 SQL 中常用的一些命令，可以根据具体的需求选择适合的命令进行数据库操作。

【任务要求】

在数据库 sdetc 下创建商品信息数据表。

（1）表名称为 tb_goods。

（2）表字段包括 categroy（分类）、g_name（商品名称）、goodabout（商品描述）、good_detail（商品详情）、g_pic（商品图）、g_price（价格）、g_amount（库存数量）、g_status（状态）、create_time（创建时间），如图 8-9 所示。

名	类型	长度	小数点	不是 null	键	注释
id	int	10		☑	🔑1	自增id
categroy	varchar	10		☐		分类
g_name	varchar	30		☐		商品名称
goodabout	varchar	30		☐		商品描述
good_detail	varchar	200		☐		商品详情
g_pic	varchar	100		☐		商品图
g_price	decimal	10	2	☐		价格
g_amount	smallint	10		☐		库存数量
g_status	varchar	10		☐		状态
create_time	datetime			☐		创建时间

图 8-9　表字段

【任务实施】

（1）登录 MySQL，在 mysql> 命令状态下执行 use sdetc;，选择数据库 sdetc。

（2）在 mysql> 命令状态下执行创建 tb_goods 的 SQL 命令。

创建 tb_goods 的 SQL 命令：

```
DROP TABLE IF EXISTS 'tb_goods';
CREATE TABLE 'tb_goods' (
  'id' int(10) UNSIGNED NOT NULL AUTO_INCREMENT COMMENT '自增 id',
  'categroy' varchar(10) CHARACTER SET utf8mb4 COLLATE utf8mb4_unicode_ci NULL DEFAULT NULL COMMENT '分类',
  'g_name' varchar(30) CHARACTER SET utf8mb4 COLLATE utf8mb4_unicode_ci NULL DEFAULT NULL COMMENT '商品名称',
  'goodabout' varchar(30) CHARACTER SET utf8mb4 COLLATE utf8mb4_unicode_ci NULL DEFAULT NULL COMMENT '商品描述',
  'good_detail' varchar(200) CHARACTER SET utf8mb4 COLLATE utf8mb4_unicode_ci NULL DEFAULT NULL COMMENT '商品详情',
```

'g_pic' varchar(100) CHARACTER SET utf8mb4 COLLATE utf8mb4_unicode_ci NULL DEFAULT NULL COMMENT '商品图',
'g_price' decimal(10, 2) NULL DEFAULT NULL COMMENT '价格',
'g_amount' smallint(10) NULL DEFAULT NULL COMMENT '库存数量',
'g_status' varchar(10) CHARACTER SET utf8mb4 COLLATE utf8mb4_unicode_ci NULL DEFAULT NULL COMMENT '状态',
'create_time' datetime NULL DEFAULT NULL COMMENT '创建时间',
PRIMARY KEY(' id') USING BTREE) ENGINE = InnoDB AUTO_INCREMENT = 70 CHARACTER SET =utf8mb4 COLLATE = utf8mb4_unicode_ci COMMENT = '商品信息表' ROW_FORMAT = COM-PACT;

任务 2   在 Eclipse 中使用 MySQL 的 JDBC 驱动程序包

8.2   数据库连接

8.2.1   JDBC 概述

JDBC（Java Database Connectivity）是 Java 语言访问关系型数据库的标准接口，它提供了一组用于连接数据库、执行 SQL 查询和获取结果的类与接口。JDBC 允许开发人员使用 Java 语言与各种关系型数据库进行交互，而无须关注特定数据库产品的细节。

- JDBC 架构

JDBC 架构由两个关键部分组成：JDBC API 和 JDBC 驱动程序。

在 Java 中使用 JDBC API 访问数据库时，需要先加载并注册合适的数据库驱动程序，以便建立与数据库的连接。一般来说，每个数据库厂商都会提供自己的 JDBC 驱动程序，因此需要根据使用的数据库类型选择相应的驱动程序进行加载和注册。

在 MySQL 中，com. mysql. cj. jdbc. Driver 就是用于 JDBC 访问 MySQL 数据库的驱动程序之一。

com. mysql. cj. jdbc. Driver 是 MySQL 数据库提供的 JDBC 驱动程序中的一个类，用于实现 JDBC 规范，以便 Java 应用程序能够与 MySQL 数据库进行交互。

8.2.2   JDBC 连接数据库

JDBC 提供了与关系型数据库建立连接并进行交互的功能。使用 JDBC 连接数据库的基本步骤包括加载数据库驱动程序、建立数据库连接、创建 Statement 或 PreparedStatement 对象、执行 SQL 查询、处理查询结果、关闭连接等步骤。

1. 加载数据库驱动程序

在使用 JDBC 连接特定数据库之前，需要加载对应数据库的 JDBC 驱动程序。不同的数据库厂商提供了不同的驱动程序实现，比如 MySQL、Oracle、SQL Server 等都有对应的 JDBC 驱动程序。

加载驱动程序的代码通常如下所示：

```
Class. forName("com. mysql. cj. jdbc. Driver");
//加载 MySQL 驱动程序
```

这一步将数据库驱动程序注册到 DriverManager 中，后续可以通过 DriverManager 建立数据库连接。

2. 建立数据库连接

使用 DriverManager. getConnection( ) 方法来建立与数据库的连接。连接数据库通常需要指定数据库的 URL、用户名和密码，具体代码示例如下：

```
String url = "jdbc:mysql://localhost:3306/mydatabase";
String username = "username";
String password = "password";
Connectionconnection = DriverManager. getConnection(url, username, password);
```

例如，数据库名称为 sdetc，数据库用户是 root，密码是 admin，代码如下：

```
String url = "jdbc:mysql://localhost:3306/sdetc";
String username = "root";
String password = "admin";
Connection connection = DriverManager. getConnection(url, username, password);
```

在这里，url 是数据库的连接地址，username 和 password 分别是登录数据库所需的用户名和密码。

【任务要求】

在 Eclipse 中使用 MySQL 的 JDBC 驱动程序包。

实现过程分析：

（1）在 Eclipse 中使用 MySQL 的 JDBC 驱动程序包，可以手动添加该 JAR 文件到项目中。

（2）从 MySQL 官方网站或 Maven 仓库下载最新版本的 mysql-connector-java JAR 文件，例如 "mysql-connector-java-8. 0. 27. jar"。

（3）在 Eclipse 中右击项目，选择 "Build Path"→"Configure Build Path"。

（4）在弹出的窗口中选择 "Libraries" 选项卡，然后单击 "Classpath"→"Add JARs…" 按钮。

（5）单击下载的 mysql-connector-java JAR 文件，然后单击 "Open" 按钮。

（6）确认选择应用并关闭窗口。

【任务实施】

（1）将文件 mysql-connector-java-8. 0. 27. jar 复制到项目位置下，如图 8-10 所示。

提示：文件 mysql-connector-java-8. 0. 27. jar 也可以复制到其他位置。

图 8-10　文件 mysql-connector-java-8.0.27.jar

（2）右击项目名称，执行"Refresh"命令，刷新项目列表，如图 8-11 所示。

（3）刷新项目列表后，能在项目列表中看到文件 mysql-connector-java-8.0.27.jar，如图 8-12 所示。

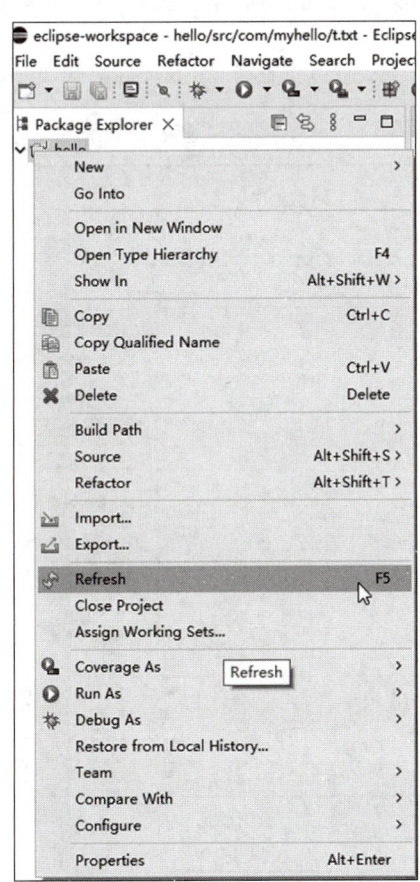

图 8-11　执行"Refresh"命令

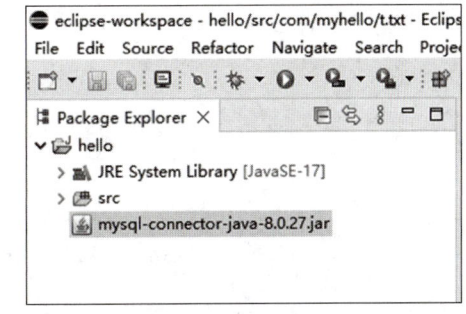

图 8-12　刷新项目列表

（4）右击项目名称，执行"Build Path"→"Configure Build Path…"，如图 8-13 所示。

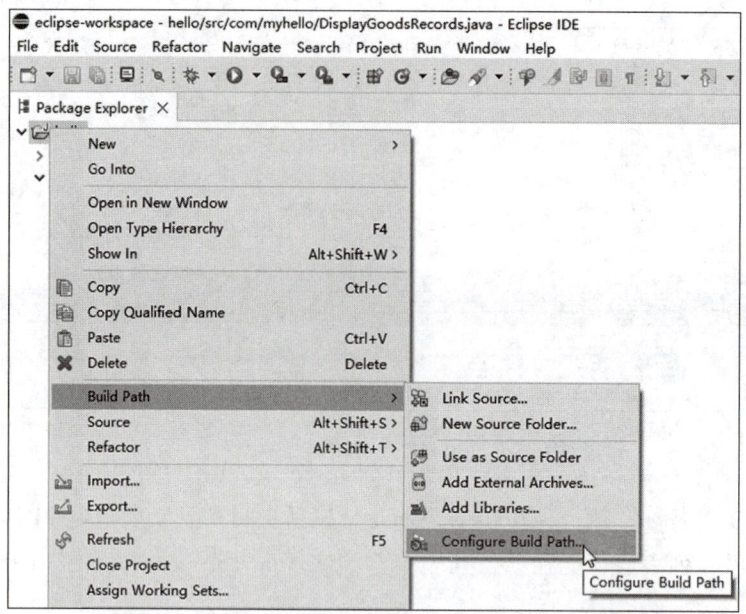

图 8-13　执行"Build Path"→"Configure Build Path…"

（5）选择"Java Build Path"，在"Libraries"选项中，选择"Classpath"，单击"Add JARs…"按钮，如图 8-14 所示。

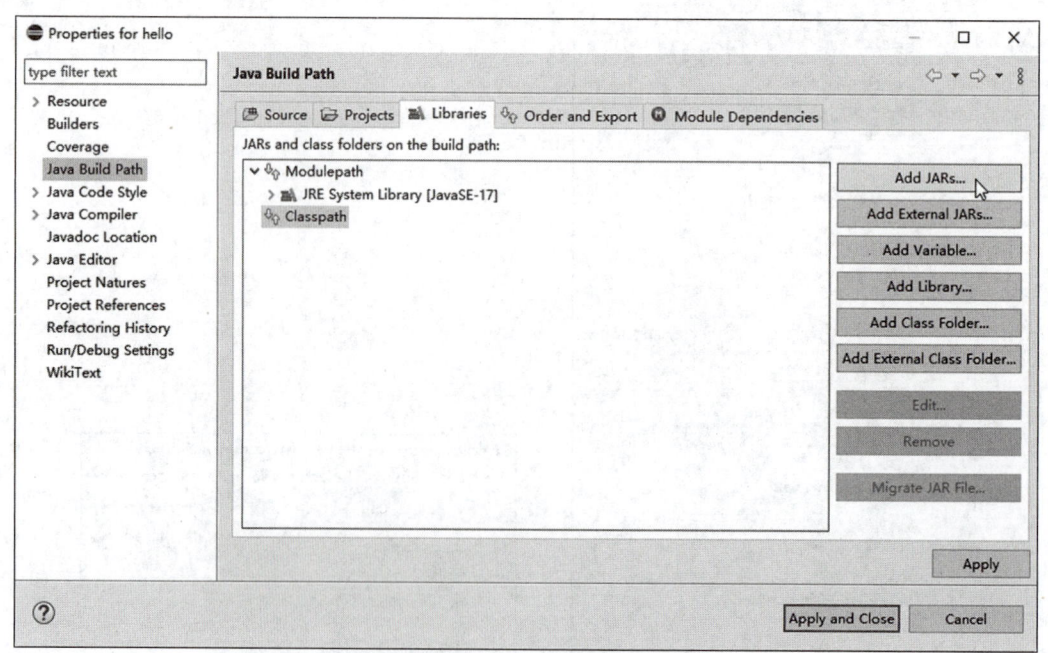

图 8-14　单击"Add JARs…"按钮

（6）选择文件"mysql-connector-java-8.0.27.jar"，如图 8-15 所示。

（7）添加文件 mysql-connector-java-8.0.27.jar 后，单击"Apply and Close"按钮，如图 8-16 所示。

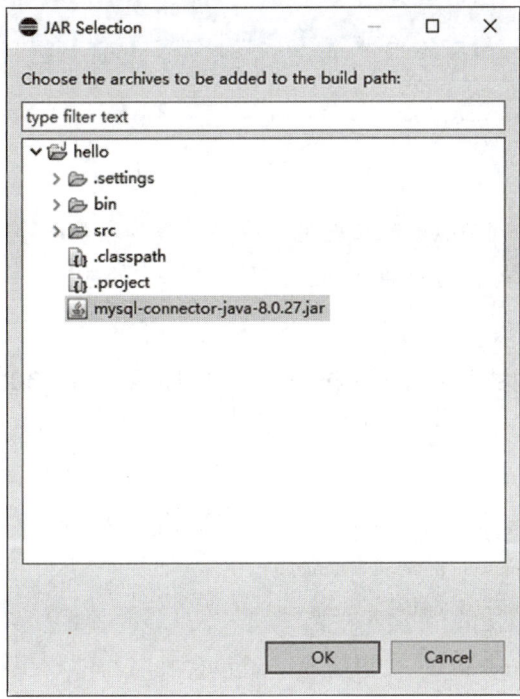

图 8-15 选择文件

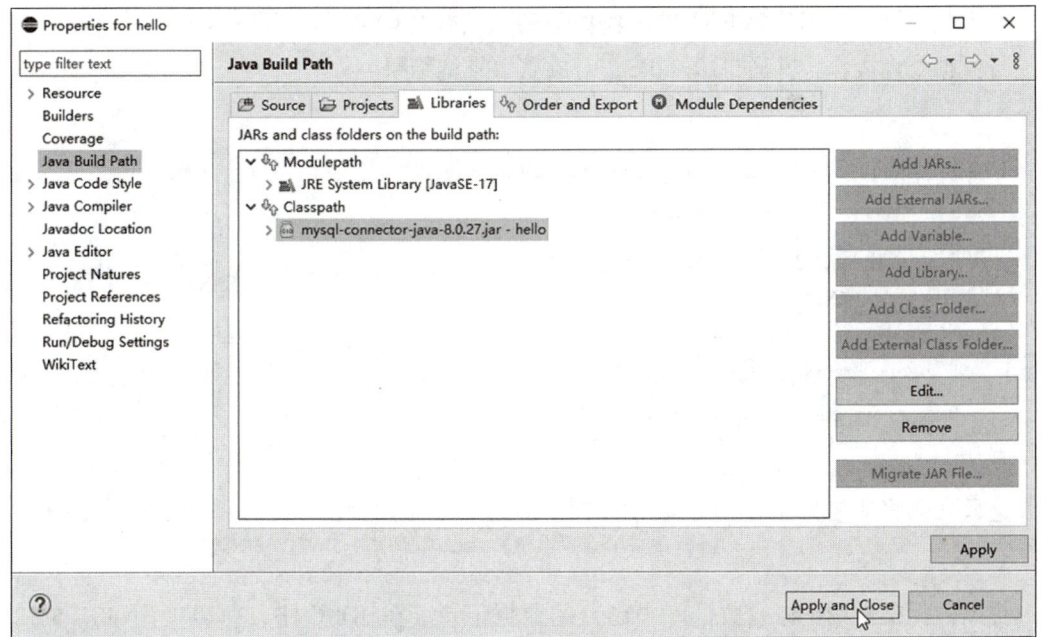

图 8-16 单击"Apply and Close"按钮

任务 3　商品表的信息管理

8.3　数据库操作

数据库操作是指通过对数据库执行增加、删除、修改和查询等操作来管理数据的过程。在使用 JDBC 进行数据库操作时，通常涉及以下几种基本的数据库操作。

1. 插入数据

插入数据操作用于向数据库的表中添加新的数据记录。在 JDBC 中，可以使用 SQL 的 INSERT 语句实现数据插入操作。

例：

```
String insertSql = "INSERT INTO workers(name, age) VALUES(' 李工程师', 32)";
Statement statement = connection. createStatement();
int rowsAffected = statement. executeUpdate(insertSql);
```

这段代码将向名为 workers 的表中插入一条包含姓名为"李工程师"、年龄为 32 的新记录。

2. 查询数据

查询数据操作用于从数据库中检索数据记录。在 JDBC 中，可以使用 SQL 的 SELECT 语句进行数据查询操作，并通过 ResultSet 对象获取查询结果。

例：

```
String selectSql = "SELECT * FROM workers WHERE age>28";
Statement statement = connection. createStatement();
ResultSet resultSet = statement. executeQuery(selectSql);
while(resultSet. next()) {
    String name = resultSet. getString("name");
    int age = resultSet. getInt("age");
    System. out. println("Name: " + name + ", Age: " + age);
}
```

这段代码将从名为 workers 的表中查询年龄大于 28 的工人信息，并将结果打印输出。

3. 更新数据

更新数据操作用于修改数据库中已有的数据记录。在 JDBC 中，可以使用 SQL 的 UPDATE 语句实现数据更新操作。示例代码如下：

```
String updateSql = "UPDATE workers SET age = 32 WHERE name = ' 赵工程师'";
Statement statement = connection. createStatement();
int rowsAffected = statement. executeUpdate(updateSql);
```

这段代码将更新名为"赵工程师"的工人的年龄为 32 岁。

4. 删除数据

删除数据操作用于从数据库中移除数据记录。在 JDBC 中，可以使用 SQL 的 DELETE 语句实现数据删除操作。示例代码如下：

```
String deleteSql = "DELETE FROM workers WHERE age>48";
Statement statement = connection. createStatement();
int rowsAffected = statement. executeUpdate(deleteSql);
```

这段代码将删除年龄大于 48 岁的工人记录。

8.3.1 数据插入

在 MySQL 中使用 JDBC 进行数据插入操作前，须完成加载 MySQL 驱动程序、建立数据库连接的操作，接下来就可以对数据表进行各类操作，实现数据的交互。

1. 创建 Statement 或 PreparedStatement 对象

一旦成功建立数据库连接，就可以创建 Statement 或 PreparedStatement 对象，用于向数据库发送 SQL 查询。

```
Statement statement = connection. createStatement();
//创建 Statement 对象
PreparedStatement preparedStatement = connection. prepareStatement("SELECT * FROM tb_goods WHERE
column = ?");
//创建 PreparedStatement 对象, tb_goods 为数据表
```

2. 查询插入记录

```
String sql = "INSERT INTO tb_goods(g_name, g_price, g_amount) VALUES "
                    + "(' " + gName + "' , " + gPrice + ", " + gAmount + ")";
stmt. executeUpdate(sql);
//查询插入记录的操作
```

3. 处理查询结果

对于 SELECT 查询，需要从结果集中提取数据并进行处理。可以使用 ResultSet 对象提供的方法来获取查询结果的各个字段值。

4. 关闭连接

在所有操作完成后，应当关闭数据库连接以释放资源。

```
resultSet. close();
statement. close();
connection. close();
```

以上是使用 JDBC 连接数据库的基本步骤。通过这些步骤，可以在 Java 应用程序中使用 JDBC 与关系型数据库进行交互。

例：编程实现向数据表 tb_goods 中插入记录。

实现的环境：

（1）数据库名称 sdetc。

（2）数据表 tb_goods 包括 g_name（商品名称）、g_price（商品价格）、g_amount（商品数量）等字段。

（3）插入的记录商品名称是"手机"，商品价格是"1 999. 99"，商品数量是"10"。

（4）完成记录的插入后，释放占用的资源。

程序代码：

```
package com. myhello;
import java. sql. * ;

public class JDBCExample {
    static final String JDBC_DRIVER = "com. mysql. cj. jdbc. Driver";
    static final String DB_URL = "jdbc:mysql://localhost:3306/sdetc";
    static final String USER = "root";
    static final String PASS = "admin";

    public static void main(String[] args) {
        Connectionconn = null;
        Statementstmt = null;

        try {
            //注册 JDBC 驱动程序
            Class. forName(JDBC_DRIVER);

            //建立数据库连接
            conn = DriverManager. getConnection(DB_URL, USER, PASS);

            //创建 Statement 对象
            stmt = conn. createStatement();

            //插入数据
            String gName = "手机";
            double gPrice = 1999. 99;
            int gAmount = 10;
            String sql = "INSERT INTO tb_goods(g_name, g_price, g_amount) VALUES "
                + "(' " + gName + "' , " + gPrice + ", " + gAmount + ")";
            stmt. executeUpdate(sql);
```

```
            System. out. println("数据插入成功!");
        }catch(ClassNotFoundException e) {
            e. printStackTrace();
        }catch(SQLException e) {
            e. printStackTrace();
        }finally {
            //关闭资源
            try {
                if (stmt ! = null) {
                    stmt. close();
                }
                if (conn ! = null) {
                    conn. close();
                }
            }catch(SQLException e) {
                e. printStackTrace();
            }
        }
    }
}
```

这段程序实现插入数据的过程如下：

（1）创建数据库连接。

```
conn =DriverManager. getConnection(DB_URL, USER, PASS);
```

使用 DriverManager. getConnection( ) 方法获取与数据库的连接。传入的参数是 URL、用户名和密码。

（2）创建 Statement 对象。

```
stmt = conn. createStatement();
```

使用 conn. createStatement( ) 方法创建一个 Statement 对象，用于执行 SQL 语句。

（3）构建插入语句。

```
String gName = "手机";
doublegPrice = 1999. 99;
int gAmount = 10;
String sql = "INSERT INTO tb_goods(g_name, g_price, g_amount) VALUES "
        + "(' " + gName + "'" , " + gPrice + ", " + gAmount + ")";
```

（4）创建一个 SQL 语句字符串，向 tb_goods 表中插入数据。其中，gName、gPrice 和 gAmount 是变量，表示要插入的商品名称、价格和数量。

（5）执行插入操作。

```
stmt. executeUpdate(sql);
```

使用 stmt. executeUpdate( ) 方法执行插入语句，将数据插入数据库中。

（6）输出插入成功信息。

```
System. out. println("数据插入成功!");
```

在控制台输出一条插入成功的提示信息。

（7）异常处理和资源关闭。

在 try-catch 块中捕获可能出现的异常，如类加载异常或 SQL 异常，并在控制台打印异常堆栈信息。最后，在 finally 块中关闭资源，包括关闭 Statement 对象和数据库连接。

8.3.2 数据更新

更新数据的用法有很多种，具体取决于用户的需求和逻辑。以下是几种常见的更新数据的用法。

- 更新单个记录的某个字段

```
UPDATE tb_goods SET g_amount = 20 WHERE g_name = '手机';
```

将商品名称为"手机"的记录的 g_amount 字段更新为 20。

- 更新多个记录的某个字段

```
UPDATE tb_goods SET g_amount = 30 WHERE g_price>1000;
```

将商品价格大于 1 000 的所有记录的 g_amount 字段更新为 30。

- 更新多个字段

```
UPDATE tb_goods SET g_amount = 40, g_price = 1999. 99 WHERE g_name = '电视';
```

将商品名称为"电视"的记录的 g_amount 字段更新为 40，并将 g_price 字段更新为 1 999. 99。

- 使用表达式更新字段

```
UPDATE tb_goods SET g_amount = g_amount + 10 WHERE g_price < 1000;
```

将商品价格小于 1 000 的所有记录的 g_amount 字段增加 10。

- 使用子查询更新字段

```
UPDATE tb_goods SET g_amount =(SELECT SUM(g_amount) FROM tb_sales WHERE tb_sales. goods_id = tb_goods. id);
```

使用子查询将 tb_sales 表中每个商品的销售数量总和更新到 tb_goods 表的 g_amount 字段。

更新数据的用法还有很多，在实现的程序应用中，可以根据具体需求灵活运用 UPDATE 语句来更新数据表中的字段。

例：将数据表 tb_goods 的记录中 g_amount 的值增加 10。

实现的环境：

（1）数据库名称 sdetc。

（2）数据表 tb_goods 包括 g_name（商品名称）、g_price（商品价格）、g_amount（商品数量）等字段。

（3）将所有商品的 g_amoun（商品数量）增加 10。

（4）完成记录更新后，释放占用的资源。

程序代码：

```java
package com. myhello;
import java. sql. *;

public class UpdateData {
    static final String JDBC_DRIVER = "com. mysql. cj. jdbc. Driver";
    static final String DB_URL = "jdbc:mysql://localhost:3306/sdetc";
    static final String USER = "root";
    static final String PASS = "admin";

    public static void main(String[] args) {
        Connectionconn = null;
        Statementstmt = null;

        try {
            //注册 JDBC 驱动程序
            Class. forName(JDBC_DRIVER);

            //建立数据库连接
            conn = DriverManager. getConnection(DB_URL, USER, PASS);

            //创建 Statement 对象
            stmt = conn. createStatement();

            //更新数据
            Stringsql = "UPDATE tb_goods SET g_amount = g_amount + 10";
            int rowsAffected = stmt. executeUpdate(sql);

            System. out. println(rowsAffected + " 条记录更新成功!");
        }catch(ClassNotFoundException e) {
            e. printStackTrace();
        }catch(SQLException e) {
            e. printStackTrace();
        }finally {
```

```
            //关闭资源
            try {
                if (stmt ! = null) {
                    stmt. close();
                }
                if (conn ! = null) {
                    conn. close();
                }
            }catch(SQLException e) {
                e. printStackTrace();
            }
        }
    }
}
```

以上程序是通过 Java JDBC 连接到 MySQL 数据库，并执行 UPDATE 语句来更新数据表中的记录的。

具体步骤如下：

（1）导入必要的 Java SQL 包和类，并定义数据库连接相关的常量（JDBC 驱动程序、数据库 URL、用户名和密码）。

（2）注册 JDBC 驱动程序：

```
Class. forName(JDBC_DRIVER);
```

实现加载并注册 MySQL JDBC 驱动程序。

（3）建立数据库连接：

```
conn = DriverManager. getConnection(DB_URL, USER, PASS);
```

通过 DriverManager. getConnection（）方法建立与 MySQL 数据库的连接，使用提供的 URL、用户名和密码。

（4）创建 Statement 对象：

```
stmt = conn. createStatement();
```

使用 conn. createStatement（）方法创建一个 Statement 对象，用于发送 SQL 语句给数据库。

（5）更新数据：

```
String sql = "UPDATEtb_goods SET g_amount = g_amount + 10";
int rowsAffected = stmt. executeUpdate(sql);
```

上述代码中的 UPDATE 语句将 tb_goods 表中的 g_amount 字段增加 10。stmt.executeUpdate（sql）方法执行 UPDATE 语句，并返回受影响的行数。

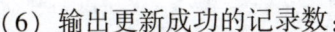

（6）输出更新成功的记录数：

```
System. out. println(rowsAffected + "条记录更新成功!");
```

打印更新操作所影响的记录数。

（7）关闭资源：

```
stmt. close();
conn. close();
```

在 finally 块中关闭 Statement 和 Connection 对象，释放数据库连接和相关资源。

通过执行 UPDATE 语句，程序实现了将 tb_goods 表中所有记录的 g_amount 字段值增加 10 的功能。更新操作是通过创建 Statement 对象并调用 stmt. executeUpdate（sql）方法来实现的。

8.3.3　数据删除

使用 DELETE 语句可以实现多种数据删除操作，以下是几种常见的用法。

- 删除指定条件的记录

```
DELETE FROM tb_goods WHERE g_price>1000;
```

将删除 tb_goods 表中商品价格大于 1 000 的记录。

- 删除表中所有记录

```
DELETE FROM tb_goods;
```

将删除 tb_goods 表中的所有记录，无条件删除全部记录，一般很少使用。

- 删除重复记录（保留一条）

```
DELETE FROM tb_goods
WHERE g_name IN(SELECT g_name FROM tb_goods GROUP BY g_name HAVING COUNT(g_name)>1);
```

将删除 tb_goods 表中重复的商品名称记录，只保留一条。

- 删除最早或最晚的记录

删除最早的记录：

```
DELETE FROM tb_goods WHERE g_price =(SELECT MIN(g_price) FROM tb_goods);
```

删除最晚的记录：

```
DELETE FROM tb_goods WHERE g_price =(SELECT MAX(g_price) FROM tb_goods);
```

将删除 tb_goods 表中最早或最晚的商品价格记录。

- 删除前 N 条记录

```
DELETE FROMtb_goods LIMIT N;
```

将删除 tb_goods 表中的前 N 条记录。

在程序开发中，须根据实际需求选择合适的删除方式，并根据具体字段和条件进行相应的修改。

例：删除数据表 tb_goods 中所有 g_amount 为 0 的记录。

实现的环境：

（1）数据库名称 sdetc。

（2）数据表 tb_goods 包括 g_amount（商品数量）字段。

（3）删除数据表 tb_goods 中所有 g_amount 为 0 的记录。

（4）完成记录更新后，释放占用资源。

程序代码：

```java
package com. myhello;
import java. sql. * ;

public class DeleteData {
    static final String JDBC_DRIVER = "com. mysql. cj. jdbc. Driver";
    static final String DB_URL = "jdbc:mysql://localhost:3306/sdetc";
    static final String USER = "root";
    static final String PASS = "admin";

    public static void main(String[] args) {
        Connectionconn = null;
        Statementstmt = null;

        try {
            //注册 JDBC 驱动程序
            Class. forName(JDBC_DRIVER);

            //建立数据库连接
            conn = DriverManager. getConnection(DB_URL, USER, PASS);

            //创建 Statement 对象
            stmt = conn. createStatement();

            //删除数据
            Stringsql = "DELETE FROM tb_goods WHERE g_amount = 0";
            int rowsAffected = stmt. executeUpdate(sql);

            System. out. println(rowsAffected + " 条记录删除成功!");
        }catch(ClassNotFoundException e) {
            e. printStackTrace();
        }catch(SQLException e) {
            e. printStackTrace();
```

```
        }finally {
            //关闭资源
            try {
                if (stmt ! = null) {
                    stmt. close();
                }
                if (conn ! = null) {
                    conn. close();
                }
            }catch(SQLException e) {
                e. printStackTrace();
            }
        }
    }
}
```

以上程序使用 Java 的 JDBC 技术来连接数据库，并执行删除操作。

主要的实施过程：

（1）导入必要的 Java 类和包，包括 java. sql 包中的相关类。

（2）定义数据库连接所需的驱动程序、数据库 URL、用户名和密码等常量。

（3）在 main 方法中，定义 Connection 和 Statement 对象，初始化为 null。

（4）使用 Class. forName( ) 方法加载指定的 JDBC 驱动程序。

（5）使用 DriverManager. getConnection( ) 方法连接到数据库，并传入数据库 URL、用户名和密码。

（6）使用 Connection 对象的 createStatement( ) 方法创建一个 Statement 对象，用于执行 SQL 语句。

（7）使用 Statement 对象的 executeUpdate( ) 方法执行 DELETE 语句。其中，DELETE FROM tb_goods WHERE g_amount = 0 指定了要删除的记录条件。

（8）获取受影响的记录数：使用 executeUpdate( ) 方法返回的结果是被修改的记录数，将其保存在 rowsAffected 变量中。

（9）利用 System. out. println( ) 方法将删除操作所影响的记录数打印出来。

（10）在 catch 块中，捕获可能发生的 ClassNotFoundException 和 SQLException，并打印异常堆栈跟踪信息。

（11）在 finally 块中分别关闭 Statement 和 Connection 对象。

8.3.4 数据库可视化管理工具

在本机管理数据时，常见程序员应用一些可视化的数据库管理工具，可以达到更高的工作效率。其中，Navicat 工具在数据库管理深受程序员喜欢，操作过程直观有效。

（1）下载安装 Navicat 工具，启动后，单击"连接"按钮，如图 8-17 所示。

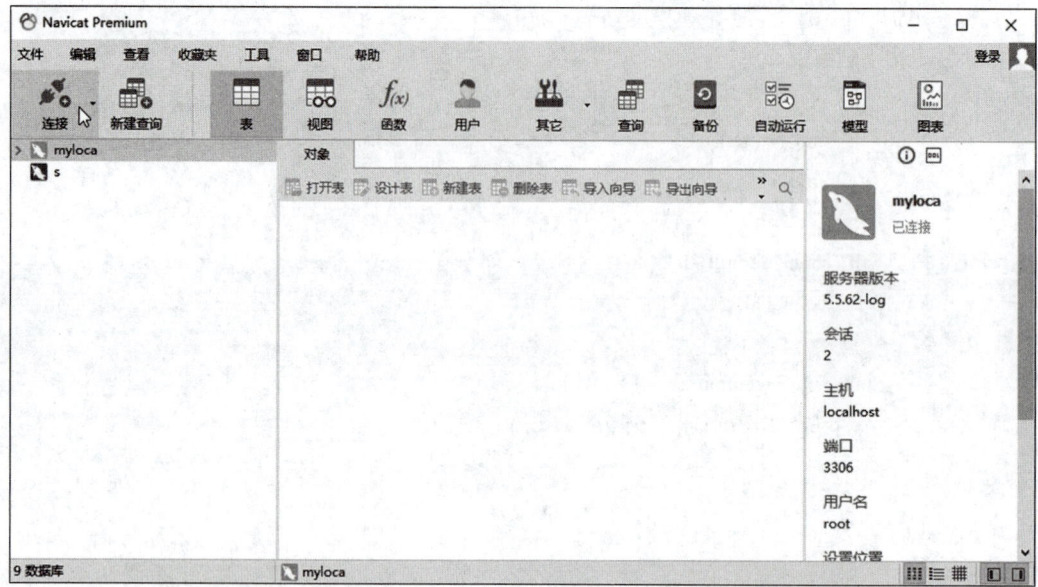

图 8-17　单击"连接"按钮

（2）输入数据库信息：端口为 3306，主机为本机 localhost，输入正确的用户名和密码，连接名可以自定义，如图 8-18 所示。

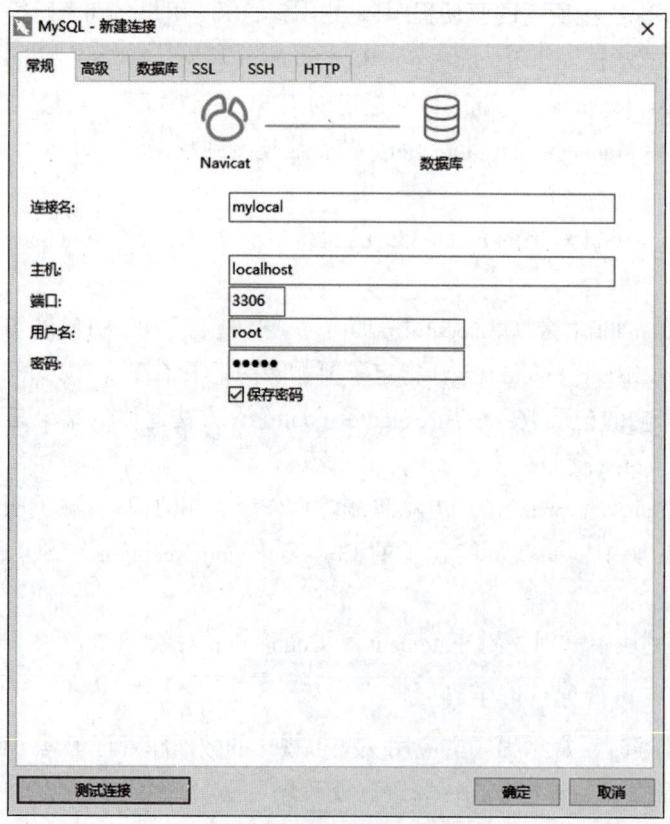

图 8-18　输入数据库信息

（3）连接信息输入完成后，单击"测试连接"按钮，显示"连接成功"，意味着连接数据成功，后续的管理工作可以放心操作，如图 8-19 所示。

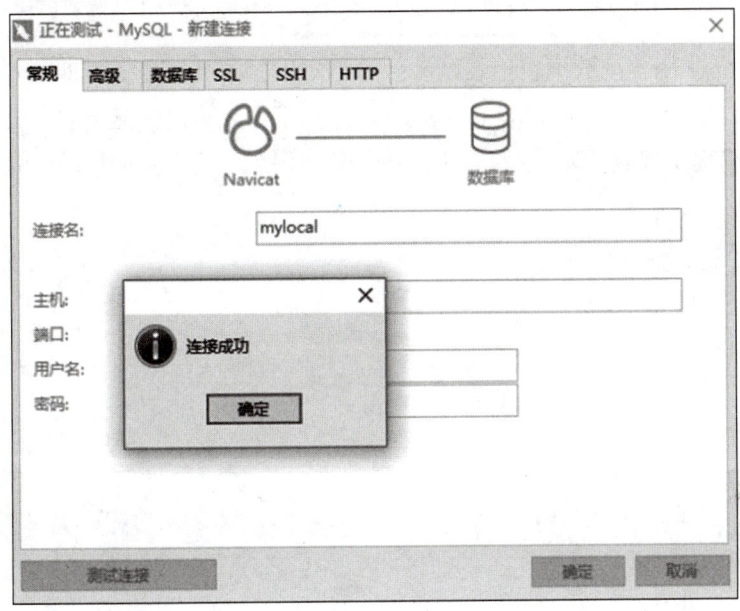

图 8-19 显示"连接成功"

（4）连接成功后，打开数据表，可以浏览数据记录，如图 8-20 所示。

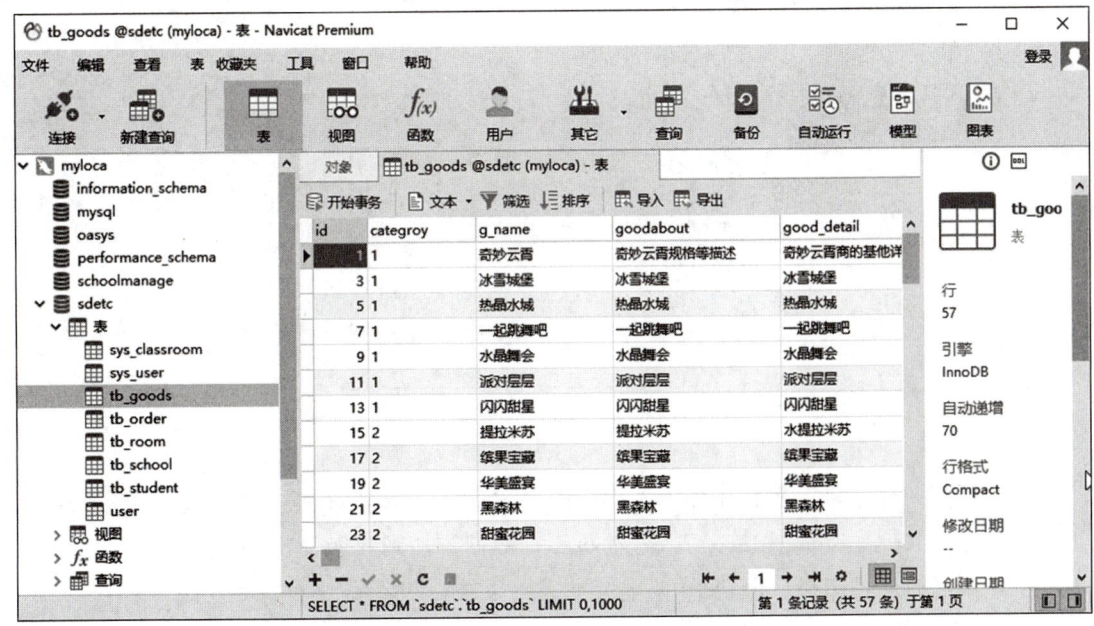

图 8-20 打开数据表，可以浏览数据记录

【任务要求】

模块 1：查询数据表 tb_goods 的前 10 条记录

任务分析：

（1）在 Eclipse 中实现数据表记录显示，需要使用 MySQL 的 JDBC 驱动程序包。

（2）现有数据库 sdetc、数据表 tb_ goods，包括了一系列的商品信息。

（3）要求编程实现数据库 sdetc 连接，并显示数据表 tb_goods 的前 10 条记录。

结果如下：

```
ID 商品名称 商品价格
1 奇妙云霄 26.0
3 冰雪城堡 12.5
5 热晶水城 12.5
7 一起跳舞吧 22.5
9 水晶舞会 32.0
11 派对层层 22.0
13 闪闪甜星 132.0
15 提拉米苏 62.0
17 缤果宝藏 33.0
19 华美盛宴 62.0
```

模块 2：添加记录到数据表 tb_goods

任务分析：

（1）设计"商品管理"窗体，如图 8-21 所示。

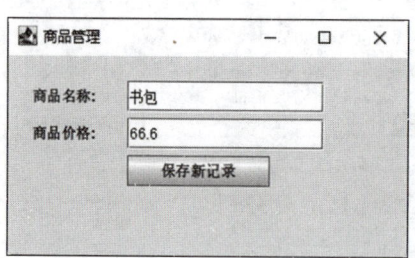

图 8-21 设计"商品管理"窗体

（2）在"商品管理"窗体中输入要添加的记录数据"商品名称"和"商品价格"。

（3）连接数据库 sdetc 和数据表 tb_goods，把数据添加到数据表 tb_goods 中。

（4）添加后，输出显示最新 10 条记录。

模块 3：商品记录的查询与浏览

任务分析：

（1）设计"数据库查询与浏览"窗体，如图 8-22 所示。

（2）在"查询"输入框中输入要查询的"商品名称"相关的字符。

（3）单击"查询"按钮可查询到商品名称与输入字符匹配的商品记录。

（4）单击"显示全部"按钮显示所有商品记录。

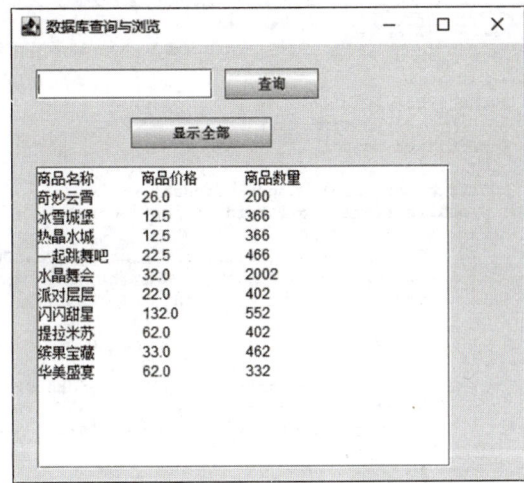

图 8-22　设计"数据库查询与浏览"窗体

【任务实施】

模块 1：查询数据表 tb_goods 的前 10 条记录

实现步骤：

（1）打开数据表 tb_goods，先检查现存记录数据是否正常，如图 8-23 所示。

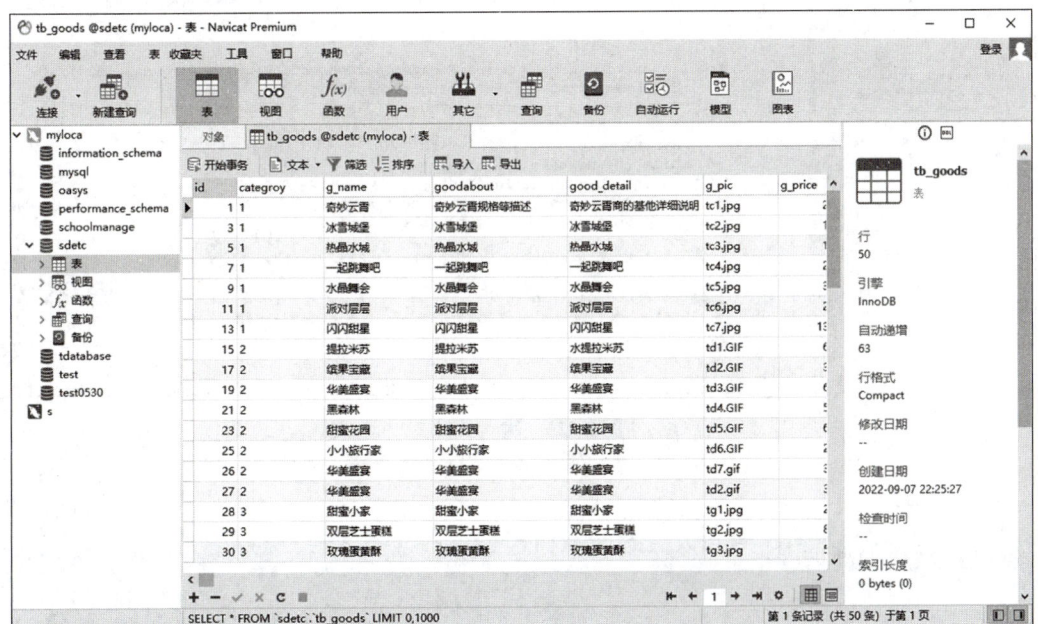

图 8-23　打开数据表 tb_goods

（2）在 Eclipse 中打开项目，创建 DisplayGoodsRecords. java 文件，输入代码，设置数据库连接信息，加载数据库驱动，如图 8-24 所示。

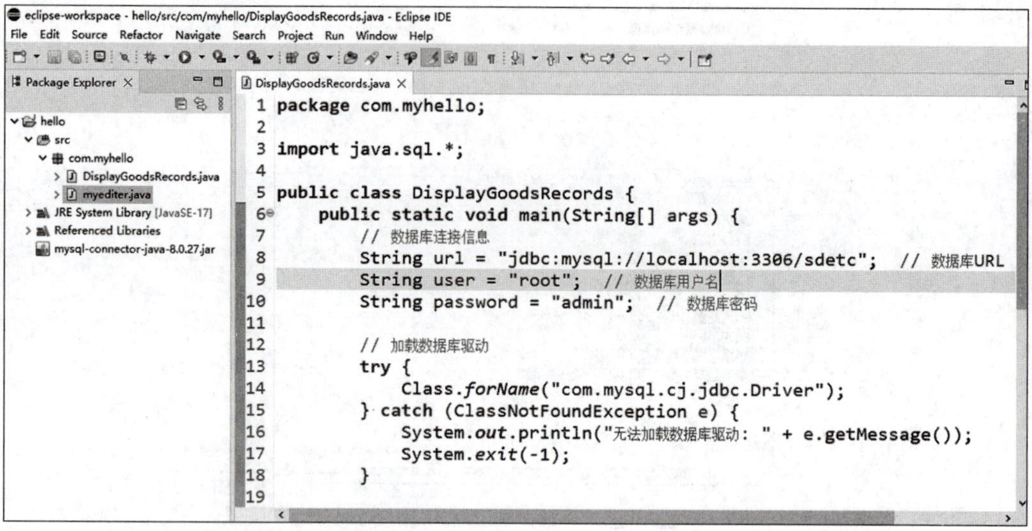

图 8-24　在 Eclipse 中打开项目

（3）输入代码，执行 SELECT ＊ FROM tb_goods LIMIT 10 语句，查出前 10 条记录，如图 8-25 所示。

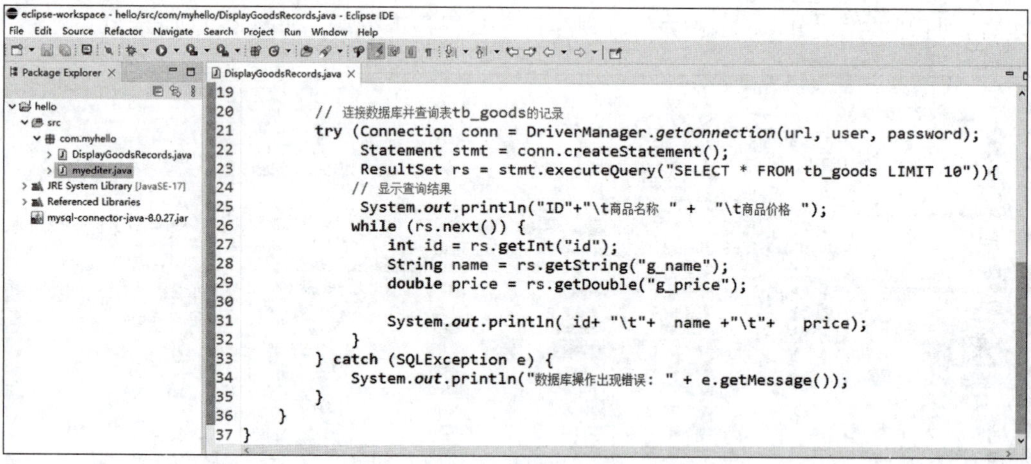

图 8-25　输入代码

参考代码：

```
package com. myhello;

import java. sql. ＊;
public class DisplayGoodsRecords {
    public static void main(String[] args) {
```

```java
//数据库连接信息
Stringurl = "jdbc:mysql://localhost:3306/sdetc";   //数据库 URL
Stringuser = "root";   //数据库用户名
Stringpassword = "admin";   //数据库密码


//加载数据库驱动
try {
    Class. forName("com. mysql. cj. jdbc. Driver");
}catch(ClassNotFoundException e) {
    System. out. println("无法加载数据库驱动: " + e. getMessage());
    System. exit(- 1);
}


//连接数据库并查询表 tb_goods 的记录
try(Connection conn = DriverManager. getConnection(url, user, password);
    Statementstmt = conn. createStatement();
    ResultSetrs = stmt. executeQuery("SELECT * FROM tb_goods LIMIT 10")){
    //显示查询结果
    System. out. println("ID"+"\t 商品名称 " +   "\t 商品价格 ");
    while(rs. next()) {
        int id = rs. getInt("id");
        Stringname = rs. getString("g_name");
        double price = rs. getDouble("g_price");

        System. out. println( id+ "\t"+   name +"\t"+    price);
    }
}catch(SQLException e) {
    System. out. println("数据库操作出现错误: " + e. getMessage());
}
    }
}
```

模块 2：添加记录到数据表 tb_goods

实现步骤：

（1）在 Eclipse 中打开项目，创建 editRecordBrowse. java 文件。输入代码，创建"商品管理"窗体，添加"商品名称"标签，如图 8-26 所示。

（2）输入代码创建"商品价格"标签和"保存新记录"按钮，如图 8-27 所示。

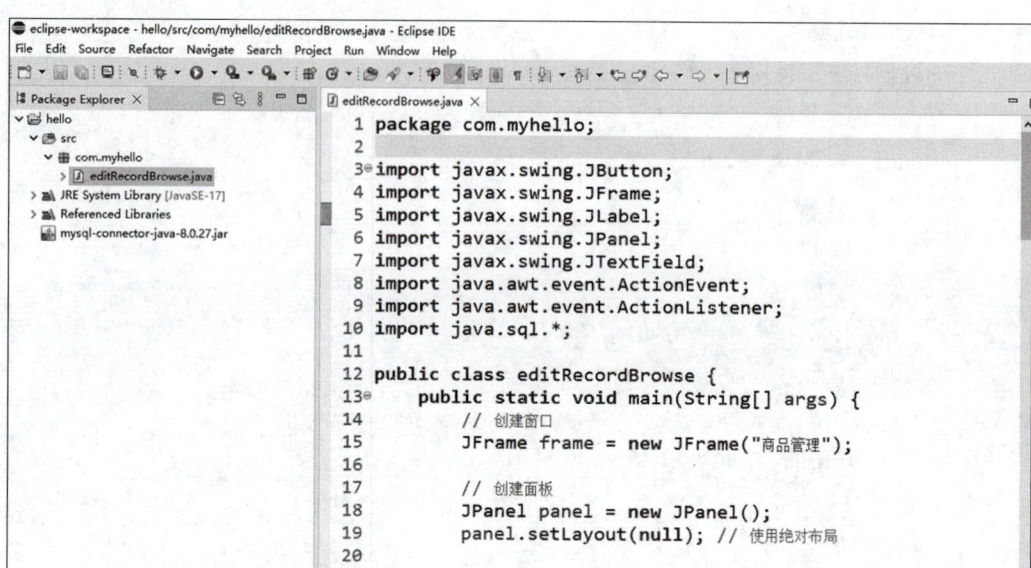

图 8-26 创建 **editRecordBrowse. java** 文件

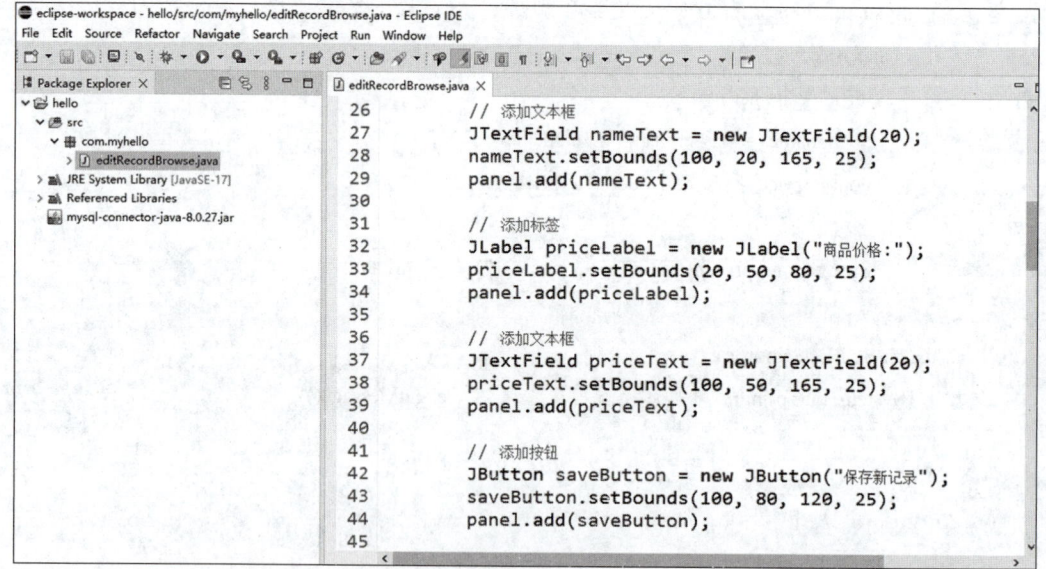

图 8-27 输入代码

（3）输入代码，创建"保存新记录"按钮单击事件，获取输入框的"商品名称""商品价格"数据，执行 insertGoodsRecord（gName,gPrice）添加记录，如图 8-28 所示。

（4）输入代码，定义 insertGoodsRecord（gName,gPrice）函数，执行"INSERT INTO tb_goods（g_name，g_price）VALUES（?,?）"实现记录的添加，如图 8-29 所示。

```
46      // 设置窗口属性
47      frame.add(panel);
48      frame.setSize(350, 200); // 设置窗口大小
49      frame.setDefaultCloseOperation(JFrame.EXIT_ON_CLOSE); // 设置关闭操作
50      frame.setVisible(true); // 显示窗口
51
52      // 添加按钮事件监听
53      saveButton.addActionListener(new ActionListener() {
54          @Override
55          public void actionPerformed(ActionEvent e) {
56              String gName = nameText.getText();
57              String gPrice = priceText.getText();
58
59              // 将商品名称和价格插入数据库
60              insertGoodsRecord(gName, gPrice);
61
62              // 清空文本框
63              nameText.setText("");
64              priceText.setText("");
65
66              // 刷新数据表记录的浏览
67              listGoodsRecords.displayRecords();
68          }
69      });
70  }
```

图 8-28　输入代码

```
71
72      // 插入商品记录到数据库
73      private static void insertGoodsRecord(String name, String price) {
74          String url = "jdbc:mysql://localhost:3306/sdetc"; // 数据库URL
75          String user = "root"; // 数据库用户名
76          String password = "admin"; // 数据库密码
77
78          try {
79              Class.forName("com.mysql.cj.jdbc.Driver");
80              try (Connection conn = DriverManager.getConnection(url, user, password);
81                   PreparedStatement stmt = conn.prepareStatement("INSERT INTO tb_goods (g_name, g_price) VALUES (?, ?)")) {
82                  stmt.setString(1, name);
83                  stmt.setString(2, price);
84                  stmt.executeUpdate();
85              } catch (SQLException e) {
86                  System.out.println("数据库操作出现错误: " + e.getMessage());
87              }
88          } catch (ClassNotFoundException e) {
89              System.out.println("无法加载数据库驱动: " + e.getMessage());
90          }
91      }
92  }
```

图 8-29　定义 insertGoodsRecord（gName，gPrice） 函数

　　（5）运行程序时，出现"商品管理"窗体，在窗体中输入商品信息，单击"保存新记录"按钮，记录被添加到数据表中，如图 8-30 所示。

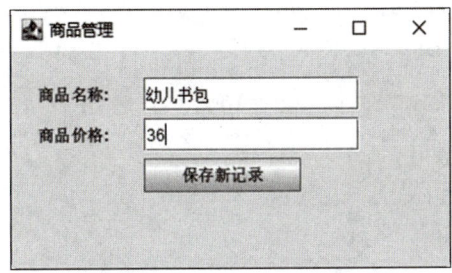

图 8-30　"商品管理"窗体

（6）可用 Navicat 工具查询数据表的数据变化。

参考代码：

```
package com. myhello;

import javax. swing. JButton;
import javax. swing. JFrame;
import javax. swing. JLabel;import javax. swing. JPanel;
import javax. swing. JTextField;
import java. awt. event. ActionEvent;
import java. awt. event. ActionListener;
import java. sql. *;
public class editRecordBrowse {
    public static void main(String[] args) {
        //创建窗口
        JFrame frame = new JFrame("商品管理");

        //创建面板
        JPanel panel = new JPanel();
        panel. setLayout(null);//使用绝对布局

        //添加标签
        JLabel nameLabel = new JLabel("商品名称:");
        nameLabel. setBounds(20, 20, 80, 25);
        panel. add(nameLabel);

        //添加文本框
        JTextField nameText = new JTextField(20);
        nameText. setBounds(100, 20, 165, 25);
        panel. add(nameText);

        //添加标签
        JLabel priceLabel = new JLabel("商品价格:");
        priceLabel. setBounds(20, 50, 80, 25);
        panel. add(priceLabel);

        //添加文本框
        JTextField priceText = new JTextField(20);
        priceText. setBounds(100, 50, 165, 25);
        panel. add(priceText);

        //添加按钮
        JButton saveButton = new JButton("保存新记录");
```

```
            saveButton. setBounds(100, 80, 120, 25);
            panel. add(saveButton);

            //设置窗口属性
            frame. add(panel);
            frame. setSize(350, 200);      //设置窗口大小
            frame. setDefaultCloseOperation(JFrame. EXIT_ON_CLOSE);   //设置关闭操作
            frame. setVisible(true);       //显示窗口

            //添加按钮事件监听
            saveButton. addActionListener(new ActionListener() {
                @Override
                public void actionPerformed(ActionEvent e) {
                    String gName = nameText. getText();
                    String gPrice = priceText. getText();

                    //将商品名称和价格插入数据库
                    insertGoodsRecord(gName, gPrice);

                    //清空文本框
                    nameText. setText("");
                    priceText. setText("");

                    //刷新数据表记录的浏览
                    listGoodsRecords. displayRecords();
                }
            });
        }

        //插入商品记录到数据库
        private static void insertGoodsRecord(String name, String price) {
            String url = "jdbc:mysql://localhost:3306/sdetc";   //数据库 URL
            String user = "root";                               //数据库用户名
            String password = "admin";                          //数据库密码

            try {
                Class. forName("com. mysql. cj. jdbc. Driver");
                try(Connection conn = DriverManager. getConnection(url, user, password);
                    PreparedStatement stmt = conn. prepareStatement("INSERT INTO tb_goods(g_name,
g_price) VALUES(?, ?)")) {
                        stmt. setString(1, name);
                        stmt. setString(2, price);
```

```java
                stmt. executeUpdate();
            } catch(SQLException e) {
                System. out. println("数据库操作出现错误: " + e. getMessage());
            }
        } catch(ClassNotFoundException e) {
            System. out. println("无法加载数据库驱动: " + e. getMessage());
        }
    }
}


classlistGoodsRecords {
    //数据库连接信息
    private static final String url = "jdbc:mysql://localhost:3306/sdetc";    //数据库 URL
    private static final String user = "root";                               //数据库用户名
    private static final String password = "admin";                         //数据库密码

    //静态方法用于显示 tb_goods 表的记录
    public static void displayRecords() {
        try {
            Class. forName("com. mysql. cj. jdbc. Driver");
            try(Connection conn = DriverManager. getConnection(url, user, password);
                Statement stmt = conn. createStatement();
                ResultSet rs = stmt. executeQuery("SELECT * FROM tb_goods ORDER BY id DESC
LIMIT 10")) {
                //显示查询结果
                System. out. println("ID" + "\t 商品名称 " + "\t 商品价格 ");
                while(rs. next()) {
                    int id = rs. getInt("id");
                    String name = rs. getString("g_name");
                    double price = rs. getDouble("g_price");

                    System. out. println(id + "\t" + name+ "\t" + price);
                }
            } catch(SQLException e) {
                System. out. println("数据库操作出现错误: " + e. getMessage());
            }
        } catch(ClassNotFoundException e) {
            System. out. println("无法加载数据库驱动: " + e. getMessage());
        }
    }
}
```

模块 3：商品记录的查询与浏览

实现步骤：

（1）在 Eclipse 中打开项目，创建 goodsmanage. java 文件。输入代码，创建"商品记录的查询与浏览"窗体，设置窗体大为 450×400，创建一个文本框，如图 8-31 所示。

```
1 package com.myhello;
2
3⊖ import javax.swing.JButton;
4  import javax.swing.JFrame;
5  import javax.swing.JOptionPane;
6  import javax.swing.JPanel;
7  import javax.swing.JScrollPane;
8  import javax.swing.JTextArea;
9  import javax.swing.JTextField;
10 import java.awt.event.ActionEvent;
11 import java.awt.event.ActionListener;
12 import java.sql.*;
13
14 public class goodsmanage {
15⊖     public static void main(String[] args) {
16          // 创建窗口
17          JFrame frame = new JFrame("商品记录的查询与浏览");
18
19          // 创建面板
20          JPanel panel = new JPanel();
21          panel.setLayout(null); // 使用绝对布局
22
23          // 设置窗口属性
24          frame.setSize(450, 400); // 设置窗口大小
25          frame.setDefaultCloseOperation(JFrame.EXIT_ON_CLOSE); // 设置关闭操作
26
27          // 创建文本框和按钮
28          JTextField searchText = new JTextField();
29          searchText.setBounds(20, 20, 150, 25);
30          panel.add(searchText);
```

图 8-31　创建 goodsmanage. java 文件

（2）输入代码，创建"查询"和"显示全部"按钮，再创建一个显示多行文本的标签，如图 8-32 所示。

```
31
32          JButton searchButton = new JButton("查询");
33          searchButton.setBounds(180, 20, 80, 25);
34          panel.add(searchButton);
35
36          JButton displayButton = new JButton("显示全部");
37          displayButton.setBounds(100, 60, 120, 25);
38          panel.add(displayButton);
39
40          JTextArea resultArea = new JTextArea();
41          resultArea.setEditable(false);
42          JScrollPane scrollPane = new JScrollPane(resultArea);
43          scrollPane.setBounds(20, 100, 350, 250);
44          panel.add(scrollPane);
```

图 8-32　输入代码

（3）输入代码，定义"查询"按钮的事件，执行"SELECT * FROM tb_goods WHERE g_name LIKE '%' + searchKeyword + '%'"，实现模糊查询记录的功能，如图 8-33 所示。

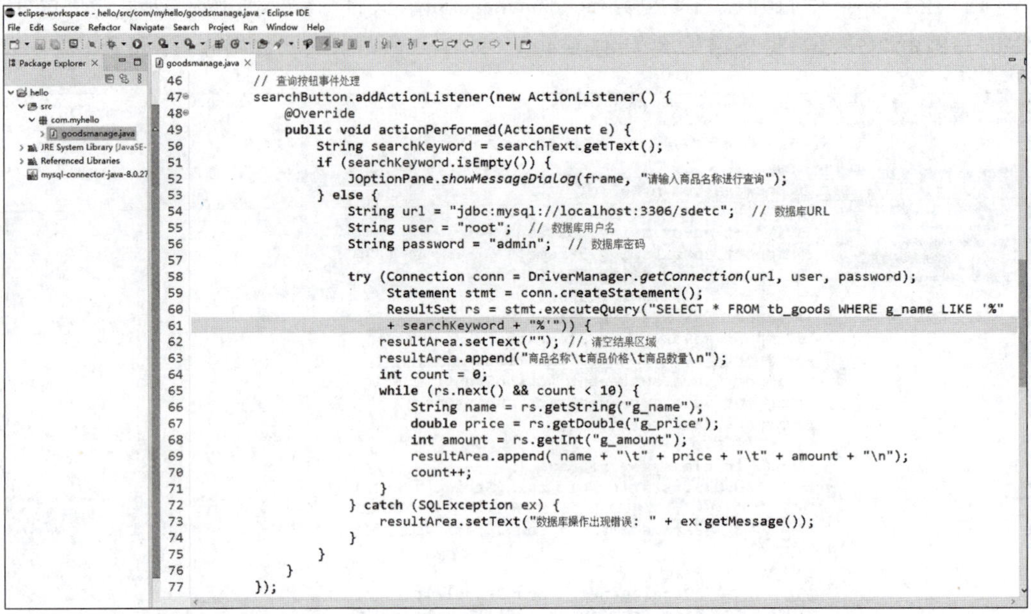

图 8-33　输入代码，定义"查询"按钮的事件

（4）输入代码，定义"显示全部"按钮的事件，执行"SELECT * FROM tb_goods LIMIT 10"，实现查询前 10 条记录的功能，如图 8-34 所示。

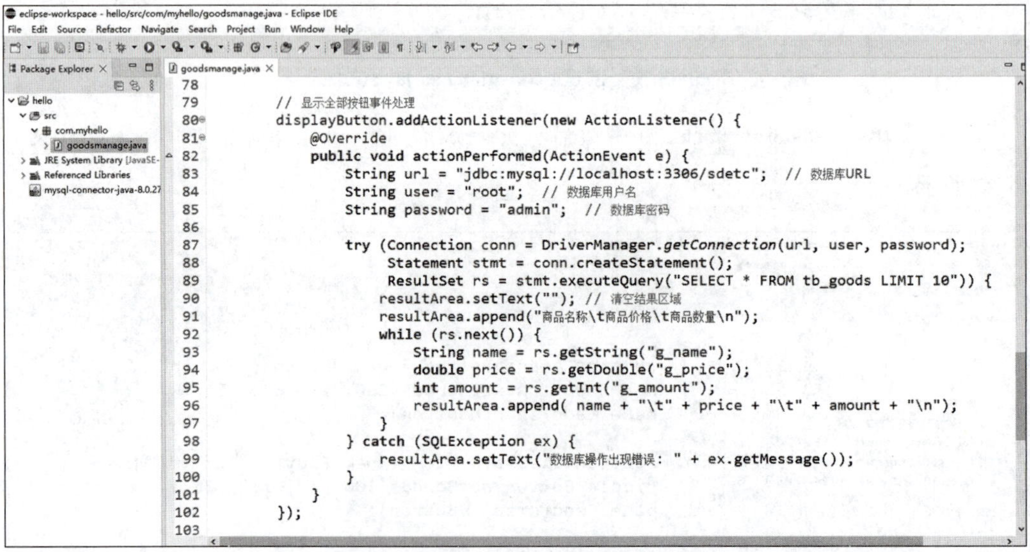

图 8-34　输入代码，定义"显示全部"按钮的事件

（5）输入代码，用 try 语句执行"SELECT * FROM tb_goods LIMIT 10"，实现查询前 10 条记录的功能，达到启动程序时即可显示前 10 条记录，如图 8-35 所示。

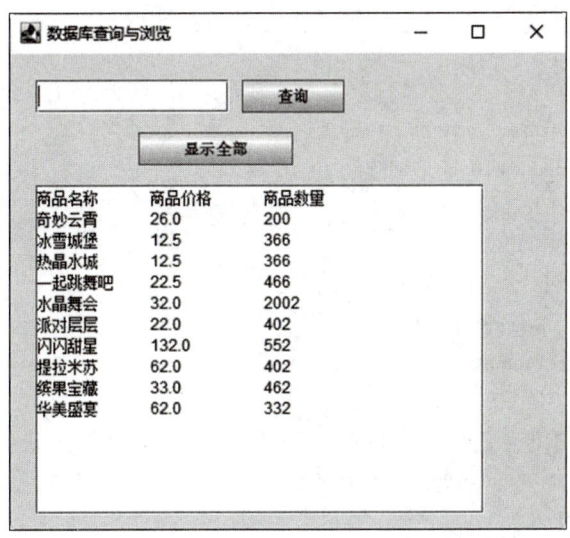

图 8-35　用 try 语句执行

（6）运行程序，弹出"数据库查询与浏览"对话框，可进行数据库查询的操作，如图 8-36 所示。

图 8-36　弹出"数据库查询与浏览"对话框

参考代码：

```
package com. myhello;

import javax. swing. JButton;
import javax. swing. JFrame;
import javax. swing. JOptionPane;
import javax. swing. JPanel;
```

```java
import javax. swing. JScrollPane;
import javax. swing. JTextArea;
import javax. swing. JTextField;
import java. awt. event. ActionEvent;
import java. awt. event. ActionListener;
import java. sql. * ;

public class goodsmanage {
    public static void main(String[] args) {
        //创建窗口
        JFrameframe = new JFrame("商品记录的查询与浏览");

        //创建面板
        JPanelpanel = new JPanel();
        panel. setLayout(null);//使用绝对布局

        //设置窗口属性
        frame. setSize(450, 400);//设置窗口大小
        frame. setDefaultCloseOperation(JFrame. EXIT_ON_CLOSE);   //设置关闭操作

        //创建文本框和按钮
        JTextFieldsearchText = new JTextField();
        searchText. setBounds(20, 20, 150, 25);
        panel. add(searchText);

        JButtonsearchButton = new JButton("查询");
        searchButton. setBounds(180, 20, 80, 25);
        panel. add(searchButton);

        JButtondisplayButton = new JButton("显示全部");
        displayButton. setBounds(100, 60, 120, 25);
        panel. add(displayButton);

        JTextArearesultArea = new JTextArea();
        resultArea. setEditable(false);
        JScrollPanescrollPane = new JScrollPane(resultArea);
        scrollPane. setBounds(20, 100, 350, 250);
        panel. add(scrollPane);

        //查询按钮事件处理
        searchButton. addActionListener(new ActionListener() {
```

```java
        @Override
        public void actionPerformed(ActionEvent e) {
            StringsearchKeyword = searchText. getText();
            if (searchKeyword. isEmpty()) {
                JOptionPane. showMessageDialog(frame, "请输入商品名称进行查询");
            }else {
                Stringurl = "jdbc:mysql://localhost:3306/sdetc";    //数据库 URL
                Stringuser = "root";                               //数据库用户名
                String password = "admin";                         //数据库密码

                try(Connection conn = DriverManager. getConnection(url, user, password);
                    Statementstmt = conn. createStatement();
                    ResultSetrs = stmt. executeQuery("SELECT * FROM tb_goods WHERE g_name
LIKE '%"
                        +searchKeyword + "%'")) {
                    resultArea. setText("");//清空结果区域
                    resultArea. append("商品名称\t商品价格\t商品数量\n");
                    int count = 0;
                    while(rs. next() && count < 10) {
                        Stringname = rs. getString("g_name");
                        double price = rs. getDouble("g_price");
                        int amount = rs. getInt("g_amount");
                        resultArea. append( name + "\t" + price + "\t" + amount + "\n");
                        count++;
                    }
                }catch(SQLException ex) {
                    resultArea. setText("数据库操作出现错误: " + ex. getMessage());
                }
            }
        }
    });

    //显示全部按钮事件处理
    displayButton. addActionListener(new ActionListener() {
        @Override
        public void actionPerformed(ActionEvent e) {
            Stringurl = "jdbc:mysql://localhost:3306/sdetc";    //数据库 URL
            Stringuser = "root";                               //数据库用户名
            Stringpassword = "admin";                          //数据库密码
```

```java
            try(Connection conn = DriverManager. getConnection(url, user, password);
                Statementstmt = conn. createStatement();
                ResultSetrs = stmt. executeQuery("SELECT * FROM tb_goods LIMIT 10")) {
                resultArea. setText("");    //清空结果区域
                resultArea. append("商品名称\t 商品价格\t 商品数量\n");
                while(rs. next()) {
                    Stringname = rs. getString("g_name");
                    double price = rs. getDouble("g_price");
                    int amount = rs. getInt("g_amount");
                    resultArea. append( name + "\t" + price + "\t" + amount + "\n");
                }
            }catch(SQLException ex) {
                resultArea. setText("数据库操作出现错误: " + ex. getMessage());
            }
        }
    });


    //默认显示前 10 条记录
    Stringurl = "jdbc:mysql://localhost:3306/sdetc";    //数据库 URL
    Stringuser = "root";    //数据库用户名
    Stringpassword = "admin";    //数据库密码

    try(Connection conn = DriverManager. getConnection(url, user, password);
        Statementstmt = conn. createStatement();
        ResultSetrs = stmt. executeQuery("SELECT * FROM tb_goods LIMIT 10")) {
        resultArea. append("商品名称\t 商品价格\t 商品数量\n");
        while(rs. next()) {
            Stringname = rs. getString("g_name");
            double price = rs. getDouble("g_price");
            int amount = rs. getInt("g_amount");
            resultArea. append( name + "\t" + price + "\t" + amount + "\n");
        }
    }catch(SQLException ex) {
        resultArea. setText("数据库操作出现错误: " + ex. getMessage());
    }


    panel. revalidate();        //重新布局
    frame. add(panel);          //将面板添加到窗口
    frame. setVisible(true);    //显示窗口

    }
}
```

【习题】

1. MySQL 数据库下载可以从（　　）来源获取。

A. MySQL 官方网站　　　　　　　　B. 第三方网站

C. 手机应用商店　　　　　　　　　D. 电子邮件附件

2. 下列工具可以用于远程管理 MySQL 数据库的是（　　）。

A. PhPStudy　　　　　　　　　　　B. bt 宝塔

C. Navicat　　　　　　　　　　　D. Visual Studio Code

3. 要在 bt 宝塔中安装 MySQL，需要进行的步骤有（　　）。

A. 输入用户名和密码　　　　　　　B. 单击"打开面板"

C. 单击"设置"　　　　　　　　　D. 安装 MySQL

4. 在 MySQL 中，执行 mysql −v 命令可以查看（　　）。

A. MySQL 版本信息　　　　　　　　B. MySQL 安装路径

C. 数据库配置文件内容　　　　　　D. MySQL 的运行状态

5. （　　）命令用于创建数据库。

A. CREATE DATABASE　　　　　　　B. SELECT DATABASE

C. UPDATE DATABASE　　　　　　　D. DELETE DATABASE

6. 使用 INSERT INTO 语句向数据表中插入新的数据记录时，需要指定（　　）。

A. 列名　　　　　　　　　　　　　B. 列的数据类型

C. 列的取值范围　　　　　　　　　D. 列的值

7. 删除满足条件的记录的方法为（　　）。

A. DELETE FROM　　　　　　　　　B. DROP TABLE

C. REMOVE RECORD　　　　　　　　D. UPDATE TABLE

8. 使用 SELECT 语句进行模糊匹配字符串查询时，应使用的操作符是（　　）。

A. =　　　　　　　B. LIKE　　　　　　　C. >　　　　　　　D. <

9. 使用 UPDATE 语句更新数据时，可以通过（　　）方式增加某个字段的值。

A. +　　　　　　　B. −　　　　　　　C. *　　　　　　　D. /

10. （　　）命令用于按照指定的列对查询结果进行排序。

A. ORDER BY　　　　B. GROUP BY　　　C. SORT BY　　　D. ARRANGE BY

11. JDBC 架构由（　　）两个关键部分组成。

A. JDBC API　　　B. JDBC 驱动程序　　C. 数据库服务器　　D. SQL 查询语句

12. 在使用 JDBC 连接特定数据库之前，需要进行的步骤有（　　）。

A. 加载对应数据库的 JDBC 驱动程序

B. 注册数据库驱动程序到 DriverManager 中

C. 建立与数据库的连接

D. 创建 Statement 或 PreparedStatement 对象

13. 建立数据库连接通常需要指定 （　　）。

A. 数据库名称　　　　　　　　　　B. 数据库 URL

C. 数据库用户名　　　　　　　　　D. 数据库密码

14. 在使用 JDBC 进行查询数据操作时，（　　）方法可以获取查询结果的各个字段值。

A. execute( )　　　　　　　　　　B. getUpdateCount( )

C. executeQuery( )　　　　　　　　D. getResultSet( )

15. 在 JDBC 中，执行 SQL 查询插入记录时，应当进行 （　　）操作。

A. 创建 ResultSet 对象

B. 处理查询结果

C. 关闭连接

D. 创建 Statement 或 PreparedStatement 对象

16. 在使用 JDBC 连接数据库的基本步骤中，描述不正确的是 （　　）。

A. 创建 Statement 对象用于向数据库发送 SQL 查询

B. 执行 SQL 查询插入记录

C. 处理查询结果

D. 关闭连接后，不需要再关闭 Statement 对象

17. 在使用 JDBC 连接数据库时，执行 DELETE 语句后，executeUpdate( ) 方法返回的结果表示 （　　）。

A. 查询结果的数量　　　　　　　　B. 被修改的记录数

C. 受影响的行数　　　　　　　　　D. 删除的记录数

18. 在数据库可视化管理工具中，连接成功后，可以进行 （　　）操作。

A. 浏览数据记录　　　　　　　　　B. 编写 SQL 语句

C. 数据建模　　　　　　　　　　　D. 运行存储过程

19. 使用 Navicat 工具连接数据库时，需要输入的连接信息包括 （　　）。

A. 数据库类型、数据库名称、连接名

B. 数据端口、主机、用户名、密码

C. 数据库版本、数据表名称、连接方式

D. 数据库地址、连接池大小、登录名、密码

20. 在数据库管理工具中，测试连接成功意味着 （　　）。

A. 可以进行数据备份　　　　　　　B. 可以进行表结构优化

C. 可以进行数据操作　　　　　　　D. 可以进行数据导入/导出

项目 9

Java 网络大数据编程

任务 1　通过 URL 类爬取图片

9.1　Java 的网络编程基础

9.1.1　URL 类

java. net. URL 是 Java 中的一个类，用于表示一个 URL 地址。通常情况下，可以使用 URL 类来与指定的 URL 进行连接并读取其内容。

● 导入 java. net 包

要使用 URL 类，需要在 Java 程序中导入 java. net 包中的 URL 类。

例如：

```
import java. net. URL;
```

● java. net. URL 的方法

java. net. URL 类提供了一系列方法，用于创建、解析和操作 URL 地址，为实现网络编程的功能提供技术上的支持。

部分 URL 类方法见表 9-1。

表 9-1　部分 URL 类方法

URL(String spec)	通过给定的字符串创建一个 URL 对象。 例：使用 URL url = new URL(logoUrl)；创建了一个 URL 对象，使用指定的 logoUrl 字符串来表示 URL 地址
openConnection( )	打开 URL 连接，并返回与该 URL 连接的 URLConnection 对象。 例：通过 url. openConnection( ) 获取与 URL 连接的 HttpURLConnection 对象

9.1.2　HttpURLConnection 类

java. net. HttpURLConnection 是 Java 标准库中提供的一个类，它扩展了 java. net. URLConnection

类，提供了一些额外的 HTTP 相关的方法。在使用 java. net. URL 访问 HTTP 资源时，可以借助 HttpURLConnection 类来完成与 HTTP 服务器之间的交互。

部分 HttpURLConnection 类方法见表 9-2。

表 9-2　部分 HttpURLConnection 类方法

setRequestMethod(String method)	设置 URL 连接的请求方法。 例：使用 connection. setRequestMethod("GET")；设置了 HTTP 请求方法为 GET
getResponseCode( )	获取 URL 连接的 HTTP 响应码。 通过 connection. getResponseCode( ) 获取 HTTP 响应码，用于判断是否成功获取网络资源
getInputStream( )	打开 URL 的输入流，用于读取 URL 地址的数据。 通过 connection. getInputStream( ) 获取与 URL 连接的输入流，用于读取 URL 地址返回的数据
OutputStream 和 FileOutputStream	用于写入数据到文件。 例：使用 OutputStream outputStream = new FileOutputStream(save-Path)；创建一个输出流，用于将数据写入指定的文件

恰当运用 URL 类和 HttpURLConnection 类的方法，可以更加方便地进行 HTTP 请求和响应的处理。使用 HttpURLConnection，可以根据需要设置请求头、请求方法、请求参数等信息，向 HTTP 服务器发送请求，并从服务器获取响应结果。通过这些 API，还可以编写出 HTTP 客户端程序。

> **知 识链接**
>
> HTTP 是超文本传输协议（Hypertext Transfer Protocol）的缩写，它是用于传输超媒体文档（例如 HTML）的应用层协议。HTTP 是 Web 上数据交换的基础，它允许浏览器与服务器之间进行通信和数据传输。

【任务要求】

下载目标网站链接的图片。

（1）人工查看目标网站的图片网址。

（2）根据目标图片网址对图片进行爬取，并把所爬取的图片保存在本地。

【任务实施】

参考代码：

```
package com. myhello;
```

```java
import java. io. * ;
import java. net. URL;
import java. net. HttpURLConnection;

public class LogoDownloader {
    public static void main(String[] args) {
        StringlogoUrl = "https://www. baidu. com/img/PCtm_d9c8750bed0b3c7d089fa7d55720d6cf. png";
        StringsavePath = "logo. png";

        try {
            URLurl = new URL(logoUrl);
            HttpURLConnectionconnection =(HttpURLConnection) url. openConnection();
            connection. setRequestMethod("GET");
            int responseCode = connection. getResponseCode();

            if (responseCode = = HttpURLConnection. HTTP_OK) {
                InputStreaminputStream = connection. getInputStream();
                OutputStreamoutputStream = new FileOutputStream(savePath);

                byte[] buffer = new byte[4096];
                int bytesRead;
                while((bytesRead = inputStream. read(buffer)) ! =- 1) {
                    outputStream. write(buffer, 0, bytesRead);
                }

                outputStream. close();
                inputStream. close();

                System. out. println("Logo 图片下载成功!");
            }else {
                System. out. println("Logo 图片下载失败,HTTP 响应码:" + responseCode);
            }
        }catch(IOException e) {
            e. printStackTrace();
        }
    }
}
```

任务 2　编程实现爬虫数据处理和存储的功能

9.2　Java 的网络爬虫

9.2.1　网络爬虫

网络爬虫是指通过程序自动化地获取互联网上的信息。爬虫可以浏览并抓取网页内容，然后提取所需的数据或执行其他操作。

- 爬虫的一般实现步骤

（1）发送 HTTP 请求。

使用 HTTP 协议向目标网站发送请求，可以使用 Java 中的网络库、第三方库或框架来发送 HTTP 请求。请求可以包括 URL、请求方法（GET、POST 等）、请求头、请求参数等。

（2）获取响应。

接收到服务器的响应后，可以获取到相应的数据，一般为 HTML 页面或其他格式的数据。

（3）解析页面。

对获取到的页面进行解析，提取出需要的数据。可以使用 HTML 解析库（如 Jsoup）、正则表达式、XPath 等技术来解析 HTML 页面。

（4）数据处理和存储。

对提取到的数据进行处理，可以进行数据清洗、转换或其他操作。然后将数据存储到数据库、文件或其他存储介质中，以备后续使用。

（5）遍历链接。

如果需要深度爬取，可以提取页面中的链接，然后递归地对链接进行爬取。可以设置爬取深度、限制并发请求数量、处理重复链接等策略，以控制爬取的范围和速度。

- 反爬机制与版权

在实际应用中，爬虫还需要考虑反爬机制、登录验证、动态页面处理等问题。为了遵守法律法规和尊重网站的使用协议，爬虫应该遵循爬取的限制、设置适当的爬取频率、使用合法的用户代理等。

反爬机制是网站为了防止爬虫程序对其内容进行过度访问或获取敏感信息而采取的一系列技术和策略措施。它的目的是保护网站的正常运行，防止恶意爬虫对网站造成损害或滥用数据。

需要注意的是，进行网络爬虫时，应该尊重网站的隐私政策和版权规定，并遵守相关法律法规。未经授权而大规模地爬取他人网站的数据可能侵犯他人的权益。

9.2.2　爬虫程序

Java 可以通过原生 Java 网络库、第三方库和框架实现网络爬虫功能。

- 使用原生 Java 网络库

使用 java. net 包的 URL、HttpURLConnection 等类，再结合 IO 流操作，可以自行编写简单的网络爬虫。通过发送 HTTP 请求，获取响应数据，并解析 HTML 内容，提取所需信息。在程序中，使用 import 命令导入相关的类。

例如：

```
import java. io. * ;
import java. net. URL;
import java. net. HttpURLConnection;
```

- 使用第三方库 Jsoup

Jsoup 是 Java HTML 解析库，提供了一些简洁易用的 API，用于实现解析和操作 HTML 文档。可以通过 Jsoup 发送 HTTP 请求，获取 HTML 页面，再使用选择器语法（类似于 CSS 选择器）来提取所需的数据，实现爬虫功能。

- 使用 WebMagic 框架

WebMagic 是一个开源的 Java 爬虫框架，它封装了爬虫的核心功能，提供了高度可扩展的抽取和处理功能。使用 WebMagic 可以定义爬取目标、编写解析规则，并支持多线程、分布式等技术。

- 使用 Selenium WebDriver

在编写爬虫程序时，有时需要模拟用户行为，执行 JavaScript 脚本，此时可以使用 Selenium WebDriver。Selenium WebDriver 可以驱动浏览器执行操作，获取渲染后的页面内容，适用于处理 JavaScript-heavy 页面。

- 使用 Apache Nutch

Apache Nutch 是一个开源的网络爬虫框架，基于 Java 编写。它提供了可配置的抓取流程，包括 URL 获取、页面解析、数据存储等功能。Nutch 支持分布式部署和扩展，适用于大规模的爬虫任务。

Java 在网络爬虫方面具有广泛的应用。根据需求和实际情况，选择合适的工具和框架，可以更高效地实现网络爬虫功能。

在编写网络爬虫程序时，务必遵守相关法律法规和网站的使用协议，尊重网站所有者的权益。

【任务要求】

编程实现简单的数据清洗功能，从目标网站爬取所有<a>标签及内容，另存为 a. txt 文件。

要求：①目标网站可以设定为 https://www. baidu. com/。②获取目标网站中所有的<a>标签及内容。③结果保存在 a. txt 文件中。

例如：运行程序后，得到 a. txt 文件的内容，如图 9-1 所示。

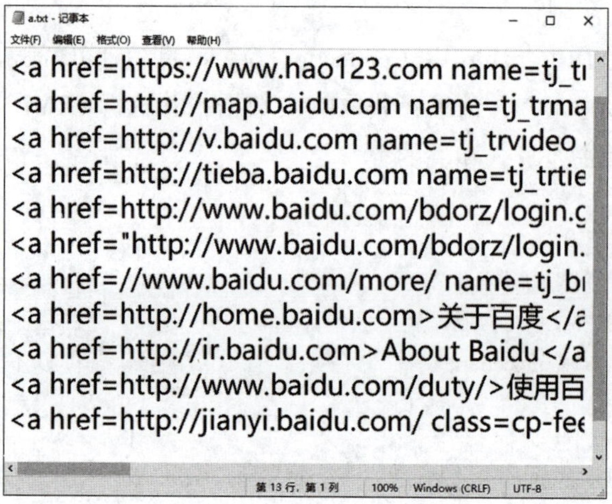

图 9-1   a. txt 文件的内容

【任务实施】

参考代码:

```java
package com. myhello;

import java. io. * ;
import java. net. URL;
import java. net. HttpURLConnection;
import java. util. regex. Matcher;
import java. util. regex. Pattern;

public class gethtmlcode {
    public static void main(String[] args) {
        StringbaiduUrl = "https://www. baidu. com/";
        StringaPath = "a. txt";

        try {
            URLurl = new URL(baiduUrl);
            HttpURLConnectionconnection =(HttpURLConnection) url. openConnection();
            connection. setRequestMethod("GET");
            int responseCode = connection. getResponseCode();

            if (responseCode = = HttpURLConnection. HTTP_OK) {
                BufferedReaderreader = new BufferedReader (new InputStreamReader (connection. getInput-
Stream()));
                BufferedWriteraWriter = new BufferedWriter(new FileWriter(aPath));
```

```
        String line;
        while((line = reader. readLine()) ! = null) {
            //使用正则表达式匹配<a>标签及内容
            Patternpattern = Pattern. compile("<a[^>] * >(. *?)</a>");
            Matchermatcher = pattern. matcher(line);
            while(matcher. find()) {
                StringaTag = matcher. group();    //获取匹配到的<a>标签
                aWriter. write(aTag);
                aWriter. newLine();
            }
        }

        reader. close();
        aWriter. close();

        System. out. println("<a>标签保存成功!");
    }else {
        System. out. println("页面访问失败,HTTP 响应码:" + responseCode);
    }
    }catch(IOException e) {
        e. printStackTrace();
    }
    }
}
```

【习题】

1. 在 Java 中，要使用 URL 类，需要导入 (　　) 包。

A. java. io　　　　　　　　B. java. net　　　　　　C. java. util　　　　　　D. java. lang

2. URL 类提供的方法是 (　　)。

A. 用于解析 URL 地址的方法　　　　　　B. 用于创建 URL 对象的方法

C. 用于操作 URL 地址的方法　　　　　　D. A、B 和 C 都是

3. HttpURLConnection 类扩展了 (　　) 类。

A. java. net. URL　　　　　　　　　　　B. java. net. Socket

C. java. net. URLConnection　　　　　　D. java. net. InetAddress

4. 可以使用 HttpURLConnection 类来完成与 HTTP 服务器之间的交互，它提供的额外的 HTTP 相关的方法是 (　　)。

A. setRequestMethod(String method)　　　　B. getResponseCode( )

C. getInputStream( )　　　　　　　　　　　D. A、B 和 C 都是

5. HTTP 协议是用于传输（　　）类型的文档。

A. 超媒体　　　　　　　B. 二进制　　　　　　　C. 文本　　　　　　　D. 图像

6. 爬虫的一般实现步骤中，以下（　　）步骤是发送 HTTP 请求。

A. 解析页面　　　　　　B. 获取响应　　　　　　C. 发送 HTTP 请求　　D. 遍历链接

7. 反爬机制的目的是（　　）。

A. 保证网站的正常运行，防止恶意爬虫对网站造成损害或滥用数据

B. 获取敏感信息并滥用数据

C. 让网站更加难以访问

D. 阻止用户使用爬虫程序

8. 在 Java 中，要与指定的 URL 进行连接并读取其内容，需要执行（　　）。

A. 导入 java. net 包中的 URLConnection 类

B. 使用 URL 类创建一个 URL 对象

C. 打开 URL 连接，并返回与该 URL 连接的 HttpURLConnection 对象

D. 调用 URLConnection 对象的 getInputStream 方法来获取 URL 地址的数据

9. 在 Java 中，设置 URL 连接的请求方法为 GET 的方法为（　　）。

A. 使用 URLConnection 类的 setRequestMethod 方法，参数为 "GET"

B. 使用 HttpURLConnection 类的 setRequestMethod 方法，参数为 "GET"

C. 直接在 URL 对象上设置请求方法为 "GET"

D. 通过调用 URLConnection 对象的 getRequestMethod 方法来获取请求方法

10. 以下关于 HttpURLConnection 类方法的描述中，正确的是（　　）。

A. getResponseCode( ) 方法用于打开 URL 的输入流，用于读取 URL 地址的数据

B. setRequestMethod(String method) 方法用于获取 URL 连接的 HTTP 响应码

C. getInputStream( ) 方法用于设置 URL 连接的请求方法

D. OutputStream 和 FileOutputStream 用于写入数据到文件